如何赢得创新创业大赛

RUHE YINGDE CHUANGXIN
CHUANGYE DASAI

黄华 主编

化学工业出版社
·北京·

本书围绕如何培育创新思维，建立创新环境，掌握十种创新方法进行了重点介绍；围绕如何筛选创新创业项目，如何把握创业项目筛选的六个原则、七个步骤和八个方向做了全面的分析和叙述；围绕我国创新创业大赛评审的七个要点和普遍存在的八大问题进行了分析和解读；围绕如何编写高质量的创业计划书和制作路演汇报PPT技巧做了详细的介绍；围绕如何组建优秀的创业团队做了重点介绍和深入分析；围绕创业计划书应该突出的九个方面及项目路演十大忌讳进行了全面的分析。

本书还涉及三种竞争态势分析工具和十多种常用到的市场营销策略，供非工商管理专业的创客参考，同时结合创业案例点评剖析创业计划书，使读者能学以致用。全书理论与实际相结合，通俗易懂，对参加创新创业大赛的高校师生、社会创业人士具有很强的指导意义。

图书在版编目（CIP）数据

如何赢得创新创业大赛／黄华主编 .—北京：化学工业出版社，2019.1（2024.1重印）
ISBN 978-7-122-33457-2

Ⅰ．①如… Ⅱ．①黄… Ⅲ．①大学生 - 创业 - 竞赛 -中国 Ⅳ．① G647.38 ② F279.23

中国版本图书馆 CIP 数据核字（2018）第 286541 号

责任编辑：王海燕　窦　臻　　　　　美术编辑：尹琳琳
责任校对：边　涛　　　　　　　　　装帧设计：芊晨文化

出版发行：化学工业出版社（北京市东城区青年湖南街 13 号　邮政编码 100011）
印　　装：北京科印技术咨询服务有限公司数码印刷分部
710mm×1000mm　1/16　印张22　字数334千字　2024 年 1 月北京第 1 版第 4 次印刷

购书咨询：010-64518888　　　　　　　售后服务：010-64518899
网　　址：http://www.cip.com.cn
凡购买本书，如有缺损质量问题，本社销售中心负责调换。

定　　价：69.00 元　　　　　　　　　　　　　　版权所有　违者必究

　　近年来，党中央国务院高度重视创新创业工作，将其作为落实创新驱动发展战略的重大举措，作为应对新一轮科技和产业变革的有效手段，也作为稳增长、促改革、调结构、惠民生、打造经济发展新动能的重要引擎。历经几年的发展，中国创新创业大赛覆盖了我国大部分省、自治区、直辖市，形成了我国规格最高、规模最大、质量最好、影响最广的创新创业品牌活动，在神州大地掀起了"大众创业、万众创新"的高潮，为推动大众创新创业水平作出了积极贡献。大赛不仅是创新创业企业和团队的服务平台，也是创业者整合资源的平台；不仅是创业项目和创业英才价值发现的平台，也是每个创业者实现梦想的舞台。习近平总书记说："让广大青年敢于有梦、勇于追梦、勤于圆梦。中华民族伟大复兴的中国梦终将在一代代青年的接力奋斗中变成现实。"

　　黄华老师作为各类创新创业大赛的资深评委，将自己多年参加大赛评审和辅导创业团队的经验及体会进行了梳理、归纳和总结，经过一年的时间完成了本书的创作。本书详细介绍了围绕筛选创业项目的六大原则和八个方向、创业计划书的十三个关键模块、开展创业项目的五种创新思维与十大创新方法、创业项目的六大风险分析与控制；创业公司如何制定企业战略与市场策略、创业项目融资渠道与计划、参赛项目路演技巧及创新创业大赛评审关键点等内容。本书对参赛者利用大赛平台，激发创新创业主题活力，优化创新创业良好生态，对于推进我国创新创业大赛工作的深入开展，具有很强的示范、带动和推动作用。

闫天羽

科技部火炬高技术产业开发中心基金受理处

2018 年 9 月

　　随着 2014 年李克强总理在夏季达沃斯论坛上提出"大众创业、万众创新"的理念，我国掀起了一股双创的浪潮。其中，大学生和青年创客们成为参与度最高的弄潮儿！为了有力支持双创工作的开展，各部委、地方政府、高等院校和行业协会，积极组织创新创业大赛，为年轻的创客们提供了一个展示创业项目、展示创新活动、展示自己风采和对接资源的平台。黄华老师作为这一领域的资深评委和创业导师，以促进我国双创教育事业发展的博大情怀，利用业余时间为很多大学生和创业团队传授创新创业知识，进行创业大赛辅导。他的辅导让创业团队受益匪浅，如同瞬间打通任督二脉，项目质量不仅上了一个新台阶，还上升了一个新高度。但是能够得到黄华老师亲自指导的创客毕竟是少数，于是朋友们纷纷鼓励他出书立著，让更多的创业者能从中受益。

　　历时一年，《如何赢得创新创业大赛》终于成稿。本书全面梳理和介绍了各种赛事，对于参赛者项目的筛选，撰写创业计划书需要注意的问题以及参赛技巧都进行了系统的描述和介绍。本书不仅仅是一本参考书，也是一本参加创新创业大赛的实践指导书。

　　圣康资本一直高度关注我国创新创业大赛，对于大赛中涌现出的优秀创新项目也会投入资金给予支持，希望用资本的力量助力年轻的创客快速成长，创业成功。

吴新杰

圣康集团董事长

2018 年 9 月

前言 Foreword

　　由中国共产主义青年团中央委员会（共青团中央）、中华人民共和国教育部（教育部）、中国科学技术协会（中国科协）、中华全国学生联合会（全国学联）联合主办的大学生"挑战杯"创业计划竞赛自 1999 年 3 月正式启动以来，我国很多高校每年都组织大学生的创业大赛。2014 年，随着国务院吹响了"大众创业、万众创新"的号角，教育部、中华人民共和国科学技术部（科技部）、中华人民共和国人力资源和社会保障部（人社部）、中华人民共和国工业和信息化部（工业和信息化部）、中华人民共和国国家发展和改革委员会（国家发展改革委）、共青团中央等各级政府机构和行业组织都十分重视创业大赛工作，积极支持、主办和组织了不同主题的创新创业大赛，为我国大学生和青年创客搭建了一个又一个创新创业、展示才华和聚合资源的大赛平台。目前，在社会上比较有影响力的大赛有团中央主办的"挑战杯"创业计划竞赛、"创青春"大学生创业大赛，教育部主办的中国"互联网 +"大学生创新创业大赛，科技部主办的"中国创新创业大赛"，人社部和中国宋庆龄基金会等单位联合主办的"中国创翼"青年创业创新大赛，共青团中央、工业和信息化部等单位联合主办的"中国青年创新创业大赛"，中国石油和化学工业联合会与中国化工教育协会等单位联合主办的"中国大学生高分子材料创新创业大赛"等。本人自 2006 年参与创业培训、创业指导和创业大赛评审以来，亲历了中央财经大学、中国人民大学、中国政法大学、中国戏曲学院、北京科技大学、北京化工大学、北京信息科技大学、北京联合大学、首都经贸大学和北京社会管理职业学院等北京地区几十所高校内部组织的创新创业大赛和"挑战杯"创业计划竞赛、"创青春"大学生创业大赛、"互联网 +"大学生创新创业大赛、"中国创新创业大赛"、"中国大学生高分子材料创新创业大赛"等赛事，评审了上万件参赛者提交的创业计划书。在此过程中，有很多创意新颖、商业模式独特、技术先进、产品设计和应用创新的项目，由于参赛的大学生和年轻创客不善于编写创业计划书，不能完整地描述清楚项目内容、项目亮点、项目优势、项目的创新性、项目的商业模式以及项目实施策略，十分遗憾地与大赛奖项失之交臂。因此，本人结合十多年来担任创业大赛专家评委和创业导师的经验和感受，想写一本书，告诉今后想参加创新创业大赛的大学生和青年创客，如何把握创业大赛的评审要点，如何编制一本高质量的创业计划书，如何准备项目路演汇报，如何捕捉创业项目的风口，如何冲击大赛金奖和冠军。

　　本书由黄华主编，吴强老师参与了本书第6章和第7章的编写，特此表示感谢！

黄　华

2018 年 8 月 11 日

目录 Contents

目录 Contents

目录 Contents

目录
Contents

目录 Contents

目录 Contents

目录
Contents

目录
Contents

目 录 Contents

第 1 章

我国创新创业大赛概况

2014 年 9 月 10 日，李克强总理在夏季达沃斯论坛上首次发出"大众创业、万众创新"的号召，要在 960 万平方公里的土地上掀起"大众创业""草根创业"的新浪潮，形成"万众创新"的新势态。

2015 年 3 月 10 日，国务院办公厅发文《国务院关于大力推进大众创业万众创新若干政策措施的意见》（国办发〔2015〕9 号）。意见提出：要营造创新创业文化氛围，支持创新创业公共服务，鼓励科技人员和大学生创业，坚持创新引领创业、创业带动就业。

为贯彻落实《国务院关于大力推进大众创业万众创新若干政策措施的意见》有关精神，共同推进大众创业万众创新蓬勃发展，国务院同意建立由国家发展改革委员会牵头的推进大众创业万众创新部际联席会议制度。各级政府、省市和地区积极贯彻落实中央精神，推动创业教育、传播创业理念、提升创业技能、促进创业就业，各种主题的创新创业大赛如雨后春笋，层出不穷，声势浩大，蓬勃开展。

1.1 共青团中央"挑战杯"竞赛

1998 年 5 月，清华大学首届创业计划大赛正式拉开了我国高校大学生创业计划大赛的序幕，清华一创业团队获得 5250 万元风险投资，在全国高校学生中引起了强烈反响。此次大赛的成功举办引起了教育部、共青团中央（团中央）等有关部门的高度重视。

1999 年 1 月，国务院在批转教育部《面向 21 世纪教育振兴行动计划》的通知中，首次提出要"加强对教师和学生的创业教育，鼓励他们自主创办高新技术企业"。

为了引导和激励高校学生实事求是、刻苦钻研、勇于创新、多出成果、提高素质，培养学生创业精神和实践能力，并在此基础上促进高校创业活动的蓬勃开展，发现和培养一批在创业方面有作为、有潜力的优秀人才。1999 年 3 月，由共青团中央、教育部、中国科学技术协会（中国科协）、中华全国学生联合会（全国学联）联合主办，每两年举办一次的大学生"挑战杯"创业计划竞赛正式启动。"挑战杯"创业计划竞赛在我国共有两个并列项目，一个是"挑战杯"中国大学生创业计划竞赛，另一个则是"挑战杯"全国大学生课外学术科技作品竞赛。这两个项目的全国竞赛交叉轮流开展，每个项目每两年举办一届，该项比赛是全国目前最具有导向性、示范性和权威代表性的全国大学生竞赛活动。"挑战杯"竞赛采取学校、省（自治区、直辖市）和全国三级赛制，分预赛、复赛、决赛三个赛段进行。

1.1.1 "挑战杯"中国大学生创业计划竞赛

"挑战杯"中国大学生创业计划竞赛，简称为"小挑"，又称商业计划竞赛。创业计划竞赛是 20 世纪 80 年代在美国高校兴起的以推动成果转化为目标的活动，它借助风险投资运作模式，要求参赛者组成学科交叉、优势互补的竞赛团队，提出一项具有市场前景的技术产品或服务，并围绕这一技术、产品或服务，完成一份完整的创业计划书，以获得风险资本的投资。"挑战杯"中国大学生创业计划竞赛被誉为中国大学生创业创新类比赛的"奥林匹克"盛会，是目前国内大学生创业创新类最热门、最受关注的竞赛。

1999 年，由共青团中央、中国科协、全国学联主办，清华大学承办的首届"挑战杯"中国大学生创业计划竞赛成功举行。竞赛汇集了全国 120 余所高校的近 400 件作品，在全国高校掀起了一轮创新、创业的热潮，产生了良好的社会影响。

2000 ～ 2012 年，第二届～第八届"挑战杯"中国大学生创业计划竞赛先后成功举办。经过十几年的市场洗礼，一部分学生的创业公司正在逐步走向成熟，大学生创业计划竞赛使大学校园创新意识、创业能力的教育与培训工作得到了进一步发展，成为共青团、学生会组织参与素质教育的新载体，成为学生科技活动的新形式。

1.1.2 "挑战杯"中国大学生创业计划竞赛历届情况

（1）第一届竞赛于 1999 年在清华大学举办

1999 年，由共青团中央、中国科协、全国学联主办，清华大学承办的首届"挑战杯"和讯网中国大学生创业计划竞赛在北京成功举办，竞赛由和讯网赞助，汇集了全国 120 余所高校近 400 件作品。大赛的举办使"创业"的热浪从清华园向全国扩散，在全国高校掀起了一轮创新创业的热潮，孕育了视美乐、易得方舟等一批高科技公司，产生了良好的社会影响。

（2）第二届竞赛于 2000 年在上海交通大学举办

2000 年，由上海交通大学承办的第二届"挑战杯"万维投资中国大学生创业计划竞赛在上海成功举办，竞赛由万维投资网赞助。大会共收到来自全国 24 个省 137 所高校的 455 件作品。在社会各界的关心支持下，一批创业计划进入实际运行操作阶段，技术、资本和市场的结合向更深的层次推进。

（3）第三届竞赛于 2002 年在浙江大学举办

2002 年，由浙江大学承办的第三届"挑战杯"天堂硅谷中国大学生创业计划竞赛在杭州成功举办，教育部成为竞赛主办单位，杭州市人民政府作为承办单位参与了竞赛，并提供了全部经费支持。竞赛成为 2002 西湖博览会的重要活动之一，致力于打造创业天堂的杭州市甚至提出要将中国大学生创业计划竞赛永远留在杭州。竞赛组委会共收到来自全国 29 个省、市、自治区 244 所高校的参赛作品共 542 件。竞赛受到社会各界尤其是企业界和风险投资界的关注，吸引了风险投资金额达 10400 万元。

（4）第四届竞赛于 2004 年在厦门大学举办

2004 年，第四届"挑战杯"中国银行中国大学生创业计划竞赛在厦门大学成功举办，把大学生创业浪潮推向了新的高峰。竞赛由中国银行和亚礼得集团赞助，来自全国 29 个省、市、自治区 276 所高校的 603 件作品参加了竞赛，其中 100 件作品进入了终审决赛。中国台湾首次派队参加，香港和澳门的大学也应邀观摩。参加终审决赛的参赛学生达 1000 余人，参加观摩的媒体、企业、投资等各界人士近 2000 余人，使"挑战杯"创业计划竞赛在短短 4 届、5 年的时间里就达到了空前的规模。

（5）第五届竞赛于 2006 年在山东大学举办

2006 年，第五届"挑战杯"飞利浦中国大学生创业计划竞赛在山东大学成功举办，部分作品在赛前就受到社会各界尤其是企业界和风险投资界的关注。据统计，赛前共有 13 个参赛项目与 25 家企业达成投资意向，获得了 5921.35 万元的风险投资。

（6）第六届竞赛于 2008 年在四川大学举办

2008 年，第六届"挑战杯"中国大学生创业计划竞赛决赛开幕式在四川大学举行，这项被誉为中国大学生科技创业"奥林匹克"的赛事，首次在中国西部地区高校举办。经过预赛、复赛的严格审核，全国 356 所高校选送的 600 多件作品中，有 150 件进入终审决赛。来自内地的 109 所高校的 150 支大学生团队以及港澳地区的 18 支大学生团队角逐金银铜奖。

（7）第七届竞赛于 2010 年在吉林大学举办

2010 年，第七届"挑战杯"中国大学生创业计划竞赛在吉林大学举办。本届竞赛共收到来自全国 374 所高校（含港澳台）的 640 项创业作品，参赛学生达 6000 多名。比赛不仅要用展板、实物、资料、幻灯片和答辩等形式展示自己的设计成果，而且还要进行项目计划书评审、秘密答辩和"创业之星"网络虚拟运营竞赛。

（8）第八届竞赛于 2012 年在同济大学举办

2012 年，第八届"挑战杯"中国大学生创业计划竞赛在同济大学举办。本届参赛作品首次被分为"已创业"和"未创业"两类，并实行校、省、全国逐级报备制度，力求进一步突出竞赛设计的科学性与竞赛作品的实用性，即在主体赛事中，对于已创业类作品的考察，将更加注重商业运营效果；而对于未创业类作品，则更加注重市场发展潜力。评审专家聘请风险投资专家，不再聘请高校专家。

2012 年后，"挑战杯"中国大学生创业计划竞赛纳入"创青春"全国大学生创业大赛。

历届"挑战杯"中国大学生创业计划竞赛情况见表 1-1。

表 1-1　历届"挑战杯"中国大学生创业计划竞赛情况

"挑战杯"竞赛	举办时间	承办单位	参赛高校 / 所	参赛作品 / 件
第一届	1999 年	清华大学	120	400
第二届	2000 年	上海交通大学	127	455
第三届	2002 年	浙江大学	244	542
第四届	2004 年	厦门大学	276	603
第五届	2006 年	山东大学	94	129
第六届	2008 年	四川大学	356	600
第七届	2010 年	吉林大学	374	640
第八届	2012 年	同济大学	1000+	650+

1.1.3 "挑战杯"全国大学生课外学术科技作品竞赛

"挑战杯"全国大学生课外学术科技作品竞赛，简称"大挑"。"挑战杯"全国大学生课外学术科技作品竞赛是由共青团中央、中国科协、教育部、全国学联和地方政府共同主办，国内著名大学、新闻媒体联合发起的一项具有导向性、示范性和群众性的全国竞赛活动。

"大挑"和"小挑"的比赛侧重点不同，"大挑"注重学术科技发明创作带来的实际意义与特点，而"小挑"更注重市场与技术服务的完美结合，商业性更强；"小挑"奖项设置为金奖、银奖、铜奖，而"大挑"设置特等奖、一等奖、二等奖、三等奖。

1.1.4 "挑战杯"全国大学生课外学术科技作品竞赛历届情况

（1）第一届竞赛于1989年在清华大学举办

1988年，清华大学首次设立校内"挑战杯"竞赛。次年，在国家教委的支持下，清华大学等34所高校和全国学联、中国科协及部分媒体联合发起举办了首届"挑战杯"全国大学生课外科技活动成果展览暨技术交流会。清华大学获得"挑战杯"。

（2）第二届竞赛于1991年在浙江大学举办

由共青团中央、中国科协、全国学联主办。初步建立了选拔、申报、评审的竞赛机制，确立组委会和评委会各自独立运作的竞赛机构，形成了两年一届、高校承办的组织方式。上海交通大学获得"挑战杯"。

（3）第三届竞赛于1993年在上海交通大学举办

"挑战杯"竞赛的各项机制得到进一步完善和加强。北京大学获得"挑战杯"。

（4）第四届竞赛于1995年在武汉大学举办

获得周光召、朱光亚等100名著名科学家寄语勉励。复旦大学获得"挑战杯"。

（5）第五届竞赛于 1997 年在南京理工大学举办

香港大学生首次组团参与竞赛活动。清华大学获得"挑战杯"。

（6）第六届竞赛于 1999 年在重庆大学举办

重庆市政府为主办方之一，这是省级政府首次参与赛事主办。香港地区 9 所高校的 40 件作品直接进入终审决赛。竞赛协议项目 43 个，转让总金额超过 1 亿元，转让金额超过前五届的总和。

（7）第七届竞赛于 2001 年在西安交通大学举办

首次在西北地区举行终审决赛。西安外事学院成为第一所参加"挑战杯"竞赛的民办高校。还首次实现了内地和港澳台大学生的同台竞技交流。

（8）第八届竞赛于 2003 年在华南理工大学举办

有来自中国内地 31 个省、自治区、直辖市和中国香港、中国澳门、中国台湾，以及新加坡等地高校的师生代表及企业界、新闻界人士近万人参加了开幕式。共有 18 件"挑战杯"参赛作品成功转让，总成交额达到 1300 万元。其中单件作品最高成交额 800 万元。清华大学获得"挑战杯"。

（9）第九届竞赛于 2005 年在复旦大学举办

这是九届竞赛中参赛高校最多、参赛作品最多的一届，共有 1107 件作品入围复赛。台湾地区高校首次正式组团参赛。设立飞利浦科技多米诺大赛，成为国内大学生校际的首次多米诺正规赛事。首次以公开答辩的方式进行最后的评审。复旦大学获得"挑战杯"。

（10）第十届竞赛于 2007 年在南开大学举办

有来自内地、港澳台及国外的 300 多所高校 3000 多名师生参加了决赛。东南大学夺得"挑战杯"。全体参赛学生向全国大学生发出"努力成为推动创新型国家建设的生力军"的倡议。决赛期间，举办了学生学术科技作品展、创新型人才培养系列论坛、天津滨海新区开发开放报告会、学生科技成果转化洽谈会、港澳台高校学生座谈会。包括 109 名中国两院院士在内的 161 名海内外知名人士为竞赛题词。

（11）第十一届竞赛于 2009 年在北京航空航天大学举办

有 1106 件项目进入终审决赛，入围高校达 432 个。竞赛信息化是本届挑战杯竞赛特点之一，组委会邀请专家组开发竞赛官方网站、完善全国大学生科技成果信息服务平台，第一次在"挑战杯"中引入网络申报，网络评审的机制，全程实现网络信息化服务。

（12）第十二届竞赛于 2011 年在大连理工大学举办

开展了校级、省级、全国级三级竞赛，并首次采用了逐级报备制度，共有 1900 多所高校的近 5 万件作品实现了网络报备。经全国评委会预赛、复审，最终有来自 305 个高校的 1252 件作品进入终审决赛。港澳地区 12 所大学的 55 件作品也参加了比赛。

（13）第十三届竞赛于 2013 年在苏州大学举办

共有包括港澳高校参赛团队在内的 531 所高校的 1464 件作品进入全国复赛，最终有 454 所高校的 1195 件作品进入终审决赛。最终评出 34 件特等奖作品、104 件一等奖作品、288 件二等奖作品和 710 件三等奖作品。

（14）第十四届竞赛于 2015 年在广东工业大学举办

经过网络初评、集中复评、决赛答辩，最终评出特等奖作品 38 件、一等奖作品 124 件、二等奖作品 318 件、三等奖作品 759 件。

（15）第十五届竞赛于 2017 年在上海大学举办

本届竞赛吸引了全国 2000 多所高校的 200 多万名大学生参加，经过网络初评、集中复评、决赛问辩，竞赛评审委员会最终评出 1229 件获奖作品。其中，特等奖作品 39 件、一等奖作品 102 件、二等奖作品 315 件、三等奖作品 773 件。上海交通大学获得"挑战杯"，上海大学等 20 所高校获得"优胜杯"。

本届赛事开创了自1989年举办以来的多个"首次"：首次构建了"1+2+X"的综合赛事体系，在主体赛基础上，举办"一带一路"国际专项活动、海峡两岸大学生创新挑战营，以及科技创新系列配套活动；首次将台湾地区 26 所高校纳入"挑战杯"竞赛框架内开展创新创业活动；首次系统梳理近 30 年来"挑战杯"育人成果、办赛机制、综合效益；首次开辟优秀项目创业落地绿色通道、举办创新人才招聘会；首次组织"挑战杯"宣讲团走进中小学宣讲，设立高中生展台展示低年级学生创新风采。

"挑战杯"全国大学生课外学术科技作品竞赛历届情况见表 1-2。

表1-2 "挑战杯"全国大学生课外学术科技作品竞赛历届情况

"挑战杯"竞赛	举办时间	承办单位
第一届	1989 年	清华大学
第二届	1991 年	浙江大学
第三届	1993 年	上海交通大学
第四届	1995 年	武汉大学
第五届	1997 年	南京理工大学
第六届	1999 年	重庆大学
第七届	2001 年	西安交通大学
第八届	2003 年	华南理工大学
第九届	2005 年	复旦大学
第十届	2007 年	南开大学
第十一届	2009 年	北京航空航天大学
第十二届	2011 年	大连理工大学
第十三届	2013 年	苏州大学
第十四届	2015 年	广东工业大学
第十五届	2017 年	上海大学

1.2 "创青春"全国大学生创业大赛

1.2.1 2014年"创青春"全国大学生创业大赛

2013年11月8日，习近平总书记向2013年全球创业周中国站活动组委会专门致贺信，特别强调了青年学生在创新创业中的重要作用，并指出全社会都应当重视和支持青年创新创业。为贯彻落实习近平总书记系列重要讲话和党中央有关指示精神，适应大学生创业发展的形势需要，在原有"挑战杯"中国大学生创业计划竞赛的基础上，共青团中央、教育部、人力资源社会保障部、中国科协、全国学联决定，自2014年起共同组织开展"创青春"全国大学生创业大赛，每两年举办一次。以"中国梦，创业梦，我的梦"为主题，以增强大学生创新、创意、创造、创业的意识和能力为重点，以深化大学生创业实践为导向，着力打造权威性高、影响面广、带动力大的全国大学生创业大赛。

大赛的总体思路是：以大赛为带动，将大学生的创业梦与中国梦有机结合，打造可深入持久开展"我的中国梦"主题教育实践活动的有效载体；将激发创业与促进就业有机结合，打造整合资源服务大学生创业就业的工作体系和特色阵地；将创业引导与立德树人有机结合，打造增强大学生社会责任感、创新精神、实践能力的有形工作平台。

大赛设立领导小组、全国组织委员会、指导委员会、全国评审委员会，负责本地预赛的组织开展、项目评审等相关工作。

2014年大赛下设3项主体赛事，分别包括：第九届"挑战杯"大学生创业计划竞赛、创业实践挑战赛、公益创业赛。其中，大学生创业计划竞赛面向高等学校在校学生，以商业计划书评审、现场答辩等作为参赛项目的主要评价内容。创业实践挑战赛面向高等学校在校学生或毕业未满5年的高校毕业生，且已投入实际创业 3 个月以上，以经营状况、发展前景等作为参赛项目的主要评价内容。公益创业赛面向高等学校在校学生，以创办非盈利性质社会组织的计划和实践等作为参赛项目的主要评价内容。大赛的 3 项主体赛事分预赛、复赛和决赛三个阶段进行。

2014 年 11 月 5 日，2014 年"创青春"全国大学生创业大赛全国评审委员会最终评出第九届"挑战杯"大学生创业计划竞赛金奖项目 68 个（含港澳地区金奖项目 3 个），银奖项目 142 个（含港澳地区银奖项目 7 个），铜奖项目 404 个（含港澳地区铜奖项目 9 个）；创业实践挑战赛金奖项目 35 个，银奖项目 70 个，铜奖项目 210 个；公益创业赛金奖项目 20 个，银奖项目 41 个，铜奖项目 119 个。

1.2.2 2016 年"创青春"全国大学生创业大赛

2016 年 11 月 16 日，2016 年"创青春"中航工业全国大学生创业大赛终审决赛在成都电子科技大学开幕。本次大赛吸引了全国 2200 余所院校参加，经过初审、复赛的层层选拔，最终共有来自全国 31 个省、直辖市、自治区、新疆生产建设兵团、中国香港特别行政区、中国澳门特别行政区 220 所高校的 399 件作品入围此次终审决赛，大赛评委会最终评定出金奖项目 134 个，银奖项目 262 个，铜奖项目 726 个。大赛还首次邀请了美国、德国、荷兰等海外高校作品在终审决赛期间参展。来自全国 31 个省、直辖市、自治区、新疆生产建设兵团及港澳地区的参赛大学生，美国、德国、以色列、荷兰、日本、韩国等海外高校代表和大赛观摩师生近 6000 人参加了开幕式。

1.2.3 2018 年"创青春"全国大学生创业大赛

2018 年 4 月 18 日，2018 年"创青春"全国大学生创业大赛（中国青年创新创业大赛大学生组）正式启动。大赛由共青团中央、教育部、人力资源社会保障部、中国科协、全国学联、浙江省人民政府共同主办，由浙江大学、共青团浙江省委、金华市人民政府和浙江师范大学联合承办。

大赛下设 3 项主体赛事，包括第十一届"挑战杯"大学生创业计划竞赛、创业实践挑战赛、公益创业赛。其中，大学生创业计划竞赛面向高等学校在校学生，以商业计划书评审、现场答辩等作为参赛项目的主要评价内容；创业实践挑战赛面向高等学校在校学生或毕业未满 3 年的高校毕业生，且已投入实际创业 3 个月以上，以经营状况、发展前景等作为参赛项目的主要评价内容；公益创业赛面向高等学校在校学生，以创办非盈利性质社会组织的计划和实践等作为参赛项目的主要评价内容。

大赛还设立 MBA 和网络信息经济等专项竞赛，由共青团浙江省委协调相关单位负责具体组织，组织执行机构另设，奖项单独设立。其中，MBA 专项赛由赛事承办方会同部分高校发起，组织和邀请国内设有 MBA 专业的各高校参加，参赛对象为就读于 MBA 专业的在校学生，参赛形式是通过申报创业项目计划书参加该项赛事；网络信息经济专项赛由赛事承办方直接面向国内各高校开展，参赛对象为高校在校学生，参赛形式是通过提交基于网络信息经济领域的创业项目计划书参赛。

1.3 "挑战杯 —— 彩虹人生"全国职业学校创新创效创业大赛

　　2014年，"挑战杯"组委会首次将职业学校（含高职、中职）纳入其中。"挑战杯 —— 彩虹人生"全国职业学校创新创效创业大赛由共青团中央、教育部、人社部、中国科协、全国学联、省级人民政府共同主办，每两年一届。大赛在继承"挑战杯"优良传统做法的基础上，结合职业学校的实际，开拓创新，赛出新风格。

1.3.1 第一届"挑战杯 —— 彩虹人生"全国职业学校创新创效创业大赛

　　2014年7月26～28日，由共青团中央、教育部、中国科协等单位共同主办，浙江省教育厅、杭州市人民政府共同承办，共青团杭州市委、浙江经贸职业技术学院等单位协办的2014年"挑战杯 —— 彩虹人生"全国职业学校创新创效创业大赛决赛在杭州成功举办。本届大赛设中职组和高职组两类组别，中职组设创意设计竞赛和创业计划竞赛，共两类竞赛；高职组在中职组基础上增设生产工艺革新与工作流程优化竞赛、社会调研论文竞赛，共四类竞赛。主体赛事将分省级预赛、全国复赛、决赛三个阶段进行。

　　本届竞赛以"同圆中国梦想，共创多彩人生"为主题，吸引了全国600余所职业学校组织4万余名学生参与。复赛共收到894件参赛作品，最终确定349件作品入围决赛。参赛作品共分为创意设计、创业计划、生产工艺革新与工作流程优化、社会调研论文4大组别，涵盖机械与控制、信息技术、生命科学、能源化工、工业设计、服务创意与工作流程、社会调研论文和创业计划 8 个类别。经过决赛答辩评审和公开展示环节，有 343 项作品进入决赛终评，其中中职作品 140 件，高职作品 203 件。

1.3.2 第二届"挑战杯 —— 彩虹人生" 全国职业学校创新创效创业大赛

2016 年 8 月 11～14 日，由共青团中央、教育部、人力资源和社会保障部、中国科协、全国学联、福建省人民政府举办的第二届"挑战杯 —— 彩虹人生"全国职业学校创新创效创业大赛终审决赛在福建省福州师范大学举办，来自全国职业院校近 300 所职业学校的 969 件作品参加竞赛，全国职业院校的 1600 余名选手参与角逐。本届大赛设中职、高职两类组别，比赛分初赛、复赛、决赛三个阶段，大赛设 29 项特等奖、99 项一等奖、252 项二等奖、383 项三等奖。北京工业职业技术学院和常州信息职业技术学院等 29 所院校获特等奖。

1.4 中国"互联网 +"大学生创新创业大赛

1.4.1 第一届中国"互联网 +"大学生创新创业大赛

2015 年 5 月 21 日，教育部发布关于举办首届中国"互联网+"大学生创新创业大赛的通知，拉开了中国"互联网+"大学生创新创业大赛的帷幕。首届中国"互联网+"大学生创新创业大赛，以"'互联网+'成就梦想，创新创业开辟未来"为主题，由教育部会同国家发展和改革委员会、工业和信息化部、人力资源和社会保障部、共青团中央和吉林省人民政府共同主办。大赛旨在深化高等教育综合改革，激发大学生的创造力，培养造就"大众创业、万众创新"的生力军；推动赛事成果转化，促进"互联网+"新业态形成，服务经济提质增效升级；以创新引领创业、创业带动就业，推动高校毕业生更高质量地创业就业。

首届参赛项目分为四大类：

①"互联网+"传统产业，包括新一代信息技术在传统产业领域应用的创新创业项目；

②"互联网+"新业态，包括基于互联网的新产品、新模式、新业态创新创业项目，优先鼓励人工智能产业、智能汽车、智能家居、可穿戴设备、互联网金融、线上线下互动的新兴消费、大规模个性定制等融合型新产品、新模式；

③"互联网+"公共服务，包括互联网与教育、医疗、社区等结合的创新创业项目；

④"互联网+"技术支撑平台，包括互联网、云计算、大数据、物联网等新一代信息技术创新创业项目。

根据参赛项目所处的创业阶段情况,大赛分为创意组和实践组。

大赛采用校级初赛、省级复赛、全国总决赛三级赛制。全国共产生300个团队入围全国总决赛,其中创意组100个团队,实践组200个团队。每所高校入选全国总决赛团队总数不超过3个。

2015年10月19~20日,首届中国"互联网+"大学生创新创业大赛总决赛在吉林长春举行。本届大赛共有1878所高校、57000多支团队、25万名大学生参赛,参赛项目36508个。经过校级初赛、省级复赛,300支优秀团队入围全国总决赛,其中创意组项目111项,实践组项目189项。其中的100个项目参加了全国总决赛现场比赛。经过大赛专家委员会评审、组织委员会审定,最终评出大赛冠军2名、亚军1名、季军1名,金奖项目30个、银奖项目82个、铜奖项目184个、单项奖项目4个、优秀组织奖9个、集体奖20个。此次比赛共吸引意向性投资30亿元,为项目成果转化提供了资金支持。

本届大赛,北京航空航天大学参赛的"unicorn无人直升机系统"项目和浙江大学参赛的"智能视力辅具及智能可穿戴近视防控设备"项目并列冠军,华南理工大学参赛的"广州优蜜移动科技股份有限公司"项目获得亚军,西安电子科技大学参赛的"Visbody人体三维扫描仪"项目获得季军。

中共中央政治局常委、国务院总理李克强针对本届赛事作出重要批示。批示指出,大学生是实施创新驱动发展战略和推进大众创业、万众创新的生力军,既要认真扎实学习、掌握更多知识,也要投身创新创业、提高实践能力。中国"互联网+"大学生创新创业大赛,紧扣国家发展战略,是促进学生全面发展的重要平台,也是推动产学研用结合的关键纽带。教育部门和广大教育工作者要认真贯彻国家决策部署,积极开展教学改革探索,把创新创业教育融入人才培养,切实增强学生的创业意识、创新精神和创造能力,厚植大众创业、万众创新的土壤,为建设创新型国家提供源源不断的人才智力支撑。

1.4.2　第二届中国"互联网+"大学生创新创业大赛

为贯彻落实《国务院办公厅关于深化高等学校创新创业教育改革的实施意见》（国办发〔2015〕36号），进一步激发高校学生创新创业热情，展示高校创新创业教育成果，搭建大学生创新创业项目与社会投资对接平台，教育部于2016年3月至10月举办了第二届中国"互联网+"大学生创新创业大赛。大赛以"拥抱'互联网+'时代、共筑创新创业梦想"为主题，以深化高等教育综合改革，激发大学生的创造力，培养造就"大众创业、万众创新"的生力军为目的，切实提高高校学生的创新精神、创业意识和创新创业能力，以创新引领创业、创业带动就业，推动高校毕业生更高质量创业就业。

本次大赛由教育部、中央网络安全和信息化领导小组办公室、国家发展和改革委员会、工业和信息化部、人力资源和社会保障部、国家知识产权局、中国科学院、中国工程院、共青团中央和湖北省人民政府共同主办，华中科技大学承办。由中国高校创新创业教育联盟、中国高校创新创业投资联盟、中国教育电视台、光明校园传媒参与协办。

参赛项目分为六大类：

① "互联网+"现代农业，包括农林牧渔等；

② "互联网+"制造业，包括智能硬件、先进制造、工业自动化、生物医药、节能环保、新材料、军工等；

③ "互联网+"信息技术服务，包括工具软件、社交网络、媒体门户、数字娱乐、企业服务等；

④ "互联网+"商务服务，包括电子商务、消费生活、金融、旅游户外、房产家居、高效物流等；

⑤ "互联网+"公共服务，包括教育文化、医疗健康、交通、人力资源服务等；

⑥ "互联网+"公益创业，以社会价值为导向的非盈利性创业。

根据参赛项目所处的创业阶段及已获投资情况，大赛分为创意组、初创组和成长组。

大赛全国总决赛于 2016 年 10 月 13 ~ 15 日在华中科技大学圆满落幕。本届大赛共有 2110 所高校、54 万名大学生参赛，参赛项目 118804 个。其中 600 个项目入围全国总决赛，120 个项目进入总决赛现场，争夺金奖。最终评出大赛冠军 1 名、亚军 1 名、季军 2 名、金奖项目 32 个、银奖项目 115 个、铜奖项目 448 个、单项奖项目 4 个、参赛鼓励奖项目 24 个、优秀组织奖 10 个、先进集体奖 22 个。

本届大赛，西北工业大学参赛的"微小卫星"项目获得冠军，南京大学参赛的"insta360 全景相机"项目获得亚军，北京大学参赛的"ofo 共享单车项目"和山东大学参赛的"越疆 DOBOT 桌面机械臂"项目并列季军。

教育部领导在第二届中国"互联网 +"大学生创新创业大赛颁奖典礼暨闭幕式上的讲话指出，中国"互联网 +"大学生创新创业大赛是"双创"活动周的一项重要活动，已成为深化高校创新创业教育改革的重要载体、促进大学生全面发展的重要平台、推动产学研用结合的关键纽带，要继续办下去，办好办强、形成品牌。要把推动高校创新创业教育改革作为服务经济结构转型、发展动能转换的根本需要，作为培养应用型、创新型人才的必然要求，作为高等教育综合改革的突破口和重中之重，抓好培养方案、课程体系、教学方法、制度创新和实践环节，多点突破、纵深推进。希望青年学生坚定理想信念，掌握真才实学，积极投身实践，在创新创业实践中展示才华、服务社会，创造自己的精彩人生。

1.4.3 第三届中国"*互联网 +*"大学生创新创业大赛

2017 年，第三届中国"互联网 +"大学生创新创业大赛在西安电子科技大学举办。中国建设银行、中国高校创新创业教育联盟、全国高校创新创业投资服务联盟、中国教育创新校企联盟、中国高校创新创业孵化器联盟、中关村百人会天使投资联盟和全国高校双创教育协作媒体联盟等参与协办了本次大赛。大赛以"搏击'互联网 +'新时代，壮大创新创业生力军"为主题，参赛项目主要包括以下类型：

①"互联网+"现代农业,包括农林牧渔等;

②"互联网+"制造业,包括智能硬件、先进制造、工业自动化、生物医药、节能环保、新材料、军工等;

③"互联网+"信息技术服务,包括工具软件、社交网络、媒体门户、企业服务等;

④"互联网+"文化创意服务,包括广播影视、设计服务、文化艺术、旅游休闲、艺术品交易、广告会展、动漫娱乐、体育竞技等;

⑤"互联网+"商务服务,包括电子商务、消费生活、金融、财经法务、房产家居、高效物流等;

⑥"互联网+"公共服务,包括教育培训、医疗健康、交通、人力资源服务等;

⑦"互联网+"公益创业,以社会价值为导向的非盈利性创业。

根据参赛项目所处的创业阶段、已获投资情况和项目特点,大赛分为创意组、初创组、成长组和就业型创业组。

大赛采用校级初赛、省级复赛、全国总决赛三级赛制。

2017年9月17日,第三届"互联网+"大学生创新创业全国总决赛在西安电子科技大学落幕。本届大赛共有2241所高校、150万名大学生参赛,参赛项目370000个。经过大赛专家委员会评审、组织委员会审定,最终评出大赛冠军1名,亚军1名,季军并列2名。除冠亚军项目外,获得金奖的项目有43个、银奖123个、铜奖481个。

本届大赛,浙江大学参赛的"杭州光珀智能科技有限公司"项目摘得桂冠,北京航空航天大学参赛的"ULBrain机器人视觉解决方案"项目获得亚军,南京大学参赛的"分子精准调控的吸波导磁材料及工业解决方案"项目和东南大学参赛的"全息3D智能炫屏-南京万事屋科技有限公司"项目分获季军。历届中国"互联网+"大学生创新创业大赛情况见表1-3。

表1-3 历届中国"互联网+" 大学生创新创业大赛情况

届次	参赛高校/所	参赛学生/人	参赛项目/个
第一届(2015年)	1878	250000+	36508

届次	参赛高校 / 所	参赛学生 / 人	参赛项目 / 个
第二届（2016 年）	2110	540000+	118804
第三届（2017 年）	2241	1500000+	370000

1.4.4 第四届中国"互联网 +"大学生创新创业大赛

2018 年 3 月 9 日，教育部启动第四届中国"互联网 +"大学生创新创业大赛。大赛的目的是深化高等教育综合改革，激发大学生的创造力，培养造就"大众创业、万众创新"生力军；鼓励广大青年扎根中国大地了解国情民情，在创新创业中增长智慧才干，在艰苦奋斗中锤炼意志品质，把激昂的青春梦融入伟大的中国梦。大赛提出的任务是重在把大赛作为深化创新创业教育改革的重要抓手，引导各地各高校主动服务国家战略和区域发展，积极开展教育教学改革探索，切实提高高校学生的创新精神、创业意识和创新创业能力。推动创新创业教育与思想政治教育紧密结合、与专业教育深度融合，促进学生全面发展，努力成为德才兼备的有为人才。推动赛事成果转化和产学研用紧密结合，促进"互联网 +"新业态形成，服务经济高质量发展。以创新引领创业、以创业带动就业，努力形成高校毕业生更高质量创业就业的新局面。

本次大赛由教育部、中央网络安全和信息化领导小组办公室、国家发展和改革委员会、工业和信息化部、人力资源社会保障部、生态环境部、农业农村部、国家知识产权局、国务院侨务办公室、中国科学院、中国工程院、国务院扶贫开发领导小组办公室、共青团中央和福建省人民政府共同主办，厦门大学承办。大赛设立组织委员会、专家委员会和纪律与监督委员会。大赛主题是"勇立时代潮头敢闯会创，扎根中国大地书写人生华章"。

第四届大赛举办了"1+5"系列活动。"1"是主体赛事，在校赛、省赛基础上，举办全国总决赛（含金奖争夺赛、四强争夺赛和冠军争夺赛）。

"5"是5项同期活动，具体包括：

①"青年红色筑梦之旅"活动。在更大范围、更高层次、更深程度上开展"青年红色筑梦之旅"活动，推动创新创业教育与思想政治教育相融合，创新创业实践与乡村振兴战略、精准扶贫脱贫相结合，打造一堂全国最大的思政课。

②"21世纪海上丝绸之路"系列活动。主动服务"一带一路"建设，推动教育先行，实现创新创业教育交流合作从"丝绸之路经济带"到"21世纪海上丝绸之路"的全面布局，为民心相通、合作共赢铺路搭桥。

③"大学生创客秀"（大学生创新创业成果展）。在大赛总决赛期间举办"大学生创客秀"，在承办校厦门大学设置项目展示区、项目路演区、投融资对接区、合作签约区、交流分享区、创意产品体验区等，开展投资洽谈、创新创业成果展、团队展示等活动，为各方人员提供开放参与的机会。

④改革开放40年优秀企业家对话大学生创业者（"互联网+"产学合作协同育人报告会）。邀请改革开放40年来涌现出的有影响的企业家、投资人、行业领军人物、技术专家与大学生创业者对话，在总决赛期间开设报告会或主旨演讲，围绕产业发展趋势、行业人才需求和产学合作协同育人等主题进行交流，传播成功经验，共享创新创业理念，助力大学生成长发展。

⑤大赛优秀项目对接巡展。在2018年"数字中国"建设峰会、第二十二届中国国际投资贸易洽谈会和大赛总决赛期间设立专区，开展优秀项目展示交流和投融资洽谈对接活动，进一步推动大赛成果转化应用。

参赛项目主要包括以下类型：

①"互联网+"现代农业，包括农林牧渔等；

②"互联网+"制造业，包括智能硬件、先进制造、工业自动化、生物医药、节能环保、新材料、军工等；

③"互联网+"信息技术服务，包括人工智能技术、物联网技术、网络空间安全技术、大数据、云计算、工具软件、社交网络、媒体门户、企业服务等；

④"互联网+"文化创意服务，包括广播影视、设计服务、文化艺术、

旅游休闲、艺术品交易、广告会展、动漫娱乐、体育竞技等；

⑤ "互联网＋"社会服务，包括电子商务、消费生活、金融、财经法务、房产家居、高效物流、教育培训、医疗健康、交通、人力资源服务等；

⑥ "互联网＋"公益创业，以社会价值为导向的非盈利性创业。

参赛项目不只限于"互联网＋"项目，鼓励各类创新创业项目参赛，根据行业背景选择相应类型。以上各类项目可自主选择参加"青年红色筑梦之旅"活动。

⑦ "青年红色筑梦之旅"赛道。增设"青年红色筑梦之旅"赛道，参加此赛道的项目须为参加"青年红色筑梦之旅"活动的项目。各省（区、市）教育厅（教委）、各高校要组织大学生创新创业团队到各自对接的县、乡、村和农户，从质量兴农、绿色兴农、科技兴农、电商兴农、教育兴农等多个方面开展帮扶工作，推动当地社会经济建设，助力精准扶贫和乡村振兴。

参加"青年红色筑梦之旅"活动的项目可自主选择参加主赛道或"青年红色筑梦之旅"赛道比赛，但只能选择参加一个赛道。

⑧ 国际赛道。打造大赛国际平台，提升大赛全球影响力。由国际赛道专家组会同全球大学生创新创业联盟（筹）择优遴选推荐项目。鼓励各高校推荐国外友好合作高校的项目参赛，鼓励各高校推荐海外校友会作为国际赛道合作渠道。

本届大赛自 2018 年 3 月份启动以来，累计有近 265 万名大学生、64 万个团队参赛，超过以往三届的总和，实现了区域、学校、学生类型全覆盖，涌现出一大批科技含量高、市场潜力大、社会效益好的高质量项目。经激烈角逐，共有 400 多支队伍参加总决赛。我国港澳台项目方面，共有近百个项目参赛，从中产生 20 支队伍参加总决赛；国际赛道方面，来自全球 50 个国家的 600 多支队伍参赛，最终 60 支队伍参加总决赛。

2018 年 10 月 15 日，第四届中国"互联网＋"大学生创新创业大赛冠军争夺赛在厦门大学举行。经过激烈比拼，最终北京理工大学"中云智车——未来商用无人车行业定义者"获得冠军。厦门大学"罗化新材料：全球激光荧光陶瓷的领航者"、北京邮电大学"人工智能影视制作-聚力维度"获得亚军，浙江大学"邦巍科技——全球高性能结构材料领跑者"、北京理工大学"枭龙科技 AR 智能眼镜"以及来自国际赛道的加拿大多伦多大学"FlexCap 柔性能源储存"获得季军。

历届中国"互联网 +"大学生创新创业大赛奖项情况见表 1-4。

表 1-4　历届中国"互联网 +"大学生创新创业大赛奖项情况

届次	金奖数量 / 个	银奖数量 / 个	铜奖数量 / 个
第一届	30	82	184
第二届	32	115	448
第三届	43	123	481
第四届	50	100	450

1.5　中国创新创业大赛

中国创新创业大赛是由科技部、财政部、教育部和中华全国工商业联合会共同指导，科技部火炬高技术产业开发中心、科技部科技型中小企业技术创新基金管理中心等单位共同承办的一项以"科技创新，成就大业"为主题的全国性创业比赛，是目前国内规格较高的创新创业赛事。大赛采用"政府引导、公益支持、市场运作"的模式，秉承"公平、公正、公开"的原则，旨在加快实施创新驱动发展战略，适应和引领经济发展新常态，打造经济发展和转型升级的新引擎，整合创新创业要素，搭建为科技型中小企业服务的平台，营造良好的创新创业氛围和环境，引导更广泛的社会资源支持创新创业，推进大众创业、万众创新。

中国创新创业大赛自 2012 年起，每年举办一届，已经连续成功举办七届。大赛赛制分为地方赛和总决赛。第一阶段为地方赛，由各省级科技管理部门组织举办。第二阶段为总决赛，按照新材料、新能源及节能环保、生物医药、电子信息、先进制造、互联网及移动互联网 6 个行业进行比赛。大赛按照企业组和团队组进行比赛，参赛的优秀企业和团队，有望获得合作银行的授信、创投基金的投资、股改和上市方面培训、创业导师的辅导以及大赛创新创业扶持资金的支持。

中国创新创业大赛从 2012 年的首届参赛企业 4411 家，到 2017 年第六届参赛企业达到 28147 家，覆盖全国 31 个省市，企业的参赛热情空前高涨。大赛是一个价值发现的平台，是一个为创新创业企业和团队提供服务的平台，也是为创业者今后发展进行资源配置的平台。

1.5.1　第一届中国创新创业大赛

2012 年 7 月 5 日，首届中国创新创业大赛在北京正式启动。大赛分为初创企业组、成长企业组和创业团队组，历时6个月，分别在北京、上海、宁波、深圳和成都五个城市进行分赛区比赛，并于年底在北京举行全国总决赛。

首届中国创新创业大赛取得了圆满成功，共有4411家企业和1557家团队报名参赛，近600名创业投资专家参与评选与投资。经过初赛、复赛、分区决赛，有226家企业和20家团队被评为大赛优秀企业和优秀团队，有68家企业和团队进入全国总决赛。

2012年12月，首届中国创新创业大赛全国总决赛在北京历时8天，分两个阶段圆满完成。第一阶段比赛，由5位来自创投机构的专家评委从进入总决赛的48个企业和20个团队中选出30个企业和10个团队进入第二阶段的电视决赛。第二阶段电视决赛由5位创业导师打分以及50位创投和技术评委共同投票确定全国总决赛企业组第一、第二、第三名和团队组第一、第二、第三名。总决赛和颁奖典礼在中央电视台财经频道播出，在全社会引起了强烈反响。部分大赛优秀企业获得了招商银行创新创业扶持资金、创投资金和科技计划项目的支持。另有162家企业得到了招商银行的授信，总额度超过17亿元，实际贷款近9亿元。

1.5.2　第二届中国创新创业大赛

2013年5月24日，第二届中国创新创业大赛正式启动。大赛在全国26个省区市设立了分赛区，并设立了深圳和西安两个综合赛区，共收到10381家企业和2928支团队报名参赛，相比2012年首届大赛，增幅分别达到135%和88%。

2013年11月20～21日，第二届中国创新创业大赛总决赛在北京举行。10家初创企业、10家成长企业和10支创业团队在5位创业导师和50位创投机构大众评审的现场打分下，最终决出初创企业组、成长企业组、创业团队组每组第一、第二、第三名。本届大赛加强了参赛项目与科技计划的衔接。国家重点新产品计划专门为大赛优秀企业开辟了申报绿色通道，科技型中小企业技术创新基金对地方推荐申报符合创新基金条件的项目给予优先立项支持。同时，大赛组委会计划在比赛结束后，组织投资机构和优秀团队到部分地区进行实地投资和落户考察，切实做好对参赛企业的跟踪服务，并为促进地方经济发展做出积极贡献。大赛将进一步统筹发挥政府引导作用和市场在资源配置中的决定性作用，集聚社会力量，整合各种资源，搭建服务平台，为参赛企业提供创业辅导、创业投资、银行授信、股改上市培训等支持，促进科技型中小企业创新发展。

1.5.3 第三届中国创新创业大赛

2014 年 3 月 13 日，第三届中国创新创业大赛组织推动会在北京成功召开。第三届大赛本着"市场化、多元化、专业化、国际化"的原则，分两个阶段进行比赛。第一阶段主要按省区市，在全国 20 多个地区比赛，评选出来优秀的企业和团队；第二阶段从地区赛中评选出来的优秀企业和团队按照电子信息、互联网和移动互联网、生物医药、先进制造、新能源及节能环保、新材料 6 个领域，在 6 个不同的城市进行总决赛。

第三届中国创新创业大赛自正式启动以来，历经了网络初赛、地区赛、尽职调查、6 场全国行业半决赛和全国行业总决赛等多重环节。大赛共设 24 个赛区，其中包含 22 个独立分赛区和 2 个综合赛区，此次共有 8759 家在 5 年内成立的创业企业和 3746 家创业团队报名参赛。此外，大赛还吸引了近 100 家来自港澳台地区的企业和团队报名，另有 40 多家来自海外的创业团队也加入到中国创新创业大赛的激烈角逐中。

比赛期间，来自 620 多个创投机构的 1554 名创投专家积极参与到整个评审过程。使得参赛企业和团队能够与创投机构高频次的接触，有效促进了企业和市场资本的对接。据不完全统计，参赛企业累计获得融资总额近百亿元人民币。2014 年，招商银行与大赛进一步加强合作，截至 2014 年 10 月末，不到 2 个月时间，大赛参赛企业与招行建立有效合作关系的有 1055 户，其中 194 户企业获得招行授信支持；授信总额达 30.6 亿元。

2014 年 9 月 17 日，第三届中国创新创业大赛新材料行业总决赛在淄博高新区举行。新材料行业赛是第一场全国行业赛，共有 83 家企业和 24 家团队参加，来自福建的纳米涂层团队和西安鑫垚陶瓷复合材料公司分别获得团队组和企业组冠军。

2014 年 9 月 26 日，第三届中国创新创业大赛总决赛生物医药行业赛正式拉开帷幕，160 余名生物医药领域的创业精英，从全国各地汇聚上海市科技创业中心参加此次大赛。经过一番精彩角逐，最终余长源博士团队、杭州启明医疗科技有限公司分别获得团队组和企业组冠军。

2014 年 10 月 15 日，第三届中国创新创业大赛新能源及节能环保行业总决赛在大庆落下帷幕，来自全国的 88 家中小科技企业和 28 个创新团队参加角逐，最终从半决赛脱颖而出的 12 位企业家和 6 名团队领军人物同台竞技，各展所长，带着创新创业的激情与梦想角逐总决赛奖项。最终水汇科技团队和矽光科技张家口有限公司分别获得团队组和企业组冠军。

2014 年 10 月 24 日，第三届中国创新创业先进制造行业总决赛在武汉光谷举行，6 支创业团队和 12 家企业经过激烈角逐后，来自深圳的 Wisetek 团队，以及西安铂力特激光成形技术有限公司分别夺得了团队组和企业组冠军。比赛中涌现出了众多优秀的创新创业项目，"自动垂直钻井系统工具""高端滤膜制造""金属3D打印""高精度传感编码器"等都让人眼前一亮。

2014 年 10 月 29 ～ 31 日，第三届中国创新创业大赛电子信息行业总决赛于苏州金鸡湖新罗酒店举办。大赛宗旨为整合创新创业要素，搭建为科技型中小企业服务的平台，引导更广泛的社会资源支持创新创业，促进科技型中小企业创新发展。电子信息行业总决赛期间，为参赛选手进行了主题为领军之道、融资实务以及知识产权三方面的培训，举办了电子信息行业论坛，还组织了融资路演推介会。中国创新创业大赛希望为创业者搭建学习交流的平台，让他们有更多机会展示自己的项目，并与创投机构和同行进行深入交流。本次大赛有 12 家企业和 6 组团队选手晋级决赛，Vivalnk 团队和常州金刚文化科技团队有限公司分别获得本次大赛的团队组和企业组冠军。

2014 年 11 月 19 日，第三届中国创新创业大赛互联网和移动互联网行业总决赛及颁奖典礼在深圳龙岗举行，来自全国各地的 104 家企业和 49 个团队共计 153 个参赛项目参与大赛冠军的角逐，西少爷肉夹馍团队和浙江每日互动网络科技有限公司分别获得团队组和企业组冠军。

1.5.4 第四届中国创新创业大赛

2015 年 4 月，第四届中国创新创业大赛正式启动。大赛将分为七个行业赛，包括新材料行业总决赛、先进制造行业总决赛、生物医药行业总决赛、互联网和移动互联网行业总决赛、新能源及节能环保行业总决赛、文化创意行业总决赛、电子信息行业总决赛，将分别在山东淄博、湖北武汉、北京、浙江桐乡、陕西西安、四川成都、江苏苏州等全国七大城市举办。

第四届中国创新创业大赛根据赛制规定，每场行业总决赛分为半决赛和决赛两个部分。比赛采用 8+7 模式的答辩评选：参赛选手自我介绍 8 分钟，评委提问 7 分钟，每位参赛选手接受 3 名创投评委现场评分。除了比赛外，大赛组委会还举行了一系列的创业配套服务活动，培训大讲堂、创业对对碰、融资路演、创业诊断、行业沙龙、创业交流晚宴等活动在各场行业总决赛行程中密集分布。在国赛战场上征战的优秀创业者们通过中国创新创业大赛的平台，可以获得国家创新创业扶持资金、国赛合作银行给予的贷款授信，以及创业政策、创业融资、商业模式等方面的免费创业培训，股权托管中心、产权交易所和证券交易所等机构也为选手们免费提供并购、股改和上市等辅导培训，符合相关科技计划要求的创业企业和团队，国家给予优先支持。

第四届中国创新创业大赛涉及 34 个地方赛区，得到了社会各界的鼎力支持，报名参赛项目达 27000 多个，共计 1500 余个优秀创业企业及团队成功突围，进入全国总决赛。

2015 年 9 月 14 ～ 17 日，第四届中国创新创业大赛新材料行业总决赛在山东淄博陶瓷创新园拉开帷幕，近 200 家企业和团队入围争夺新材料行业的全国桂冠。北京麦格东方材料技术有限公司获得企业组第一名，青岛华高墨烯科技股份有限公司、吉林省中研高性能工程塑料股份有限公司获得企业组第二名，河南国玺超纯金属材料有限公司、杭州爱克新材料科技有限公司、厦门烯成新材料科技有限公司获得企业组第三名；肿瘤捕手团队获得团队组第一名，苏星催化科技团队、杭州富纳科技创业团队分获团队组第二、第三名。通过现场80位大众评审投票产生的最具人气团队和企业是杭州富纳科技创业团队和厦门烯成新材料科技有限公司。

2015年10月12日，第四届中国创新创业大赛生物医药行业总决赛在北大科技园圆满落幕。入围国家生物医药总决赛210家企业和团队通过激烈的半决赛比拼，最终产生出14强企业选手和6强团队选手进入决赛环节。最终浙江诺尔康神经电子科技股份有限公司及重庆文理新药创新团队分别摘得企业组及团队组桂冠。

2015年10月23～27日，第四届中国创新创业大赛互联网和移动互联网行业总决赛在浙江桐乡成功举行。入围国家互联网和移动互联网行业总决赛的239家企业和78个团队，通过连续两天激烈的半决赛角逐，最终产生出12强企业选手和6强团队选手，走入总决赛现场争夺企业组和团队组的全国桂冠。最终，杭州龙盈互联网金融信息技术有限公司和吆喝科技分别获得企业组和团队组第一名；北京蚁视科技有限公司、杭州爱财网络科技有限公司获得企业组第二名，杭州卓健信息科技有限公司、杭州尚尚签网络科技有限公司、宁波康铭泰克信息科技有限公司获得企业组第三名；caretaker获得团队组第二名，网娱大师获得团队组第三名。

2015年11月2～5日，第四届中国创新创业大赛新能源及节能环保行业总决赛在西安举行。200多个参赛队经过半决赛的激烈比拼，共有14家企业和6家团队站上了竞技舞台。经过激烈的角逐，最终来自浙江的奇彩环境科技有限公司获企业组一等奖；来自天津的油霸团队获团队组一等奖；南京快轮智能科技有限公司、西安拓达农业科技有限公司获企业组二等奖；辽宁纳米空气污染治理防范团队获团队组二等奖；北京康美特科技有限公司、新疆敦华石油技术股份有限公司、杭州德联科技股份有限公司获企业组三等奖；重庆科技学院的雨中补桶团队获团队组三等奖。西安拓达农业科技有限公司获"最具人气企业"奖，纳米空气污染治理防范团队获"最具人气团队"奖。

2015年11月12日，第四届中国创新创业大赛文化创意行业总决赛在成都完美收官。入围"国赛"总决赛的61家企业和32家团队，经过激烈的比拼，最终杭州玄机科技信息技术有限公司和厦门唐盾网络科技有限公司分别获得企业组和团队组冠军。

2015 年 11 月 17～21 日，第四届中国创新创业大赛电子信息行业总决赛在苏州新罗酒店及独墅湖会议中心举行。经过层层选拔，有 248 家企业和 47 支团队入围国家电子信息行业半决赛，通过激烈角逐，最终产生 14 强企业选手和 6 强团队选手进入总决赛，苏州易能微电子科技有限公司和三维集成系统团队分别获得企业组和团队组冠军。

1.5.5　第五届中国创新创业大赛

经过前面四届赛事的成功举办，中国创新创业大赛目前已成为我国最大的众创空间和最强的众扶平台。2016 年，第五届大赛总报名项目数量 34341 家，其中，企业共 22277 家、团队共 12064 家。第五届大赛行业总决赛分六个行业进行比赛，按照先进制造、互联网及移动互联网、电子信息、新能源及节能环保、新材料和生物医药于六个城市分别进行比赛。

2016 年 9 月 28 日，第五届中国创新创业大赛先进制造行业总决赛在洛阳成功举办。本届大赛总报名项目数量达到 34000 余个，最终有 215 家企业和 47 支团队，经过层层选拔入围了此次先进制造行业总决赛。最终江苏丰信航空设备制造有限公司和"清科激光"团队在 360 余个先进制造行业入围项目中脱颖而出，分获企业组和团队组第一名，此外 100 余个参赛项目获得优秀奖。

2016 年 10 月 20 日，第五届中国创新创业大赛互联网及移动互联网行业总决赛在浙江桐乡成功举办。本届大赛互联网报名数量达到 12200 余个项目，占到了总报名数量的 35.6%，是 6 个行业中参赛项目最多的一个。最终有 261 家企业和 57 支团队，经过层层选拔入围了此次总决赛。总决赛在赛程设置上，采用 8+7 的现场答辩评选模式：参赛选手陈述 8 分钟，评委提问 7 分钟，5 名决赛主评委现场评分，其平均分即为参赛选手最终得分，大赛严格依照赛制规范，按照得分排出参赛选手名次。同时，现场邀请了

100位专业科技服务从业人员组成大众评审，选出最具人气企业与团队。最终，杭州联众医疗科技股份有限公司和天壤智能团队在300余个互联网行业入围项目中脱颖而出，分获企业组和团队组第一名。

获得企业组冠军的杭州联众医疗科技股份有限公司，他们带来的参赛项目是"全球影像"医疗云服务平台。目前我国医疗资源的区域不平衡是就医难的关键，医学影像的共享更是医疗机构的短板。患者往往需要拿着胶片奔波寻医，而专家将精力过多浪费在基础性咨询方面，医患之间缺乏直接高效的沟通，"全球影像"医疗云服务平台推出的目的就是为了解决这个问题。这个平台整合了国内外高端医疗科技技术、创新研发，实现了医疗影像的大数据采集、云存储，影像数据的安全、快捷、标准传输，以及基于云储存的其他医疗应用功能。

获得团队组冠军的是天壤智能团队，他们带来的项目是"神笔马良"。该项目旨在为互联网中小企业提供自动化的创意设计和投放策略，解决营销成本高、效率低等痛点，让中小企业在品牌建设、商品销售、消费者定位等方面拥有与大型互联网企业一样的能力。该项目通过结合大数据、深度学习和强化学习等相关人工智能技术，运用大规模计算能力，解读和挖掘不同商家不同产品的个性化创意需求，完成具体创意产品的自动化设计和投放。在产品图片设计、页面排版、产品上新、投放策略等多个领域代替传统的人工，一方面能够降低劳动成本，帮助企业释放更多的人力资源投入到更有创意的业务中；另一方面可以增强营销效果，提高产品宣传的精准度，吸引更多的买家。

2016年10月28日，第五届中国创新创业大赛电子信息行业总决赛在江苏苏州成功落下帷幕。本次共有236家企业和44支团队入围了电子信息行业总决赛。决赛的项目中，MCU应用、基于惯性传感的动作捕捉核心技术、智能水肥一体化、电力安全、高安全存储器、半导体激光器芯片设计、集成电路等领域的项目让在场的观众大开眼界。这些普通人未必了解的高科技产业却真真实实地改变着我们的生活习惯和社会安全。这些拥有高新技术的人才在舞台上展现的智慧和才能让评委和观众连连称赞。最终，杭州瑞杰珑科技有限公司和哈尔智能视觉团队分获企业组和团队组第一名，此外 130 个参赛项目获得优秀奖登入了国赛荣誉殿堂。

杭州瑞杰珑科技有限公司的项目是"智能视力辅具及智能可穿戴近视防控设备",他们秉承"改变视界"的愿景,致力于提供最具创新力的视力辅助、产品和服务,其产品成功应用于各级残联系统的康复工程建设、全国特殊教育系统、国内三甲医院和连锁医院等成熟的营销网络并覆盖全国。

哈尔智能视觉团队的项目是"动态高频摄像机"项目,该项目通过类似脑神经网络的深度学习模型,让计算机像人一样在真实世界中吸收、学习和理解复杂的信息,完成高难度的识别任务。这种机器是一种模仿人类视网膜工作的摄像机,在监控、人工智能、无人飞行器、嵌入式系统有广泛的应用潜质。随着物联网、自动驾驶车辆、无人机的飞速发展与应用,基于动态高频摄像机的机器视觉系统的市场将指数增长。

决赛中的"能源电子先进技术研究团队"也取得了不俗的成绩。该团队带来的是一款能够穿戴在人身上的智能防触电预警装置,它的特点是可以适应电力作业的多种电压等级。通过独有的多传感信息融合技术实现复杂场景的高准确、高可靠智能感知,多电压等级自适应预警,远程作业行为安全管控。在报警准确性、电压等级及场景适应性等方面远超国内外同类产品。产品在云南电网某个中等规模供电局推广产值约 2000 万元,云南省可达上亿元,全国推广的市场规模可达数十亿元。

2016 年 11 月 7 日,第五届中国创新创业大赛新能源及节能环保行业总决赛在西安成功举办。半决赛里 208 家企业和团队中拼杀出 18 支队伍,进行最后的较量。最终,浙江的杭州林东新能源科技股份有限公司和福建厦门的柒懿汉米科技团队分别获得企业组和团队组冠军。此次国赛中节能环保项目层出不穷,展现了我国在该领域十足的创新能力和强烈的环保意识。改善中央空调综合管理节能控制系统、PM2.5 高效过滤及高节能型溶液空调产品开发及产业化、蓄电池脉冲修复技术、分布式太阳能风能一体发电技术及应用、合成革新废水废气的综合治理技术、二氧化碳催化转化在绿色化学中的应用等涉及节能减排的"国民好项目"纷纷在国赛舞台上闪亮登场,为生态环境带来了新气象。

获得企业组冠军的杭州林东新能源科技股份有限公司的项目是"LHD 林

东模块化大型海洋潮流能发电机组"。目前世界最先进的发电机组能源转化效率是35%，而项目发电组转化率已经达到38%以上，该发电组每天都在发电，可随时监控。该公司是国内最早从事海洋潮流能源研发工作的高新技术科技型企业，在浙江建立总装机容量2000兆瓦左右的海上潮流能发电基地，并逐步向具有丰富潮流能资源的福建、广东、广西等沿海地区延伸。

获得团队组冠军的"柒懿"团队的项目是致力于生物质能的开发和应用，研发的HyMeTek系统能将秸秆、厨余、食品工业废水、畜牧排泄物等废料通过生物发酵高速产出氢气与甲烷。通过"陈氏引擎"内燃机的新技术，直接利用氢气作为能源的"氢能车"，可以真正做到节能减碳。

该项目已经达到三个世界第一，生物产氢效率世界第一；陈氏引擎技术世界第一；运营技术世界第一。

2016年11月19日，第五届中国创新创业大赛新材料行业总决赛在宁波圆满落幕。本次共有1440个企业和团队进入全国行业总决赛。其中新材料行业总决赛最终有132家企业和26个团队入围，参加在宁波举行的最终角逐。决赛项目中，有先进陶瓷、液态金属、光学材料、LED透明发光面板、激光无电安全照明、3D显示光学器件等涉及材料领域的各种研发创新，既有高精尖的新型材料技术，也有贴近民生科技的新材料技术应用，代表了我国新材料技术发展的新趋势和新未来。宁波维真显示科技股份有限公司和氟表面活性剂新型材料团队分别获得企业组和团队组第一名。

宁波维真显示科技股份有限公司的"新型裸眼3D显示光学器件"项目，将"新型裸眼3D显示光学器件"这项新型技术覆盖到更多应用领域，为大家带来一场视觉上的技术革新。

氟表面活性剂新型材料团队带来了他们自主研发的除雾剂，该项目做到了安全、高效、无毒害，填补了国内空白，还将为国内厂家节约生产成本20%～30%。

2016年11月28日，第五届中国创新创业大赛生物医药行业总决赛在厦门成功举办。本届大赛项目中既有十年磨一剑的"细胞治疗"，又有国际首创的缓控释新药；既有填补临床治疗空白的"脂微球"，又有传承工匠精神的牙科工业4.0；既有重建美好人生的颅颌面骨固定系统，又有让人重获视界的人造视网膜。最终，上海比昂生物医药科技有限公司和微纳仿生团队从生物医药行业 200 余个入围项目中脱颖而出，分获企业组和团队组的第一名，此外 99 个参赛项目获得优秀奖。

获得企业组冠军的上海比昂生物医药科技有限公司此次带来的项目是"用于 Car-T 的临床级可诱导慢病毒载体大规模生产技术的开发"。该项目在国内首次提出设计能表达嵌合抗原受体的临床级慢病毒载体、首次使用聚酯纤维纸片为微载体加入到细胞培养体系中，作为细胞附着生长底物、新生产方法的产量是旧工艺的 100 倍、在国内首次利用无血清培养基生产慢病毒载体，具有自主知识产权，同时具有病毒类载体大规模生产工艺专利技术，可满足国内外制药公司，医院等对 Car-T 可诱导慢病毒的需要，用于 I 期和 II 期的临床实验，并将力争建立一套大规模生产可诱导慢病毒载体的方法，克服临床风险。

获得团队组冠军的微纳仿生团队依托中科院深圳先进技术研究院，由美国院士领衔，海外一流的人才团队作为核心成员，致力于研发并产业化国内首创、世界领先的新一代高分辨率人造视网膜技术，为全球 2000 余万名视网膜退行性病变患者提供重见光明的可靠方案。该团队已建立先进的多学科研发平台，掌握了一系列核心技术，将尽快进入临床，抢占国内有源植入及高端眼科医疗器械的千亿市场。

1.5.6 第六届中国创新创业大赛

2017 年 4 月 7 日，第六届中国创新创业大赛在北京正式启动。本次大赛共有来自全国各地的 28147 家企业报名参赛。

2017 年 9 月 19 日，第六届中国创新创业大赛生物医药行业总决赛在南京江宁成功举办。涵盖生物医药行业重要领域的淋巴瘤治疗、腹腔镜手术机器人、肿瘤免疫治疗、抗癌新药、数字病理信息系统等项目纷纷登台亮相。此次决赛从市场、技术、团队、财务等方向对决赛项目进行专业点评和评分。最终，歌礼生物科技（杭州）有限公司和上海岸迈生物科技有限公司从众多入围项目中脱颖而出，分获生物医药行业总决赛成长组和初创组一等奖。此外，96个参赛企业获得优秀奖。

2017年9月26日，第六届中国创新创业大赛先进制造行业总决赛在河南洛阳成功举办。有263家企业入围该项总决赛，覆盖工业机器人、激光成像、人工智能、智能制造技术、汽车制造等项目。最终，北京升哲科技有限公司和浙江科比特科技有限公司从263个先进制造入围项目中脱颖而出，分获成长组和初创组一等奖，此外115个参赛企业获得优秀奖。

获得企业组一等奖的北京升哲科技作为一个物联网公司，拥有目前最为完整的端到端物联网产品线，为全球客户提供超低成本的物联网解决方案，助力打造智慧城市，连接物理与数字的世界。

2017年10月16日，第六届中国创新创业大赛新能源及节能环保行业总决赛在山东德州圆满落幕。决赛由6家初创企业和12家成长企业组成，他们带来的项目涵盖新能源及节能环保行业的重要领域，电动汽车动力总成的一体化设计方案、环境治理靶向纳米材料及其配套应用技术、负离子空气净化系统、碳素行业的烟气综合治理、CHtank600型中国罐等项目纷纷登台亮相。最终，深圳市依思普林科技有限公司和威隼汽车科技（宁波）有限公司在近200个新能源及节能环保行业入围项目中脱颖而出，分获成长组和初创组一等奖。此外，84个参赛企业获得"优秀企业"称号。

获得成长组一等奖的深圳市依思普林科技有限公司专注于新能源汽车核心部件电机、电控驱动系统研发制造，以自主创新的IGBT模块为核心，实现电动汽车电机控制器的自主化及产业化，是国内唯一掌握IGBT模块设计及生产技术的电机控制器厂家。

获得初创组一等奖的威隼汽车科技（宁波）有限公司致力于为新能源汽车及高效节能动力系统提供技术解决方案，是一家集产品研发、设计及生产制造为一体的创新型科技公司。公司4位核心成员名下有近100项国家发明专利，是一个技术背景非常强的团队，创新能力强，有丰富的实战经验。

2017年10月30日，第六届中国创新创业大赛互联网及移动互联网行业总决赛在浙江桐乡迎来了最终的巅峰之战。登上总决赛舞台的18个互联网领域创业团队，是从全国28147家参赛企业中脱颖而出的双创精英。此次总决赛项目涵盖科技金融、网络通信、电子商务、在线教育及延伸服务等多个领域，助推互联网与经济社会各领域的融合发展。最终，北京九天微星科技发展有限公司和成都明镜视觉科技有限公司在 295 个互联网及移动互联网行业入围项目中脱颖而出，分获成长组和初创组企业一等奖。此外，132 个参赛企业获得"优秀企业"称号。

获得成长组一等奖的北京九天微星科技发展有限公司是中国民营商业航天的领跑者。目前我国地面基站很多区域无法覆盖，"一带一路"需要"走出去"的基建未曾完善，参赛项目的解决方案就是把基站搬到天上，在卫星上为海、陆、空实现重大资产的数据监控和回传。公司研发的卫星将部署在地球上的既定轨道，每个轨道布置 12 颗卫星，共 6 个轨道，72 颗卫星，可覆盖整个地球。该项目将在重型机械、固定资产、物流运输、无人设备、海陆空环境等全产业、全流程位置及状态进行信息监控，助力智慧城市以及"一带一路"国家重要战略的实施。

获得初创组一等奖的成都明镜视觉科技有限公司是一家提供交互式 H5在线编辑的 SaaS 云平台的"明星企业"，为用户打造创意营销而推出了业内首款、国内首款的 3D 交互 H5 在线编辑器。

2017 年 11 月 16 日，第六届中国创新创业大赛电子信息行业总决赛及颁奖仪式在深圳宝安隆重举行，18 家企业上演巅峰对决。最终，无锡睿思凯科技有限公司和西安中科阿尔法电子科技有限公司从 260 余家电子信息行业入围项目中脱颖而出，分别荣获企业成长组和企业初创组一等奖。同时，108 个参赛企业获得"优秀企业"称号。

获得企业成长组一等奖的无锡睿思凯科技有限公司主要生产遥控器、接收器、模块及相关配件等，所有产品均采用自主开发的嵌入式系统软件。无人飞行系统已成为当下热门产业，配套无线电遥控市场前景也十分广阔。目前，公司现有遥控设备生产技术水平已达到专业级无人机所需遥控设备的技术要求，凭借在专业级航模领域的技术积累，未来有望随着专业级无人机市场的兴起而进一步扩大市场销量。

获得企业初创组一等奖的西安中科阿尔法电子科技有限公司聚焦于研制和国产化磁传感器芯片，致力于打破高性能传感器方面的国外垄断地位。

目前，公司具有包括 DSP、EEPROM、霍尔基片和温度传感器的 SoC 方案、高 ESD 防护设计和耐高压工艺设计。同时，首款 GaAs 霍尔器已经小批量试样，客户测试结果优于日本同类产品。

2017 年 11 月 24 日，第六届中国创新创业大赛新材料行业总决赛在宁波圆满收官。本次共有 160 家企业进入全国新材料行业总决赛，参加在宁波举行的最终角逐。决赛企业按初创组和成长组依次进行。决赛项目中，涉及光学材料、半导体芯片材料、生物基新材料、纳米复合材料、先进碳材料等领域的新型材料技术，既有高精尖的前沿技术创新，也有贴近民生科技的新材料技术应用，代表了我国新材料技术发展的新趋势和新未来。最终，浙江欧仁新材料有限公司和厦门钜瓷科技有限公司分别获得企业成长组和初创组一等奖。

获得成长组一等奖的浙江欧仁新材料有限公司带来的项目是"功能性薄膜复合材料及其在大飞机上的应用"，该项目拥有广阔的市场化前景、强大的团队支持和多项自主知识产权。

获得初创组一等奖的厦门钜瓷科技有限公司带来的项目是"高品级氮化铝粉末及氮化铝陶瓷精密器件国产化"，该项目依托强大的创新团队，通过自主研发及产业化应用，成功实现了氮化铝材料的国产化，打破了国外技术垄断，项目具有广阔的市场价值和社会价值，发展前景十分好。

中国创新创业大赛历届参赛企业和团队数量见表 1-5。

表 1-5　中国创新创业大赛历届参赛企业和团队数量

届次	举办时间	参赛企业和团队数量 / 个
第一届	2012 年	5968
第二届	2013 年	13309
第三届	2014 年	12645
第四届	2015 年	27000+
第五届	2016 年	34341
第六届	2017 年	28147

1.5.7 第七届中国创新创业大赛

2018 年 3 月 10 日，科技部、财政部、教育部、国家网信办和全国工商联共同举办第七届中国创新创业大赛。大赛秉承"政府引导、公益支持、市场机制"的模式，引导、集聚政府和市场资源支持创新创业，进一步激发全社会创新创业热情，扶持中小微企业创新发展，积极打造创新创业的众扶平台，促进大众创业、万众创新。大赛分地方赛、全国总决赛两个阶段。地方赛由省级科技管理部门负责牵头组织，优胜企业按分配名额入围全国总决赛。全国总决赛分新材料、新能源及节能环保、生物医药、电子信息、先进制造、互联网六个行业比赛。

全国总决赛按初创企业组 360 个和成长企业组 1080 个左右的企业规模进行比赛。行业总决赛由半决赛、决赛两个环节组成，评委以创投专家为主，比赛采用"现场答辩、当场亮分"的评选方式。每个行业半决赛后，评选出大赛优秀企业和晋级决赛的企业。每个行业总决赛后，初创企业组产生一等奖 1 名、二等奖 1 名、三等奖 1 名，成长企业组产生一等奖 1 名、二等奖 2 名、三等奖 3 名。

大赛推出了系列服务政策，对于优秀企业择优推荐给国家中小企业发展基金设立的子基金、国家科技成果转化引导基金设立的子基金、科技型中小企业创业投资引导基金设立的子基金、中国互联网投资基金等国家级投资基金；大赛合作银行择优给予贷款授信支持；择优推荐参加"创新人才推进计划"等相关计划评选，以及相关展览交流等活动。

大赛组委会办公室在行业总决赛期间组织配套活动，为企业免费提供多元化服务，主要包括培训辅导、融资路演、展览展示、大企业对接等。

本届大赛举办专业赛事，专业赛包括：

① 由中国科协牵头举办的中国创新创业大赛中国创新方法大赛；

② 由科技部火炬中心牵头举办的中国创新创业大赛军民融合专业赛；

③ 由科技部火炬中心牵头举办的中国创新创业大赛大中小企业融通专业赛；

④ 由广东省科技厅牵头举办的中国创新创业大赛港澳台大赛；

⑤ 由中国电动汽车百人会牵头举办的中国创新创业大赛国际新能源及智能汽车大赛；

⑥ 由第三代半导体产业技术创新战略联盟牵头举办的中国创新创业大赛国际第三代半导体创新创业大赛。

2018 年 10 月 15 日，2018 年第七届中国创新创业大赛先进制造行业总决赛在洛阳圆满举行。先进制造行业赛共有来自全国各地的 31136 家企业参赛，其中入围行业总决赛的企业共有 240 余家，参赛项目涉及 AI 机器人、无人机、3D 打印、视觉检测、工业操作系统、粒子加速器、激光成像设备、固体火箭冲压发动机、无人驾驶、工业在线设计等多个细分领域，代表了我国先进制造的科技创新力量。总决赛由 14 家成长企业和 6 家初创企业展开激烈角逐。最终，北京中科睿芯科技有限公司获得全国先进制造行业赛成长组一等奖，武汉库柏特科技有限公司和江苏影速光电技术有限公司的参赛项目分别获得成长组二等奖，西安和其光电科技股份有限公司、上海昂腾网络科技有限公司和中山迈雷特数控技术有限公司的参赛项目分别获得成长组三等奖；苏州艾利特机器人有限公司获得全国先进制造行业赛初创组一等奖，北京博清科技有限公司获得初创组二等奖，无锡臻致精工科技有限公司获得初创组三等奖。

1.6 "中国创翼"青年创业创新大赛

2015 年 2 月 10 日，中国宋庆龄基金会、人社部联合在中国人民大学举行"中国创翼"青年创业创新大赛启动会。"中国创翼"青年创业创新大赛由中国宋庆龄基金会、人力资源社会保障部联合主办，以"共圆中国梦、青春创未来"为主题，包括主体赛事：创业创新路演赛；专项赛事："欧格玛"杯大学生营销策划赛。参赛对象为年满 18 周岁但不超过 40 周岁的境内高校青年学生、社会青年以及海外留学青年。大赛分 8 大赛区，覆盖全国 31 个省、直辖市、自治区。

大赛将为优秀项目提供资金、政策、融资、众筹、商业合作以及宣传推广等支持，组委会为大赛设立数百万元奖励基金。

大赛坚持公益原则，通过比赛，发现和选拔一批优秀青年创业创新项目，建立青年创业创新项目库；为优秀青年创业创新项目提供创业培训、创业指导、风险投资、园区孵化等对接服务，加速项目的落地和发展壮大；营造政府鼓励创业、社会支持创业、青年奋发创业的良好环境，推动以创新引领创业、以创业带动就业。

1.6.1 第一届"中国创翼"青年创业创新大赛

2015 年 10 月 22 日，第一届"中国创翼"青年创业创新大赛总决赛在北京中关村国家自主创新示范区会议中心举行。参赛项目涉及电子商务、节能环保、新能源、新材料、高端装备制造等多个战略性新兴产业以及金融、旅游、医疗、教育培训等多种现代服务业，其中"互联网＋"项目占报名总数的一半以上。参赛团队 3000 多个，参赛项目 5000 多个，最后有 20 个项目进入"中国创翼"青年创业创新大赛总决赛。

本届大赛，万亩重楼项目获得企业组一等奖，三维智能视觉、院前急救云平台项目获企业组二等奖，智能分屏和多设备协同、四维时代科技、河南龙光三维生物工程项目获企业组三等奖；深井救援设备项目获得团队组一等奖，大柑智能、自然充电技术项目获团队组二等奖，阿波罗机器人平台、盲人电子眼、激光三维成像雷达项目获团队组三等奖。

首届"中国创翼"青年创业创新大赛的成功举办，具有十分重要的意义。一是创建了公益机构、政府部门、投资方共同参与的高效协同机制，丰富了创业创新活动的组织形式，通过市场有效引导社会资金和金融资本支持创业活动；二是设立奖金，落实帮扶，努力为青年搭建创业创新展示平台，激发青年创业创新热情；三是努力营造青年创业创新的生态环境，带头打造创新的社会模式，为青年融入市场提供创新互动平台，有效地聚集了创业的新动能。

1.6.2 第二届"中国创翼"青年创业创新大赛

2016年，第二届"中国创翼"青年创业创新大赛在福建农林大学举办。大赛设新能源及环保产业类、高端装备制造业类、生活性服务业类、综合类四个行业赛和农民工创业创新大赛专项赛。

本次大赛，大赛组委会把入围全国半决赛的项目纳入"中国创翼"青年创业创新大赛项目库，向大赛基金和创业投资机构优先推荐，并将长期跟踪，提供多种形式的创业支持和服务；当地人社部门在参赛团队（企业）入驻园区、贴息贷款、培训辅导、资金扶持等方面给予优先扶持。而最终入围全国总决赛获得一、二、三等奖和优胜奖的项目将可获得大赛设立的奖金（分别是10万元、8万元、6万元和3万元），以及大赛合作机构为获奖团队（企业）提供优质的创业孵化服务和大赛合作金融机构为符合授信标准的团队（企业）提供贷款授信支持。

第二届"中国创翼"青年创业创新大赛全国实际参赛项目8260个。

9月份，四大行业赛全国总决赛分别在河北、上海、重庆、浙江义乌圆满举办，大赛涌现了一大批具有较强创新性、示范性、科技性和良好市场前景的优秀项目。

9月18日，"综合类"项目全国总决赛在河北石家庄举行，大赛共133个项目参加。大赛设一等奖2名，二等奖4名，三等奖6名，优胜奖8名，进入决赛的其他20个项目颁发金翼奖，进入半决赛的颁发银翼奖。石家庄番薯网络科技有限公司参赛的"咻医生"移动医疗解决方案，是由专门针对社区卫生服务中心、乡镇卫生院、中小门诊等基层医疗机构开发的集门诊预约、划价收费、电子处方、药房管理、财务系统于一体的移动医疗管理系统，利用手机或平板电脑对中小医疗机构进行无纸化、电子化管理，解决基层医疗机构的规范化问题，提高运营效率、降低运营成本，建立完整的居民健康档案，大幅改善老百姓的就医体验。利用互联网帮助诊所等医疗机构解决品牌建立和口碑营销的难题，使分级诊疗和多点执医可以迅速在河北乃至全国推广开来。该项目在半决赛、总决赛分数均为最高，最终夺得全国总决赛团队组一等奖。

9月11～14日，农民工专项赛全国半决赛在河南郑州举行。

9月22～25日，第二届"中国创翼"青年创业创新大赛新能源及环保产业半决赛、决赛在上海成功举办，来自全国22个省市101个新能源和节能环保类创业项目参与角逐。"新能源及环保产业"半决赛晋级该行业全国总决赛的名额为：团队组20个，企业组20个，共计40个项目。参加半决赛但未晋级总决赛的项目，授予"中国创翼"青年创业创新大赛"银翼"奖称号。"新能源及环保产业"全国总决赛将从40个参赛项目中分别评选出团队组和企业组一等奖1名，二等奖2名，三等奖3名，优胜奖4名。对其他20个项目，授予"中国创翼"青年创业创新大赛"金翼"奖称号。

9月23～26日，"生活性服务业类"项目全国半决赛和总决赛在浙江义乌举行，135个创业创新项目经过精彩路演，最终决出各个奖项得主。其中，来自江苏的"安途防爆胎安全升级项目"和河北的"张小生包子铺"，分别囊括企业组和团队组的一等奖，并各获得10万元的奖金。

9月26～29日，"高端装备制造业类"项目全国半决赛和总决赛在重庆举行。

10月17日，第二届"中国创翼"青年创业创新大赛农民工专项赛全国总决赛及大赛优秀项目展示活动在北京中关村国家自主创新示范区展示中心举行。参加全国总决赛的农民工20个项目是从705个农民工参赛项目中选拔出来的，大赛经过激烈的角逐决出一、二、三等奖。其中，草原牧场"互联网＋"项目和现代化育苗技术项目分别获得团队组和企业组一等奖。

1.6.3　第三届"中国创翼"青年创业创新大赛

2018年3月26日，人力资源和社会保障部联合国家发改委、科技部、共青团中央和中国残联共同主办第三届"中国创翼"青年创业创新大赛。大赛由人力资源和社会保障部全国人才流动中心承办。大赛设立组委会、咨询委员会和评审委员会。大赛的主题是"创响新时代，共圆中国梦"。大赛的参赛对象是年满16岁的各类创新创业群体，重点鼓励高层次人才、留学回国人员、高校和技工院校学生（毕业生）、去产能转岗职工、复员军人、返乡农民工、残疾人等创业者参赛。大赛分为主体赛和专项赛两部分。其中，主体赛面向各类群体，分为创新项目组和创业项目组两个组别，按照省级选拔赛、全民选拔赛、决赛三个阶段实施；专项赛面向去产能转岗职工、残疾人两类特殊群体，按照省级选拔赛（推荐）、全国决赛两个阶段实施。各省按照大赛组委会统一分配名额确定本省优秀项目参加主题赛全国选拔赛。共约200个项目进入全国选拔赛，其中，创新项目组100个，创业项目组100个。专项赛每个省原则上推荐1个优秀项目直接参加全国决赛，全国共约32个项目参赛。主体赛决赛每组各评出一等奖2名、二等奖6名、三等奖10名、优秀奖12名；专项赛决赛评出一等奖2名，二等奖6名，三等奖10名、优秀奖14名。

1.7 中国青年创新创业大赛

为贯彻落实习近平总书记系列重要讲话和党的十八届三中全会精神，在全社会营造理解、重视、支持青年创新创业的良好氛围，为青年创新创业提供有利条件，搭建广阔舞台，大力发现、培育、选树青年创新创业人才，共青团中央、工业和信息化部、人力资源社会保障部、农业农村部、中国邮政储蓄银行、中央电视台决定，自2014年起共同策划举办首届"盐商杯"中国青年创新创业大赛，大赛以上海"盐商"集团冠名。

大赛设立领导小组，由主办单位的领导同志组成；大赛成立全国组织委员会，负责大赛组织领导工作，下设秘书处。秘书处设在共青团中央，负责大赛具体组织协调工作；大赛成立评审委员会，负责参赛项目的评审工作。评审委员会由创投行业著名人士、青年创业导师和有关行业专家学者组成。

大赛采取二、三产业和涉农产业分赛制，即统一赛事名称，二、三产业创新创业项目和涉农创新创业项目采用不同赛制，由共青团中央城市青年工作部和农村青年工作部分别组织实施。

大赛将评出正式创业组一等奖1名，二等奖4名，三等奖10名，奖金分别为100万元、30万元和10万元。大赛将评出意向创业组一等奖1名，二等奖2名，三等奖3名，奖金分别为10万元、5万元和2万元。

1.7.1 第一届"盐商杯"中国青年创新创业大赛

2014年11月27～29日，首届"盐商杯"中国青年创新创业大赛决赛在美丽的海滨城市天津滨海新区成功举办。本届大赛自启动以来，共吸引4万余支创业团队、10万多名创业青年参与各级赛事。经过激烈的评比，最终角逐出正式创业组一等奖 1 名，二等奖 4 名，三等奖 10 名。其中，半成品菜项目获得一等奖，捏捏 APP 项目、天津深之蓝海洋设备科技有限公司、TPMS 胎压监测芯片研发及产业化、POI 在线教育平台 4 个项目获得二等奖，193nm 光刻胶单体、WiFi 管家、Heyha 体感数字出版平台、金属 3D 打印、Xcape 密室逃脱、湖南常德牛肉粉、高速低耗无线通信芯片及协议栈开发、餐厨垃圾无害化与资源化处理、夏吾派唐卡创作、基于高性能铁基磁致伸缩材料的好尔全息净化器 10 个项目获得三等奖；大赛还评选出意向创业组一等奖 1 名，二等奖 2 名，三等奖 3 名。其中，全波场高密度面波无损检测技术获得一等奖，盲人电子眼、西双版纳雅多丽傣医药健康产业等两个项目获得二等奖，美育云图家园共育云服务平台、纳米微晶纤维素基空心硬胶囊、惠州峰华经纬科技有限公司（筹建）等 3 个项目获得三等奖。另有 21 个项目获优胜奖。

本次大赛中涌现出不少优秀的创业案例，不仅为创业者搭建了一个展示成长的平台、投融资对接平台，还为社会建立起青年创新创业项目库、人才库、导师库，进一步优化了青年创业环境，提高了青年创业成功率，并激起全社会关心青年创业的热情，促进青年创业就业服务体系建设。入围半决赛的项目，将会得到园区入驻、培训辅导、资金扶植等方面的政策支持，符合工信部、人社部相关要求的项目还会给予优先支持。入围总决赛的项目不仅能够免费入驻"全国青年创新创业示范区"（天津滨海新区），还能进一步享受优惠的创业扶植政策和优质的创业孵化服务，并可以通过大赛合作媒体的立体式宣传，提升项目知名度。为配合本次大赛，盐商集团设立了中国青年创新创业产业园并联合"中国梦·青春创业"专项基金，采取投贷联动、零房租或以房租入股的多元化资金扶持方式，为优秀创业项目和选手提供优质的办公、厂房场地及全方位的物业、服务配套。

1.7.2 第二届"创青春"中国青年创新创业大赛

2015 年 7 月 9 日，第二届"创青春"中国青年创新创业大赛启动仪式在北京举行。本届大赛由共青团中央、中央网信办、工业和信息化部、人力资源社会保障部、农业农村部等共同主办。此次大赛旨在搭建青年创新创业日常展示交流、资源对接、项目孵化等平台，引导青年开展创新性强、前瞻性好的创业项目，扶持培育科技含量高、商业模式新的创业团队，在广大青年中传播"创新引领未来、创业改变生活、奋斗成就梦想"的创业理念。该赛事面向不超过 35 周岁的创业青年和平均年龄 35 周岁以下的创业团队，特别鼓励符合国家产业转型升级的项目报名参赛。本届大赛采用地区赛＋全国赛，分组赛＋专项赛，创意组＋初创组＋成长组的方式。在全国赛期间，根据参赛项目所属行业，组委会将分别举办商工组、现代农业组、互联网组的比赛；每组比赛还根据项目所处阶段，举办创意组、初创组和成长组的比赛。

商工组重点关注新能源及节能环保、新材料及装备制造、生物技术及医疗、文化创意及现代服务业等 4 大类产业（组合）；现代农业组重点关注种养殖、农产品加工、农业社会化服务等农业相关产业；互联网组重点关注互联网基础服务、应用服务及运用互联网手段改造发展传统行业的产业。

对在各省级赛事中胜出的项目进行评审，对商工组、现代农业组、互联网组中的创意组、初创组、成长组评出金奖、银奖、铜奖及优秀奖若干名。其中，金奖、银奖、铜奖获奖总数分别不超过全国赛入围项目总数的 5%、10%、20%。

本届赛事除了评选金、银、铜奖并提供奖金及物质奖励和发布创业慕课和政策解读外，还联合中信国安集团和优家青年创业社区提供免费的孵化空间和居住空间，联合 36 氪、法海网、有序网、猎上网提供投融资、法律顾问、财务管理、人力资源管理等免费服务。

大赛分商工组、现代农业组、互联网组和 APP 专项赛等 4 项赛事，全国 31 个省（自治区、直辖市）举办省级赛事、100 多个城市举办地市级赛事，共吸引 7.6 万个创业项目、30 多万名青年参赛，掀起青年投身"大众创业、万众创新"的热潮。

2015 年 9 月 23 日，第二届"创青春"中国青年创新创业大赛互联网组总决赛在浙江省杭州市梦想小镇国际会议中心举行大赛闭幕式暨颁奖典礼。大赛的主题是"互联青春,创梦未来"。本次大赛主要面向前景良好的初创型企业和意向创业团队,参赛项目涵盖互联网设备、电子商务、搜索引擎、网络服务、网络媒体、网络游戏、网络视频、网络社交等多个领域。本届大赛主办方共收到12321个报名项目,其中社会化报名项目7704个,组织化报名项目4617个,涵盖全国所有地区。最终有198个参赛项目脱颖而出,角逐总决赛名额。

2015年12月7日,第二届"创青春"中国青年创新创业大赛商工组全国总决赛在天津闭幕。本次大赛(商工组)全国总决赛中,有232个项目从各省级赛事中脱颖而出。经过激烈角逐,最终产生金奖项目10个、银奖项目21个、铜奖项目29个,共同分享571万元奖金和价值1816万元的创业服务包。其中,ALS疾病超早期诊断以及组织再生治疗的应用、新能源纯电动汽车轻量化通用底盘等两个项目获"创意组"金奖;云见Ceecloud"互联网+云视频"运营商、移动智慧医院项目、PP GUN、安检类X光图像智能算法与通用图像工作站、比逗BEPOTATO等5个项目获"初创组"金奖;51社保、口腔医疗+互联网生态系统、友好速搭等3个项目获"成长组"金奖。赛事过程中,各地开展了创业训练营、天使"面对面"、导师"一对一"等丰富多彩的活动,并整合各类社会资源,推出资金、法律、财务、人力资源等专业服务,把智力、资源、政策等服务从"赛场"延伸到"市场",打造出一个推介创业项目、聚集市场资源、对接合作意愿的赛事平台,为青年与政府、青年与社会、青年与导师之间搭建了沟通的桥梁。此外,大赛还推出"青创通"APP、移动评分系统(PAD版)、公证员全程参与等一系列举措,提高评审科学性,打造一个公平、公正、公开的创业大赛平台。

1.7.3 第三届"*创青春*"中国青年创新创业大赛

2016年6月,第三届"创青春"中国青年创新创业大赛启动。大赛由共青团中央、中央网信办、工业和信息化部、湖北省人民政府等共同主办，分商工组、现代农业和农村电子商务组、互联网组和 APP 专项赛等 4 项赛事。在赛事过程中，各地联合相关单位积极部署，开展了丰富多彩的赛事配套活动，整合社会资源，助力青年创新创业。全国 31 个省（自治区、直辖市）举办省级赛事、200 多个城市举办地市级赛事，共吸引参赛项目 8 万余个，参赛青年 30 万人。

2016 年 8 月 28 ～ 30 日，第三届"创青春"中国青年创新创业大赛互联网组全国赛决赛在杭州梦想小镇成功举办。本届大赛共收到 7183 个项目报名，涵盖人工智能、移动互联网、互联网设备、电子商务、搜索引擎、网络服务等多个领域。最终，"盲人视觉辅助眼镜"项目获得本届大赛总冠军，并得到 20 万元的参赛奖金。

2016 年 9 月 7 日，第三届"创青春"中国青年创新创业大赛现代农业和农村电子商务组全国赛决赛在湖北省孝感市成功举办。本届比赛共吸引 2.5 万余个创业项目。从各省级赛事中脱颖而出的近 150 个创业项目负责人齐聚湖北孝感，入围全国赛角逐。比赛分现代农业初创组、成长组和农村电子商务组三个组别，按照初赛、半决赛和决赛三个阶段进行。本届比赛共产生金奖项目 3 个，银奖项目 9 个，铜奖项目 18 个。其中，乘坐式多功能耕整机、新化县三联峒冰泉旅游开发有限公司、"互联网思维＋电商"缔造老粗布快时尚品牌 3 个项目分别获得现代农业初创组、成长组、农村电子商务组金奖。为了更好地帮助参赛项目对接资源、开阔视野、提升能力，全国赛期间，主办方还开展了中国青年创新创业板演示活动、"天使面对面"资本对接会、创业精英训练营等活动，有 10 个项目与投资机构达成意向投资协议。

2016 年 9 月 24 ～ 26 日，第三届"创青春"中国青年创新创业大赛商工组全国赛在上海成功举办。来自全国 31 个省（直辖市、自治区）的 145 支优秀创业团队齐聚上海，入围全国赛进行比拼。大赛全国赛分创意组、初创组和成长组三个组别，创意组分初赛和决赛两个阶段进行比赛，初创组和成长组分为初赛、半决赛和决赛三个阶段进行比赛。经过激烈比拼，最终产生金奖项目 5 个、银奖项目 15 个、铜奖项目 30 个，共同分享数百万元奖金。其中，"新型智能节能遮阳产品的产业化项目"获创意组金奖，"智能纳米光学膜""Flexible Technology 柔性新技术"等 2 个项目获初创组金奖，"科瑞克医疗——微流控全参数检验移动医疗器械""血栓弹力图"等 2 个项目获成长组金奖。

1.7.4　第四届"创青春"中国青年创新创业大赛

　　"创青春"中国青年创新创业大赛自首届举办以来，共吸引了 20 余万个创业项目、100 多万名青年参赛，共 800 余个参赛项目与投资机构达成融资意向，累计金额 20 多亿元，带动青年就业 100 余万人。第四届"创青春"中国青年创新创业大赛设置商工组、现代农业和农村电子商务组、互联网组和 APP 专项赛。大赛自启动以来，共吸引近 8 万个创业项目和 30 万名青年参与赛事。

　　2017 年 8 月 28 ～ 30 日，第四届"创青春"中国青年创新创业大赛互联网组全国赛总决赛在杭州梦想小镇举行。本届大赛共收到 7183 个项目报名参赛，涵盖人工智能、移动互联网、互联网设备、电子商务、搜索引擎、网络服务、网络媒体、网络游戏、网络视频、网络社交等多个领域。经过全国赛初赛、复赛，共评选产生 100 件作品进入全国赛决赛。经过激烈角逐，大赛最终产生金奖 10 个、银奖 20 个、铜奖 70 个，在创业组金奖范围内产生冠军奖 1 个。大赛优秀获奖项目将享受丰厚奖金，获得入驻梦想小镇、"融资直通车"等优惠支持，以及推荐参加世界互联网大会。决赛期间，围绕"互联青春·创梦未来"主题，大赛还设有中国青年创新创业人才训练营、平行论坛、项目开放日、阿里巴巴参观等配套活动，让创业者们在比拼实力的同时，进一步提升创业素质、拓宽创业视野。

　　2017 年 9 月 15 ～ 20 日，第四届"创青春"中国青年创新创业大赛现代农业和农村电子商务组全国赛总决赛在杨凌成功举办。共有 150 个青年创业项目进入全国赛。大赛分为现代农业初创组、现代农业成长组和农村电子商务组三个组来进行半决赛和决赛比赛。最终，每组决出金奖 1 个、银奖 3 个、铜奖 6 个、优胜奖 10 个，总奖项达到 60 个，总奖金达 163 万人民币。比赛期间还组织了中国农科城（杨凌）项目产业专场对接沙龙、"天使面对面"创业资本对接会等 5 个配套活动。

2017 年 9 月 17 至 20 日，第四届"创青春"中国青年创新创业大赛商工组全国赛在陕西西安拉开帷幕，来自全国各地的 160 支优秀创业团队齐聚古城西安，同场竞技。比赛期间还举办了中国青年创新创业展示交流会、"一带一路"青年创客国际论坛、中国青年创新创业板高峰论坛暨寻找"独角兽"活动等 9 个配套活动。

中国青年创新创业大赛历届参赛情况见表 1-6。

表 1-6 中国青年创新创业大赛历届参赛情况

届次	举办时间	参赛项目数量 / 个	参赛青年数量 / 人
第一届	2014 年	约 40000	约 10 万
第二届	2015 年	约 76000	约 30 万
第三届	2016 年	约 80000	约 30 万
第四届	2017 年	80000+	约 30 万

1.8　中国大学生高分子材料创新创业大赛

中国大学生高分子材料创新创业大赛是由中国石油和化学工业联合会、中国化工教育协会、青岛市科技局和橡胶谷集团有限公司联合主办的我国高分子材料领域的行业大赛，大赛的宗旨是聚焦高分子材料，推动创新人才涌现，促进科研成果转化。大赛的目标是致力于强化全国高分子材料及其相关专业领域应用技术型人才培育，促进高分子材料及其相关产业教育领域"产、学、研结合"成果转化，并充分展示大学生创新和创业的实践能力，为高校培养、选拔、激励"创新型人才"和"应用型人才"发挥积极作用。

1.8.1　第一届中国大学生高分子材料创新创业大赛

2013 年，第一届中国大学生高分子材料创新创业大赛成功举办，共有来自全国 75 所高校的 179 支队伍参加了比赛，最后入围总决赛的项目有 14 支团队，大赛作品中有 20 余个项目成功落地孵化，其中获得大赛一等奖的青岛科技大学的"基于新型高分子导电材料"项目已经实现年收入 400 万元的好成绩。

1.8.2　第二届中国大学生高分子材料创新创业大赛

2014 年，第二届中国大学生高分子材料创新创业大赛成功举办，共有来自全国和俄罗斯的 130 多所高校的 432 支队伍参加了比赛，最后共计 72 支参赛队伍杀入决赛，其中有 12 支团队进入总决赛。其中，北京化工大学、青岛科技大学、东华理工大学、哈尔滨理工大学和广东轻工技术职业学院的 6 支团队分获一等奖，参赛项目中有 12 个项目成功孵化。

1.8.3 第三届中国大学生高分子材料创新创业大赛

2015 年，第三届中国大学生高分子材料创新创业大赛成功举办，共有来自我国、俄罗斯和日本的 80 多所高校的 322 支队伍参加了比赛，最后共计 52 支参赛队伍进入总半决赛，其中 16 支团队杀入总决赛。最终，四川大学、华南理工大学和河北工业大学等 5 支团队分别获得一等奖。参赛项目中有 5 个项目进行了成功孵化落地，其中华南理工大学的"皮革用新型环保水性聚氨酯消光涂料的研发与推广"项目已实现年收入 3000 万元。

1.8.4 第四届中国大学生高分子材料创新创业大赛

2016 年，第四届中国大学生高分子材料创新创业大赛成功举办，共有来自我国和海外的 104 所高校的 369 支队伍参加了比赛，最后共计 57 支参赛队伍获奖，其中本科 38 支，研究生 15 支，高职 4 支。本届大赛总决赛，共评选出一等奖 3 名、二等奖 9 名，三等奖 45 名，在此基础上，还评选出优秀指导老师 56 名和优秀组织奖 3 名。最终，南京工程学院、青岛科技大学和山西大学的参赛项目分别获得一等奖。目前，已有两个项目进行产业化生产，另有北京化工大学的"热可逆交联形状记忆骨科夹板"和"高分子微针的研发与应用"等十几个项目与企业和投资机构进行了洽谈合作。

1.8.5 第五届中国大学生高分子材料创新创业大赛

2017 年，第五届中国大学生高分子材料创新创业大赛成功举办，本届大赛专注于高分子材料领域：橡胶、塑料、涂料、胶黏剂、功能材料等领域，共有来自 106 所高校的 303 支队伍参加了比赛，最后共计 55 支参赛队伍获奖。获得特等奖的青岛科技大学项目《负离子无醛环保乳胶漆的研制与应用》已实现产业化，年营业额预计将达到 400 余万元。

中国大学生高分子材料创新创业大赛历届参赛情况见表 1-7。

表 1-7 中国大学生高分子材料创新创业大赛历届参赛情况

届次	举办时间	参赛高校数量 / 所	参赛团队数量 / 支
第一届	2013 年	75	179
第二届	2014 年	130	432
第三届	2015 年	80	322
第四届	2016 年	104	369
第五届	2017 年	106	303

1.9 其他创新创业大赛

这些年来，我国的创新创业如火如荼，轰轰烈烈。除了上述介绍的社会上具有影响力的创新创业大赛外，国内还有一些有特色的主题创业大赛。

1.9.1 中国农业科技创新创业大赛

2010 年 7 月，由科技部农村科技司，国家科学技术奖励工作办公室等多家国家单位联合主办的首届"中国农业科技创新创业大赛"正式启动。大赛旨在创造风险投资与农业科技创业团队对接的范例，培育用现代服务业引领推动现代农业产业发展的生态环境。大赛高举农村科技创业大旗，瞄准世界农业科技发展前沿，重点关注高科技生物农业、环保农业、精准农业、商贸物流、信息服务等领域，开辟高附加值的现代农业发展道路。大赛共收到有效参赛项目 1771 个。初选和初赛网上评审后，122 个项目进入复赛，经过激烈角逐，最终江苏盐城的"盐土农业植物资源综合开发利用"和北京的"现代农业规模化牧场建设"项目分获首届中国农业科技创新创业大赛初创项目组和企业成长组一等奖，并分别获得天使投资 200 万元和1000 万元。

2013 年第二届中国农业科技创新创业大赛共有来自全国 31 个省区市的 1725 家企业报名参赛，涉及农产品加工、生物育种、农机装备等 22 个领域，1214 家企业进入初赛评审，300 家企业参加赛区复赛并进入科技部农村领域科技计划遴选项目库，110 家企业进入决赛。最终，河南中鹤现代农业开发集团有限公司和西安韦德沃德航空科技有限公司分别获得成长组企业和初创组企业一等奖。

1.9.2 全国农村创业创新项目创意大赛

2016 年 11 月,由农业农村部主办的首届"全国农村创业创新项目创意大赛"正式启动。大赛共吸引全国 3 万多个项目参赛,决出金奖 2 名、银奖 4 名、铜奖 6 名、优秀奖 8 名。全国农村创业创新项目创意大赛得到了社会各界的强烈反响,得到了相关专家、社会投资者和媒体的热切关注,激发了返乡、下乡人员的创业创新热情,有力提升了农村创业创新能力水平,为推动农村双创蓬勃发展、培育农村产业兴旺和城乡融合发展新动能作出了积极的贡献。

1.9.3 环保创新创业大赛

2015 年 7 月,由国家高新区宜兴环保科技工业园和创业黑马共同举办了首届"环保创新创业大赛",至今已成功举办三届。经过 3 年积淀,大赛集聚了 500 多个海内外优质环保项目和 120 多位专家评委,挖掘出 76 个环保界优秀项目。大赛参赛项目涉及水与污水、供排水、膜与水处理、海水淡化、废水零排放、海绵城市、污泥处置与资源化、垃圾处理与回收、垃圾收集与运输、城市道路清扫与维护、废弃物能源与资源化、土壤与地下水修复、废气回收与治理、烟尘与粉尘治理、室内空气净化、环境监测与检测等多个细分领域, 大赛旨在寻找环保细分领域的"独角兽"。

1.9.4 中关村前沿科技创新大赛

2017 年 9 月,由中关村管委会、北京市教委、北京市人社局、清华大学、北京大学共同主办的"中关村前沿科技创新大赛"在中关村展示中心会议中心正式启动。大赛围绕人工智能、高端芯片、大数据、医疗健康、新材料等中关村重点布局领域开展,以弘扬中关村前沿技术创新创业文化。中关村前沿科技创新大赛历时 50 余天,共进行 21 场项目路演,通过初赛、预赛、分领域决赛、总决赛，最终评选出 7 个分领域的 TOP10 和总决赛前三名。

1.9.5 中国虚拟现实创新创业大赛

2017 年 9 月，在中国创新创业大赛组委会办公室的指导下，由中国电子信息产业发展研究院、虚拟现实产业联盟、国科创新创业投资有限公司共同举办的首届"中国虚拟现实创新创业大赛"在北京举行。大赛以"科技创新，成就未来"为主题，旨在搭建中国虚拟现实领域最大的产融对接平台，支持虚拟现实领域中小企业和团队创新创业。大赛针对虚拟现实领域的中小企业与创业团队痛点，秉承"政府引导、公益支持、市场机制"模式，凝聚社会资本力量支持虚拟现实领域中小企业和团队创新创业，推动虚拟现实技术在各行业领域应用落地。大赛涌现的优秀企业和团队将有机会被推荐给国家中小企业发展基金设立的子基金、国家科技成果转化引导基金设立的子基金、科技型中小企业创业投资引导基金设立的子基金、中国互联网投资基金等国家级投资基金，大赛合作单位择优提供融资担保及融资租赁服务。获奖企业和团队还将优先入驻当地 VR 产业基地，享受地方行业部门、创业服务机构给予的配套政策支持。

1.9.6 中国城市轨道交通科技创新创业大赛

2017 年 9 月，由北京城建设计发展集团股份有限公司联合北京交通大学、清华大学、同济大学、西南交通大学共同主办的首届"中国城市轨道交通科技创新创业大赛"正式在北京启动。大赛以"创新轨道交通，开启城市之梦"为主题。全国 28 个城市、102 家单位的 260 个项目经过初赛、复赛，最终 36 个项目进入决赛，都是轨道交通行业具有前瞻性、可行性、实用性的课题，内容涉及大数据、云计算、AI 技术等当下最先进的技术方案。最终 18 个项目从全国 260 个参选项目中脱颖而出，分获一、二、三等奖。

1.9.7 "中关村杯"创业大赛

2018 年 1 月，由中关村街道办事处、海淀区工商联中关村地区商会、北京市海淀区中关村地区企业联合会主办，中关村地区企业联合会教育培训协会、中关村地区企业联合会创业服务协会联合主办的"'中关村杯'创业大赛"正式启动。大赛旨在加快创业孵化链条建设，实施创新驱动的发展战略，引领经济发展新常态，打造经济发展新引擎，整合创新创业要素，搭建为科技型、创业型早期企业融资服务的平台，引导更广泛的社会资源支持创新创业。

1.9.8 中国金融科技创新创业大赛

以云计算、大数据、人工智能、区块链等为代表的新一代信息技术发展形成席卷全球的金融科技浪潮，正在推动全球进入数字经济新时代。2017 年 11 月，由金融科技创新联盟、中国金融电脑杂志社主办，微软加速器、KPMG 创新创业共享中心、埃森哲创新中心联合主办，清华大学全球共同发展研究院全球青年共同发展研究中心支持的首届"中国金融科技创新创业大赛"正式启动。大赛旨在推进金融科技创新创业蓬勃发展，搭建全球金融科技产业共享平台、合作平台、交流平台，凝聚社会力量支持金融科技领域的创新创业。

1.9.9 中国海洋科技创新创业大赛

2015 年 8 月，由国家海洋局指导，广东省湛江市政府主办的"海洋科技创新创业大赛"正式启动。大赛旨在贯彻落实国家"一带一路"和海洋强国战略，实现海洋科技创新驱动发展，推动以各沿海城市为主的国家海洋经济快速发展，推动海洋产业的项目、人才、资本、资源聚集交流，并通过赛后的项目孵化、投资对接、技术转移等形式，推动各参与城市的海洋经济发展，形成可推广、有实效的创新创业发展新模式。

1.9.10 中国深圳创新创业大赛国际赛

中国深圳创新创业大赛国际赛源自 2015 年中国深圳海外创新人才大赛。从 2016 年开始，中国深圳海外创新人才大赛与中国（深圳）创新创业大赛两赛合一，统一品牌，正式更名为中国深圳创新创业大赛国际赛。第一届国际赛是由国家科学和技术部、国家外国专家局指导，深圳市人民政府主办，深圳市龙岗区人民政府、深圳市坪山区人民政府、深圳市人力资源和社会保障局、深圳市科技创新委员会共同承办的一场创新创业盛会。大赛旨在积极响应国家"大众创业、万众创新"的号召，充分利用海外办赛平台，深化国际创新交流与合作，进一步促进人才、技术和资本的有机结合，推动构建以开放、融合为特点的深圳创新创业生态体系，宣传推介深圳的创新创业环境，吸引更多海外人才来深圳创业，助力深圳现代化、国际化创新型城市和国际科技产业创新中心的建设。大赛紧扣深圳市重点发展的互联网、电子科技、生物与生命科技、先进制造、材料与能源等行业领域，分行业进行比赛，奖金总额高达 912 万元人民币。大赛于 2016 年 12 月 1 日正式启动，共有 1210 名参赛者报名，较 2016 年的第一届海外创新人才大赛约翻了一番。2017 年 3 月 16～30 日，大赛在澳大利亚悉尼、加拿大多伦多、德国慕尼黑、印度班加罗尔、以色列特拉维夫、日本东京、英国伦敦和美国硅谷举办了 8 场分站赛，有 74 个项目晋级。

1.9.11 国际大学生 iCAN 创新创业大赛

国际大学生 iCAN 创新创业大赛（International Contest of innovAtioN，

简称 iCAN 大赛）是由国际 iCAN 联盟、教育部创新方法教学指导分委员会和全球华人微纳米分子系统学会联合主办、北京大学承办的面向大学生创新创业的年度竞赛，是教育部质量工程支持项目之一。iCAN 大赛始于2007 年，秉承"自信、坚持、梦想"的精神，倡导科技创新创业服务社会、改善人类生活，引导和激励高校学生勇于创新，发现和培养一批有作为、有潜力的优秀创新创业人才，促进和加强以物联网、智能硬件等为代表的高科技领域的产学研结合，推动高科技产业的发展，为高科技创新创业搭建国际交流平台。

第2章
创新思维与十大创新方法

在本人对创业企业的创业咨询和对大学生的创业指导中发现，很多人的创新意识不强，创新理念不足，创新思维不成体系，说不出有创意的想法，拿不出有创意的金点子，对于创新方法的了解更是一片空白。这对于一个有心创业、有志创业和已经开始创业的创客而言，无疑是他们创业创新道路上发展的瓶颈，是阻碍他们快速前进的一道巨大的屏障。创新思维与创新方法是创业企业健康发展的两个轮子，作为年轻的创客，一定要多了解、多学习、多体会、多训练。

2.1　创新思维培育

创新是我们不竭发展的动力，是我们不断前进的引擎。但是，要想具备创新的能力，拥有创新的思维和掌握创新的方法就显得尤为重要。思路决定出路，创新改变命运。

2.1.1　创新理念

什么是创新？创新就是在已有的基础上，提出独特的、新颖的且富有成效的见解思维，创新是对既往的超越，是人类独创力、扩张力和智慧力的一种表现形式，创新具有智能性、社会性和团队性等主要特征。习近平总书记常说：创新是推动民族进步和社会发展的不竭动力。李克强总理也曾提到：创新是引领发展的第一动力。人类的历史就是一部不断创造和创新的历史。创新是引领企业发展的第一动力，管理要靠创新改变，经营要靠创新拓展，产品要靠创新延续。创新就是要抛弃旧的，创立新的，创新可以在原有理论的基础上创立新的理论，可以在原有方法上提出新的方法，可以在原有产品上设计制造出新的产品，可以在原有服务模式上提出新的服务模式。我们每个人要想不被社会淘汰，要想跟上时代的步伐，就需拥有创新的理念，时刻牢记如何创新，能否创新，怎么创新，通过创新开辟一条新的通道。

2.1.2　创新意识

我们每个人都具有潜在的创新能力，创新能力是可以后天激发的，并通过培训不断提高。创新无时不在，无处不有，关键是要有创新的意识。创新意识是可以训练的，首先可以从通过改变现状达到变革的角度，去尝试创新。其次，从通过专利开发的角度去训练创新意识也很有效。如发明专利是从无到有，填补空白；实用新型专利是在材料、结构和功能上实现突破取得创新；外观设计专利是围绕着外观轮廓的形状和颜色去考虑如何实现创新。此外，创新意识还可以从技术创新的角度去训练，如在原有生产技术的技术上，采用哪些新技术、采用哪些新工艺去实现生产技术的创新。

2.1.3 创新思维

创新思维是人们在创新实践的基础上，提出的用于辅助人们产生创新性思维的策略和手段，是有效、成熟的创造思维的规律性总结与结构化表达。创新思维是一种超越性智慧，它表现为思维的跳跃，它是在人的思考中实现超越。创新思维包括战略思维、逆向思维、发散思维、聚合思维和跨界思维等五种形式。

（1）战略思维

战略思维指的是"求远"，在时间上谋划长远，在空间上谋划全面。战略思维要有方向性，要有全面性，要有统筹性，要围绕未来发展的方向去设计和思考。古人云：不谋万世者不足谋一时，不谋全局者不足谋一域。战略性思维是我们常用到的一种创新思维模式。企业家一般都具有战略思维的思维定式，他们会针对市场环境和政策环境的现状，从部门设置、人才招聘、产品研发、市场销售、企业发展、资源配置等多方面进行统筹的战略思考，制定公司的发展战略和市场策略。我们在策划创业项目时，也应该训练这种战略思维，从长远的角度去规划和发展项目。例如，我们想做一款康复机器人，首先就要考虑到什么人群会成为我们的用户，这些人是老年人还是半自理或不能自理的人，是受伤的人还是运动不方便的人，这个群体的数量在本地区和全国甚至全球会有多少，未来 5 年或 10 年这个群体的数量会有多少；要想研发这款康复机器人需要哪些关键技术、需要哪些新型材料、需要什么样的团队成员参加、需要采用什么样的市场策略进行销售、需要多少资金启动这个项目、需要考虑到哪些风险、需要做好那些风控措施、需要什么样的产品包装、需要建立哪些技术壁垒、需要如何做好融资与上市的前准备等。这种战略思维与创业计划结合起来，就会进一步完善我们的创业项目计划，带来创新性的突破。

（2）逆向思维

逆向思维指的是"求异"，要从反方向去考虑问题，要反其道而行之。古人云：将欲取之，必先予之。这就是逆向思维的成功实践。我们可以将逆向思维用于创业项目的策划训练。例如，我们想做一款物流无人机，我们采用逆向思维的模式去策划一下。收货人是个人还是单位；物流无人机如何投递交付，对方有没有无人机的停机坪，这个停机坪需要多大的面积，需要在什么位置；无人机载重货物重量可以负荷多少；一次可以派送多少件物品；盛放物品的挂篮结构应该是什么样的，可以堆放多大面积和多大体积的物品，这个挂篮应该采用什么材料制作；无人机需要制作多大规格的，可以承受的最大重量是多少，续航时间是多少，可以飞行的距离有多远，飞行动力是采用锂电池还是柴油或汽油，飞行计划如何智能化制定；无人机的避障系统该如何设计；无人机的信息交互该如何完成；无人机的数据通信该如何保证；无人机的主要关键部件是什么，是第三方采购还是自己加工，无人机的外壳是委托加工生产还是自己研制；物流无人机的产品设计、功能设计和生产制造路径是怎样的；自主研发的物流无人机与京东用的物流无人机有哪些不同和创新，我们的产品策略、价格策略和销售策略该如何制定；我们需要找哪些人一起开发和制造这款物流机器人等。

（3）发散思维

发散思维指的是"求多"，就是在现有基础上尽可能发散思维，如何在产品功能、所用技术、产品用途和文化内涵等方面，利用加法的形式去思考，能否增加一些新的功能，能否采用一些新的技术，能否扩大产品的用途，能否赋予一些新的文化元素等。发散思维可以很好地应用在创业项目计划的训练中，例如，我们想做一款陪伴机器人，最初我们可能只是想到陪伴小孩子去玩，陪伴儿童学英语、学语文、学算术、听歌、讲故事，那我们能否考虑一下这款陪伴机器人增加一些功能，就可以陪伴女人和老年人呢。女人们喜欢逛街购物，如果给这款机器人增加色彩识别和款式识别功能，并有人工智能评估穿衣效果的功能，那么这款机器人就可以陪伴女士们去逛街购买衣服了。老年人都比较喜欢养生，给这款机器人增加养生知识介绍模块，那么这些老年人就可以有健康陪护机器人了；如果再给机器人加上聊天模块，这款机器人就可以陪老年人聊天了，解除老年人的孤独和寂寞。如果这款机器人是东方人物头像，我们还可以研究一些西方人物的头像，就有东西方不同人像的陪护机器人了，那么这款机器人就不是只针对中国人也可以针对西方人提供服务了。如果再增加机器人报警和预警的功能，那就不是仅仅起到"陪聊、陪学"的作用，而是进一步起到"看护"的效果了。

（4）聚合思维

聚合思维指的是"求专"，就是在现有基础上进一步聚合、聚焦，在产品尺寸、产品重量、产品结构、产品功能、产品用途等方面，用减法去考虑能否减掉一些东西，去繁从简，精益求精。把多余的东西适度去掉一些，可能会带来一些新的市场机会。我们可以把聚合思维应用在创业项目计划的实践中。例如，现在使用手机的老年人也很多，但是很多老年人都有花眼，使用手机时眼花看不清楚手机里面的字，如果针对老年人开发定制一款有大体字的手机，适度减去一些只有年轻人才常用的手机功能，能够满足老年人对手机上网看新闻、微信聊天、在线支付、电话通信等基本功能的使用，手机的制造成本就显著降下来了，庞大的老年人手机市场会有很多新的市场机会。再比如我们想做一个旅游项目，起初我们是面向所有旅游爱好者的，如果我们对人群做减法，只针对爸爸妈妈和孩子做亲子游，设计好旅游路线、服务产品及服务模式，突出亲子游的产品特色和服务优势，那么人群就聚焦了，项目也比较有特色、有优势、有竞争力了；如果我们对景区做减法，只做境外的海岛游，并在海岛游里面突出我们的旅游路线和服务产品特色，也会吸引到很多用户；如果我们对内容做减法，只做境外购物美食团，吸引那些想去境外购物和美食的游客，也会有很大的市场。

（5）跨界思维

跨界思维指的是"求融"，就是在现有基础上，寻求融合的边界效应，跨界实现创新。例如教育和科技本身就是一家，科技离不开教育，教育中蕴含科技。如何在教育与科技的边界效应下实现跨界融合与创新突破，就需要我们有跨界的思维，围绕教育中涉及的知识原理、科学技能、教育方法和教育模式等方面进行创新。科技金融与金融科技目前已经融为一体，金融领域中有很多科技的东西，像互联网、物联网、区块链、大数据、云计算、信息安全、在线支付、面部识别、语音交互等技术；科技领域里面也已经融入了很多金融的东西，如互联网金融、互联网保险、ATM机等。目前，在文创领域跨界融合也越演越烈。从电影、电视剧发展到短视频和短剧，从唱歌、跳舞和舞台剧发展到跨界艺人，从歌手、主持人发展到竞赛评委，各种跨界形式层出不穷，为我们带来了源源不断的跨界创新体验。跨界思维也可以在我们的创业项目计划中好好训练一下。例如，我们想做一个精准扶贫的项目，帮助贫困地区销售土特产，传统的销售通过结合互联网技术，就变成了线上网络销售加上线下实体店体验的跨界销售平台；如果再结合经营农家院开展旅游服务，就把传统的销售和旅游结合起来了，实现了传统销售+互联网销售+旅游销售的跨界融合；如果再做一个农产品科普馆，加上农产品科普培训服务，提高扶贫力度，就变成了传统销售+互联网销售+旅游销售+培训销售的跨界融合，利用这种跨界思维模式，还能想到很多的创新服务内容。

2.2 创新团队组建

创新不是一个人的事，而是一个组织、一个团队一起集思广益，共同探讨新思路、新想法的行为。要想实现创新，集体的力量永远大于个人的力量，最好是能组建一支创新团队。那什么样的团队具备创新团队的条件呢？一般来说，创新团队需要有下面的三种人。

2.2.1 有想法的人

创新团队里面需要的第一种人是有想法的人。我们在开展创新活动时，一定要有创新的想法，这个能有想法、有思路的人十分重要，他对于能否引领和开展创新活动起到很关键的作用。我们经常遇到很多人，当问他对一件事有什么想法时，回答最多的答案是没什么想法，没什么想法其实也就是不去想，或是不敢想。而要想创新，就需要有创造性的想法，有创新性的思维。创新团队中一定是由一些有想法、有思路的人组成的，这些人的不同想法在一起发生碰撞时，就会激出火花、产生灵感、启发他人，而往往这个时候就会产生创新的想法，启发出一些创新的思路。

2.2.2　敢于创新的人

创新团队里面需要的第二种人是敢于创新的人。当下，我们不仅需要有创新的意识、创新的思维，更需要有创新的精神。你只有敢于创新，勇于创新，才有可能去开展创新活动，才有可能去尝试创新。如果没有创新的勇气，没有创新的胆量，也不可能较好地开展创新活动，有好的创新作为。所以，创新团队中一定要吸收那些敢于创新的人，邀请他们加入创新团队，共同形成创新想法，一起去尝试创新行为。

2.2.3　善于归纳总结的人

创新团队里面需要的第三种人是善于归纳总结的人。创新团队里会经常组织各种形式的创新活动，头脑风暴会议可能随时召开，大家你一言我一语的，说的都很热闹，想的也很美好，但是散会后没有人来把大家讨论的亮点和创新点记录下来，整理清楚，梳理出来，时间长了每个人就记不全了，都忘得差不多了。所以，创新团队十分需要一个善于归纳总结的人，这个人能把大家的创新思路，创新点记录下来，梳理清楚，形成一个研讨摘要，形成一个会议纪要，形成一个创新研讨的小结，并针对归纳总结出来的东西，进行提炼，提出下一步的创新建议和创新方案，为今后的创新奠定基础。

2.3 创新环境

　　创新要想开展得好还需要有创新的环境。没有创新的体制、没有创新的制度，没有创新的机制，仅仅有创新的团队，还是不能很好地开展创新活动。创新环境是影响到是否能带动创新、引领创新、促进创新、激励创新的关键。创新活动需要适合创新的土壤，需要适合创新的空气，需要适合创新的阳光，需要适合创新的养分。创新环境的建设有以下四个关键点。

2.3.1 允许试错

　　创新并不是每一次都能成功，难免犯错和失败。每一项科技成果的获得可能需要成百上千次科学实验，从一次次的实验失败到再失败，最终走向成功。所以，在创新环境里，就要允许创新者试错，允许他们犯错误。失败是成功之母，每一次失败都为成功积累了经验，都为成功奠定了基础。所以，在创新制度里面，一定要加上一条，允许创新试错，允许创新失败。这样的制度环境才能鼓励每个人去尝试创新，去探索创新，去拥抱创新。

2.3.2 知识银行

创新需要知识积累，需要知识加工，需要知识利用，需要知识管理。每一次创新活动都可能产生一个创新的小火花，都可能产生一个创新的想法，都可能产生一件还不成熟的创新产品。那么，最好把这些创新的想法和创新产品，哪怕是不成熟的东西储存起来，形成创新的知识银行。每一次创新活动都往创新的知识银行中存储一点，存储的时间长了，存储的内容多了，随着量变到质变，可能某一天，一个创新的成熟想法，一件创新的成熟产品就产生了。知识银行中，还可以把一些有创新性的成果存储进去，如发表的论文、申请和授权的专利、已经形成的科技成果、出版的研究报告、已经注册的软件著作权和源代码等，这些都属于创新的原料。

2.3.3 分享共享

创新是用来分享的，每一个创新的想法，每一件创新的产品，都会起到启发二次创新的作用。在创新的环境里，一定是要将好的创新想法与大家分享和共享，这样经过头脑风暴，才有可能形成更大、更多的创新。如果创新不能进行分享，只是掌握在一个人或某几个人的手里，不能让创新示范推广和应用，那是对创新资源的极大浪费。创新分享可以有多种形式，比如创新讲座、创新方法培训、创新会议研讨交流、创新作品与创新成果展览、创新经验考察活动等，都会给创新的分享带来很大的收获。

2.3.4 资源配置

要想更好的实现创新，创新环境里面一定要能实现创新资源的有效配置。创新资源包括科技政策、科研条件、研发经费和创新人才。没有科技政策的支持和引导，创新就显得苍白无力；没有科研条件做支撑，创新只能是纸上谈兵，无法落到实处；没有研发经费的支持，创新行为就不可能持久，创新活动就不可能延续；没有创新人才就很难产生创新的想法，就很难产生创新的创意，就很难产生创新的成果。人、财、物、信息等都是创新的要素，只有合理的优化配置创新资源和创新要素，才能搭建好创新的环境，才有可能取得创新的成果。

2.4　十大创新方法

我们在前面介绍了创新思维的培育、创新团队的组建以及创新环境的建设，这些内容不仅仅是可以用于创业大赛的准备，也能用于今后的工作和生活。培育了创新意识，拥有了创新思维，对于规划创业项目，组建创业团队，做好创业计划将十分有帮助。下面，我们再来介绍一些创新方法。这些创新方法对于我们提高参赛创业项目的创新性，增加创业项目的创新点很有用，如果能够完全掌握并合理应用，必将显著提高创业大赛在项目的创新性评审方面的分数。我们工作中可以用到很多创新方法，常用的创新方法包括：技术创新、产品创新、设计创新、应用创新、集成创新、管理创新、模式创新、金融创新、跨界创新和组合创新这十大创新方法，下面我们就来逐一介绍。

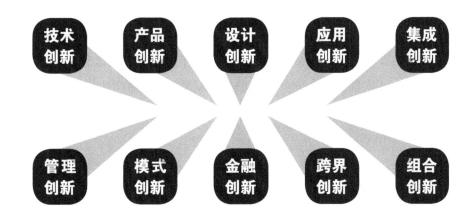

2.4.1　技术创新

技术创新是指在关键技术、关键工艺和关键参数等方面有所突破创新，技术创新是我们参赛的科技类项目中最应该用到的创新方法。很多参赛者的参赛项目属于科技类的，但是由于不了解技术创新，不知道把技术创新的概念揉到创业计划书中，只是泛泛地介绍项目技术，专家评委看不出项目的技术创新性来，这样的话，创新性的分值就不高。一般来说，技术创新主要指在关键技术、关键工艺和关键参数等方面和别人做的不同，有所创新，有所突破。在创业计划书里面，要围绕这三个方面去考虑是否存在技术创新，如果你的项目是采用了新的关键技术、采用了新的生产工艺、采用了新的配方、在关键技术参数上有所突破，那么就强调一下，本项目存在技术创新。例如，你的创业项目是做智能家居的，项目中用到了一项中控技术，而这项技术不同于市场上同类产品所采用的技术，该项中控技术在控制原理、控制精度、控制灵敏度、控制范围、控制距离、控制数量等方面都比别的技术强很多，先进很多，那么你们研制的产品技术就属于技术创新，就有很强的创新性，就要想办法描述出来，介绍清楚。假如你们的参赛项目是做建筑石材的，你们研发了一种新型加工和抛光工艺，这种生产新工艺相比市场同类竞争对手的加工工艺在加工效率、加工精度、加工尺寸、加工成本、加工表面质量等方面都强出很多，先进很多，那么你们的加工工艺就具有创新性，也符合技术创新，这就需要你们清晰地描述清楚加工工艺的创新性体现在哪些方面。再比如你参赛的创业项目是做室内苯酚检测仪器的，你的检测仪器检测精度较市面上同类产品的检测精度高出两个数量级，那么你们的项目在技术上也属于技术创新，在创业计划书中，就需要围绕检测仪器在检测技术上如何突破等方面详细描述，突出技术创新性。

2.4.2　产品创新

产品创新是指在产品所采用的材料，产品的性能和产品的特性等方面有所突破创新。我们参加创业大赛的很多项目都是以产品的形态出现，有些项目产品具备产品创新的特质。项目产品通过使用不同的材料，改善了产品性能，降低了生产成本，提高了使用寿命。例如，你参赛的创业项目是一款室内装饰涂料，在生产中采用了纳米材料，这种材料的使用提高了涂料的环保性和安全性，并且具有防潮、防霉、防虫和无酚醛排放的特点，使用方便，价格低廉，那么这款涂料就具有一定的产品创新。再比如你参赛的创业项目是一款外墙保温防火布质材料，这款产品采用了碳纤维材料，不仅具有保温效果，而且还显著提高了阻燃能力，不仅可以用于外墙保温还可以用来防火，在产品上实现了创新。再比如你参赛的项目是一款保洁机器人，这款产品不仅可以智能擦玻璃，还能智能清扫地面和厨房灶台油污，这种新功能的机器人产品在市场上属于填补空白，那么这款机器人就具有产品创新。所以，今后我们在编写创业计划书时，凡是具有产品创新特点的项目，一定要围绕新材料和新功能等方面深度挖掘其产品的创新性。

2.4.3 设计创新

设计创新是指我们通过使用不同的软件，材料、机构、颜色、文化等元素组合，来进行功能设计、材料设计、结构设计、外观设计和文化设计，实现创新的设计方案，以达到设计创新的效果。目前我们参赛的很多创业项目都有不同的设计内涵，如何围绕产品的功能设计、材料设计、结构设计、外观设计和文化设计等设计概念，去深度挖掘设计创新是我们需要重点关注的地方。如我们在粉末冶金制品中采用了多种金属材料进行一定比例的混配烧结制造，从而显著提高了产品的性能，那这就属于设计创新；如我们在衬衣生产中采用了防水的纳米材料，显著提高了衬衣的防水和防污性能，这也属于设计创新；如我们在智能交通车辆监控中增加了人脸识别技术，可以对违章的行人进行图像的捕捉抓取和智能分析，这也属于设计创新；如我们设计了一款300米高的建筑，通过采用特殊的结构设计可以使该建筑物达到抗震14级，那么这就存在设计创新；如我们设计了一款外套，正面穿是夹克，反面穿就是风衣，且外套内外的图案不同，选用材料不同，这就是设计创新；如我们设计了一款T恤，前面是圣母玛利亚的画像，背面是观世音的画像，东西方元素在这款T恤上的有机结合，这也是设计创新。类似设计创新的例子还有很多，不胜枚举。读者在编写参加大赛创业计划书时，一定要尽可能地去提炼设计创新。

2.4.4 应用创新

应用创新是指研发的产品在应用领域方面有所突破，在用途上进行了创新。应用创新可以指应用到不同的人群、不同的领域、不同的地区和不同的用途，应用创新也可以指应用到不同的性别人群，应用创新还可以指应用到不同的年龄。参赛中有不少项目产品存在应用创新，但是很少见到有人能将应用创新提炼出来。例如，我们研发了一款新型保健品，可以防止和延缓老年痴呆；我们研发了一款干细胞美容护肤产品，可以让老年人焕发青春；我们研发了一款陪练羽毛球机器人，可以帮助羽毛球爱好者提高球技；我们研发了一款人工自能钓鱼竿，可以智能提醒垂钓者鱼上钩了；我们研发了一款可以为手机充电的钱包，通过钱包上的太阳能和锂电池充电器可以为手机充电；我们研发了一款智能空气净化器，可以根据室内空气净化程度智能开启净化器；我们研发了一款河水净化器，可以让户外旅游者对河水的净化处理达到人饮用的标准，这些研发的产品都存在应用创新。

2.4.5 集成创新

集成创新指技术的集成、原理的集成、部件的集成和服务模式的集成。有些产品不是采用一项技术，而是多项技术的集成应用；有些产品采用的不仅仅是物理原理，可能还有化学、热力学、电磁学、光学等多种学科的原理，是多种原理的集成；有些产品不是仅仅由一个部件组成，而是由许多部件集成组装起来的；有些产品不是一种服务模式，而是可以提供多种服务模式，这些产品都存在集成创新的内容。例如，智能机器人集成了人工智能、人脸识别、语音交互、自我学习、数据挖掘、云计算等多项技术；电动汽车集成了锂电池、传感器、电力驱动、汽车减震、仪器仪表等多项技术；智能加工中心集成了电学、力学、光学、机械加工等多种学科的原理；航天器集成了电学、力学、空气力学、流体力学等学科的原理；智能手机集成了芯片、传感器、摄像头、无线天线等多个部件；数控机床集成了驱动模块、运动模块、编程模块等多个模块组件；无人机集成了飞行模块、动力模块、避障模块等多个模块组件；益智机器人集成了读书、唱歌、跳舞、聊天等多个服务模式；安防机器人集成了环境监控、上网聊天、网络电视、远程视频等多个服务模式。在我们参赛编写创业计划书的时候，我们一定要关注项目是否存在集成创新，并精准地提炼出来。

2.4.6　管理创新

管理创新指对项目的产品管理、研发管理、项目管理、过程管理、节点管理、方法管理、制度管理、绩效管理、信息管理、品牌管理、知识产权管理等方面的独特的具有创新性的管理行为。管理创新涉及的范围比较大，面比较广，我们在参加创业大赛、编写创业计划书时，可以聚焦一些可能存在管理创新的地方，深度挖掘提炼出来。例如，有的创业项目在开展产品研发时，由于创业公司自身技术人员不足，研发经费有限，在产品研发管理方面，一方面依托母校的老师和实验室进行技术开发，另一方面联合社会上的研发机构合作开发，在技术成果中出让一部分权益；同时，在研发管理过程中，利用物联网技术进行远程视频会议研讨交流，在线解决研发中遇到的问题，并将这种合作技术开发方式衍生到多个合作研发机构，可以同时启动多个产品和技术的研发工作。像这样的研发管理就属于管理创新。再比如有的创业项目对知识产权管理十分重视，针对公司研发的技术产品，从商标、专利、软件著作权、版权等多个方面进行建档，并创新性的制定出公司自己的专利路线图和知识产权保护池，这也属于管理创新。

2.4.7　模式创新

模式创新这里重点指的是商业服务模式的创新。你的项目采用的服务模式是什么，在服务内容和服务形式上有哪些创新点，有哪些创新之处，有哪些和以往做法不太一样的地方，有哪些颠覆性的东西。例如，我们现在经常提到的线上线下 O2O 服务模式，在互联网还没有开始实施应用前，我们只能通过线下实体店进行产品销售，有了互联网技术和配套的设施之后，我们通过固定的电脑和手机移动终端，就可以利用互联网技术平台开展产品销售与服务，通过公司产品服务网站、微信公众号、朋友圈、QQ、BBS、微博、微店等互联网技术手段，来实现线上的产品销售与客户服务，从而实现了跨地域、跨国界的线上线下 O2O 的产品销售服务模式。例如，远程医疗服务模式，过去在没有互联网技术和网络设施的情况下，很难实现远程的医疗服务，但是今天互联网技术应用已经十分普遍，互联网基础设施也已经比较健全，在有些城市已经具备了远程精准医疗的条件，就可以开展基于手术、诊断、医疗咨询的远程医疗服务。例如，我们都比较熟悉的滴滴打车服务模式，在共享经济的条件下，通过共享信息服务平台实现了闲置资源的共享利用，每个人都可以通过共享软件进行下单，把闲置的车辆利用起来，实现了交通出行的便利化和金融支付的便利化，一方面盘活了闲置车辆的利用，另一方面方便了行人的出行。例如，团购模式，过去我们购物更多的是零售与批发之间的关系，互联网技术经过多年发展以后，团购的新服务业态基本形成，来自不同地域的人可以通过团购平台进行网购，一方面我们可以减少购物的成本费用，另一方面，网购平台也显著地增加了物品的销售规模和销售额。

2.4.8　金融创新

　　金融创新主要指围绕金融服务开展的创新服务模式。金融创新主要是在金融内容与服务形式上有所突破创新，金融创新目前包括科技金融、文化金融、金融租赁、互联网金融等多种形式。例如科技金融，权利人通过使用专利技术和软件著作权向银行进行抵押贷款，银行通过对权利人的诚信和知识产权及相关资质评估后进行流动资金贷款；例如文化金融，权利人通过使用版权、商标权和著作权向银行进行抵押贷款，银行通过对权利人的诚信和知识产权及相关资质评估后进行流动资金贷款，目前很多商业银行都提供科技金融与文化金融贷款服务；例如金融租赁，金融租赁公司自己出资购买关键设备向有需求的客户提供金融租赁，只收取租金以满足没有资金购买这些关键设备的企业和个人使用，目前工程机械设备和飞机船舶的金融租赁服务已经比较普遍；例如移动金融支付，我们很多人已经熟悉了支付宝和微信可以进行移动在线支付，这种互联网在线支付形式为我们提供了快捷便利的金融服务，乘地铁、打出租车、购物都不需要刷卡付现，只要扫一下二维码就可以完成支付结算，十分方便；例如银行手机APP，银行通过自己的手机 APP 可以帮助用户开展线上业务，用户通过银行 APP 可以在线购买理财产品、实时汇款和实时查账，既方便了银行开展业务服务，又满足了用户的金融服务便利化。例如众筹投资平台，发起众筹的人可以通过众筹平台实现产品众筹与股权众筹，募集众筹项目所需要的资金。

2.4.9　跨界创新

跨界创新指通过跨界到不同的领域中去寻找创新的机会，实现跨界融合。科技和文化的跨界，科技离不开文化，文化中含有科技，科技延伸出科技文化，文化作品由科技做支撑。例如航天科技与航天文化的跨界融合，航天科技本身孕育着航天文化，围绕航天文化可以衍生出一系列的文化项目，如航天文化展览、航天科普基地、航天模拟中心、航天摄影展、航天电影展、航天探险等很多文化项目；例如旅游和健康的跨界融合，旅游和健康本来属于不同的领域，但是如果把以健康为主题的旅游设计成一个旅游项目，就可以实现旅游＋健康的跨界创新。在旅游中主打健康美食、健康美容、健康保健，就可以衍生出很多不同主题的健康旅游项目。例如健康和食品的跨界融合，如果把大米变成具有抗癌作用的富硒大米，那大米就有了抗癌概念，这款大米就不仅仅是一般的大米，而是有了提高抗癌作用的健康大米。

2.4.10　组合创新

在我们开展创新活动中，还可以把上面提到的各种创新方法组合应用，实现组合创新。组合创新的应用途径很多，应用面很广，也比较容易实现创新。例如我们可以把产品创新和技术创新组合应用，围绕有市场需求的新产品进行开发，通过使用不同的技术，开发具有不同功能和性能的产品。如现在大家都比较关注的智能驾驶汽车，我们可以通过人工智能技术、大数据技术、云计算技术、物联网技术、人脸识别技术、地理位置信息技术、新材料等技术的组合应用，开发定制化的智能驾驶汽车产品；如现在市场上有需求的语音教学机器人，我们可以通过语音识别技术、人脸识别技术、位置定位技术、计算机深度学习技术、远程视频技术等技术的组合应用，开发与语音教学机器人相关的产品。我们把设计创新＋产品创新＋技术创新进行组合创新应用，就可以将人体工学、人工智能技术和自动控制技术应用到保健按摩椅的产品研发上，就可以设计研发出更舒服的保健按摩椅；我们把产品创新＋应用创新进行组合创新应用，就可以研发新一代的石墨烯壁毯和地毯，解决室内取暖保温的问题，对于野外露营的人会有一定的需求；我们把产品创新＋集成创新进行组合创新应用，就可以研发360度全景拍照的多镜头手机，这种手机不仅仅是内置前后两个摄像头，还内置了360度全景摄像头，会很受爱好旅游的人欢迎；我们通过产品创新＋技术创新＋应用创新的组合创新应用，就可以研制高性能的智能可穿戴头盔，这种头盔不仅能够抗震抗冲击，还可以实现远程通信，数据传输，健康监护，可以广泛应用在矿山机械、工程施工、自行车运动、军事训练中；我们通过产品创新＋技术创新＋应用创新＋设计创新的组合创新应用，就可以开发出不同结构、类型、款式和功能的太阳能小木屋，不仅可以满足旅游景区住宿需求，还可以满足私人宅院需求，不仅可以满足森林防火防盗看护需求，还可以满足野外科学研究住宿需求。

第3章
如何筛选创业项目

目前很多高校的在读生和毕业 1～3 年的大学生都想参加校内、省市和国家层面组织的创新创业大赛，但是比较困惑不知道该做什么样的创业项目，该选什么样的创业项目。我在高校给学生上创业课时，经常会遇到同学们问这样的问题：老师，我也想创业，我也想参加创业大赛，但是我不知道应该做什么样的创业项目，我适合做什么样的创业项目，我应该如何选择创业项目。一般来说，创业项目的筛选有六大原则，基于这六大原则建立的创业项目筛选模型，参赛者就比较容易筛选和确定适合自己的创业项目了。

3.1 创业项目筛选的六大原则

我们在筛选创业项目时，首先要考虑项目是否符合优势、政策、需求、价值、竞争性、投资性这六大原则。如果项目符合这六大原则，就可以重点锁定这个项目了。

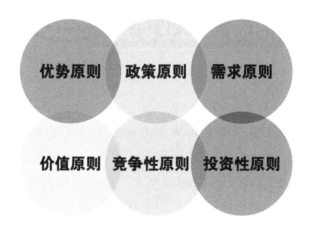

3.1.1 优势原则

优势原则指的是你选择创业项目时要能突出你的优势，要做你自己最擅长的事，做你自己最熟悉的领域，做你自己资源最多和优势最明显的项目。也就是你做这个项目时最有优势，最能突出你在专业知识、专业技能、人脉关系、市场资源、行业经验等方面的优势。比如从专业优势角度去分析，如果你是学计算机专业的，那么做电子信息类项目或互联网项目就比较适合你；如果你是学服装设计专业的，那么服饰设计类创业项目就可能比较适合你；如果你是学电子商务和物流专业的，那么电商平台类项目就比较适合你；如果你是学环保专业的，那么节能环保类的项目就比较适合你。

3.1.2　政策原则

　　政策原则指的是你选择的创业项目一定要符合国家政策、产业政策和地方政策。在国家、产业和地方扶持政策背后都有资金和税收等方面的支持，如果你选择的这个项目在政策的风口里，就有机会获得政策的扶持，就有可能借力政策发展自己的创业项目。例如，如果你想做一个益智机器人的项目，而国家和产业政策都提到要扶植机器人产业的发展，就比较符合政策原则；如果你想做一个石墨烯电池的项目，而国家有新材料产业扶持政策，这个项目的方向也没错；如果你想做一个存在废气排放的粉末冶金项目，而国家已经出台大气污染治理政策，这样的话，你的项目和国家政策方向相违背，就不太适宜去做。

3.1.3　需求原则

　　需求原则指的是你所选择的创业项目一定要有市场需求，最好是有刚性需求和紧迫性需求，同时还有一定的潜在服务需求，而且这个市场要足够大，市场容量在 10 亿元、20 亿元或 50 亿元以上。比如我国现在大气污染比较严重，经常出现雾霾和沙尘暴天气，如果你想做一个防范雾霾和沙尘暴的类似雾霾口罩和空气净化器项目，那么就一定存在庞大的市场需求，这个需求一定是紧迫和刚性的。随着我国老年化社会的不断发展，老年人群体越来越大，对于养老和健康的服务需求越来越多，那么面向养老院、老人护理、健康美食、健康旅游就会有很多新的市场机会和创业机会。随着人工智能技术的快速进步和发展，对于智能驾驶和智能机器人会有许多新的市场需求，这里面也存在很多的创业商机。

3.1.4　价值原则

　　价值原则是指你所要选择的创业项目一定要有价值，不仅要能挣钱，要能产生利润，还要对社会有贡献价值，并且这种项目产品与服务创造的附加值越高越好，你要去寻找产品销售后净利润和毛利润高的项目产品。比如说你想做一个 K12（kindergarten through twelfth grade，即幼稚园至第十二年级）培训项目，年收益可达 10 万元，而另一个亲子游项目年收益可达到 20 万元，很明显第二个项目在同等时间内获得的收益比第一个项目多，从获取收益的角度来说，自然应该选择第二个项目。再比如你想做一个快递的项目，利润率只有 10%，而另一个游学培训项目的利润率可以达到 20%，很明显游学培训项目比快递项目利润率高，附加值高，从价值原则的角度去考虑，自然是选择游学培训项目会更赚钱。

3.1.5 竞争性原则

竞争性原则指的是你所选择的创业项目市场竞争对手数量不能太多，竞争对手的实力不要太强，这样你才有赢得市场份额的机会。如果你进入一个红海市场，竞争对手林立，还有一些很强的竞争对手，市场竞争早就已经很残酷很激烈，你很难在市场中占有一席之地，你的创业项目会做得很吃力、很费劲；而如果你进入一个行业细分的蓝海市场，竞争者很少，竞争对手的市场竞争力也不强，你就有机会迅速抢占市场，把项目做大做强，让项目快速成长起来。比如，你想做个 K12 的音乐艺术培训项目，现在市场上类似的培训机构十分多，无论是乐器培训、演唱培训、美术书法培训都很多，你将进入一个竞争激烈的红海市场，如果你的培训课程、培训老师、培训形式、培训费用和培训服务没有特色和优势，很难与市场现有的竞争者开展竞争，创业项目会做得很累；但是，如果你想做一个 K12 培训领域的细分市场，比如做通过脑电波培训来训练孩子控制运用脑电波的能力，从而来控制电灯泡发光、电动玩具运动、电器执行脑电波指令工作，那么这种脑电波培训就很有特色，对于 K12 的孩子可以达到寓教于乐的效果，孩子们在脑电波的理论培训和控制能力训练中，不仅可以达到学习科普知识的目的，还可以获得科学实践的效果，并且会在学习与实践中获得成为超能力人的快感。

3.1.6　投资性原则

　　投资性原则指的是你所要做的项目要满足投资规模不大，投资周期不长，投资回报率高，投资回收期短，而且投资风险还比较小的要求。投资规模不大意味着项目容易启动，投资周期不长意味着项目可以很快上马，投资回报率高意味着项目投资收益比较理想，投资回收周期短意味着可以尽快收回项目投资，投资风险小意味着容易把控项目的风险。比如，你想做一个插花培训的亲子游项目，计划投资 5 万元就可以启动项目，每期培训大概可以招生 50 人，每期培训班可以盈利 5000 元，1 年就可以收回投资。而如果你想做一个摘苹果机器人项目，计划启动资金 100 万元，可能研发出成熟产品需要 2 年，产品年销售额和利润额都不确定，几年能收回投资也不确定，这种项目的投资风险就较大，投资风险也不可控，不如插花培训的项目安全。

3.2 创业项目筛选的七个步骤

我们了解了创业项目筛选的六大原则之后，就可以筛选我们可以想到的创意项目了。一般来说，创业项目筛选也是有流程的，我们可以把项目筛选分为以下七个步骤。

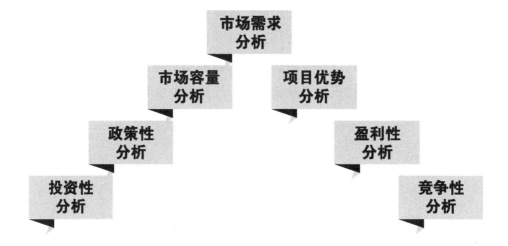

3.2.1 市场需求分析

我们筛选创业项目时，第一步首先要从市场痛点入手，从市场服务需求入手。在思考和研判市场服务需求时，还要考虑这些需求是属于刚性需求还是一般需求，是属于紧迫需求还是属于潜在需求。如果确实存在刚性和紧迫的需求，那就有购买服务的市场机会，可能就是创业项目的一个机会点；如果是潜在需求，可能市场还需要培育一段时间，那就可以多关注一下，但不要急于马上启动这个项目。比如现在我国很多人患有糖尿病，那么针对糖尿病患者的快速便捷检测仪器、治疗药物和饮食保健方法，就有刚性且紧迫的市场需求；再比如我国随着生活水平的提高已经进入老年化社会，老年人越来越多，健康养老已经成为刚性、紧迫性和潜在的市场需求，如何为老年人提供健康与养老的服务可能是创业项目的一个切入口。

3.2.2　市场容量分析

我们筛选创业项目时，第二步就是要分析和研究项目的市场容量有多大，市场空间有多大。项目分析不仅要分析本地市场，还要分析国内市场；不仅要分析国内市场，还要分析国外市场。现在的世界已经是万物互联，世界就是一个地球村，对于互联网的项目，一定要用全球化的视野去考虑问题。一个项目的市场容量如果不能达到 10 亿元或 50 亿元以上，就算不上有很大的市场空间，做这样的项目就要慎重。例如一个项目的市场容量只有 1 亿元，如果市场上有 10 家公司在做同一个项目，平均分配的市场份额也只有每家 1000 万元，就算年利润率达到 20% 也只有 200 万元利润，项目做不大，而投入的时间一点不少。如果项目市场容量预估有 50 亿元，有 10 家公司同时做这个项目，平均分配市场份额就是每家占有 5 亿元，还是按照年收入 20% 的利润计算，就有 1 亿元利润，这样的项目对于公司的发展空间还是很大的，也容易做大公司的估值，便于后期的项目融资。

3.2.3　项目优势分析

我们选择创业项目时，第三步就是要评估一下做这个项目具备哪些优势。项目优势大，成功率就会高一些；项目优势小，成功率就会低一些。针对项目的优势分析可以围绕以下几个方面来进行。

（1）技术优势

首先评估我们如果做这个项目在技术方面是否具有优势。我们采用的技术较市场上竞争对手的技术水平如何，是高于他们还是和他们一样或是还不如人家。如果技术水平高于市场上的竞品，并且还有进一步技术升级的可能，并且有自主知识产权保护，那么在技术层面还是具备一定优势的。

（2）管理优势

创业公司一般成立时间不长，公司管理能力都较弱。我们需要评估一下，如果实施这个项目，在项目管理、研发管理、生产管理、流程管理、财务管理、人员管理、客户管理、品牌管理、制度管理等方面，我们是否具有管理优势。如果公司还有一定的管理优势，那么还可以考虑做这个项目，如果没有什么优势，那就要慎重考虑是否要启动这个项目。

（3）团队优势

创业项目能否顺利开展和实施，创业团队是关键。我们需要评估一下创业团队的能力是否足够强，是否具有优势。如果创业团队在专业性、互补性、创新性、协作性、执行力、学习力等方面还不错，具备一定的团队优势，那还算具备一定的团队能力；反之，如果各项指标都不太理想，说明团队能力较弱，那么启动这个项目可能就会遇到团队能力的问题，那就要慎重一些。

（4）渠道优势

产品是否能销售出去，销售渠道起到很关键的作用。我们需要评估一下在销售渠道方面是否具备一定的优势。如果有一些线上和线下的销售渠道可以帮助销售项目产品，那么在渠道方面还有一定的优势；如果没有什么渠道，也没有什么人脉关系，那么渠道可能会成为市场销售的一个瓶颈。

（5）资金优势

创业公司一般最弱的就是创业资本不多，经营资金不足。我们需要评估一下有多少可以使用的创业资金，这些资金用于支撑产品研发、生产制造、包装物流、市场营销、公司宣传、房屋水电、人员工资等方面的支出可以维持多长时间，是 6 个月，还是 12 个月或是 24 个月，如果我们的资金比较雄厚，并且后面还能源源不断地融到资金，可以支持公司的研发、生产与正常运营，那么我们就具有一定的资金优势；反之，我们就要慎重考虑启动这个项目。

（6）信息优势

市场信息也是企业竞争的要素之一，我们需要评估一下我们的信息优势如何。我们能掌握多少市场信息，能了解到多少市场资讯，能拿到多少市场情报，能对市场上已经存在的竞争对手有多少了解，包括竞争对手的技术水平、产品研发计划、生产加工能力、产品制造成本、知识产权情况、企业品牌现状、存在的不足和问题、发展的瓶颈等。

3.2.4　政策性分析

我们筛选创业项目时，第四步就是要评估一下这个项目是否有政策优势，是否在国家政策、产业政策和地方政策的风口上。如果这个项目符合国家扶持方向，符合产业发展政策，符合地方重点发展规划，那么就有可能借政策之力来发展项目；如果这个项目不符合国家产业发展政策，不属于地方发展的重点工作，那么在借政策的东风方面就会比较差。

3.2.5　盈利性分析

我们筛选创业项目时，第五步就是要评估一下这个项目的盈利性，看看是否能挣钱，在盈利性方面是否具备优势。我们可以将项目所有可能的支出科目列出来，包括人工费用、房租费用、研发费用、材料费用、生产费用、办公费用、营销费用、各种税费和其他费用等，计算出拟支出总和，另外再核算一下项目产品的年销售额、年净利润额、年利润率等主要财务指标，大致就可以判断出项目的盈利情况了。如果项目产品的年利润率可以达到25%以上，盈利性还是不错的，如果项目产品的年利润率可以达到50%以上甚至100%以上，那这个项目的盈利性就很好了，属于高附加值的项目。

3.2.6 投资性分析

我们筛选创业项目时，第六步就是要评估一下这个项目的投资性，看看这个项目的投资回报如何，如果能够达到投资少、回收快、附加值高，那么项目的投资性就比较好。我们可以用几个有代表性的财务指标去评估，如项目的投资额、投资回收期、投资收益率、内部收益率等。一般创业企业的生存期为三年，所以，投资回收期一般在三年内，最好在两年内比较理想。投资收益率能够达到30%甚至50%以上最好。投资性除了评估财务指标外，还需要从项目风险的角度去评估。一般创业公司面临的风险很多，常见的风险包括政策风险、技术风险、市场风险、资金风险、管理风险、人才风险等，如果能分析清楚项目存在哪些风险，并能提出应对风险的措施和预案，就可以综合评估投资性的优劣势了。

3.2.7 竞争性分析

我们筛选创业项目时，在执行了以上六个步骤后，被锁定的项目轮廓就基本出来了，但是市场竞争是残酷的，我们还要进行第七步来评估一下这个项目的市场竞争性是否具备优势。在分析项目的市场竞争态势时，重点是要了解目前市场做同类产品的竞争对手有多少，竞争对手的竞品情况是怎样的，竞争对手的实力如何。如果市场竞争不激烈，竞争对手不多，竞争实力不强，就给了我们一个抢夺市场的机会；反之，如果竞争对手很多，竞争实力还很强，可能还会冒出一些新的竞争对手，这我们就要小心了。

3.3　创业项目筛选的八个方向

前面我们提到了创业项目筛选的六大原则和七个步骤，下面我们再来介绍一下筛选项目的八个主要方向。在筛选项目时，按照政策的风口＋市场痛点＋市场需求相结合，很容易就能找到创业项目的方向，每一个方向都可能找出很多创业项目，这就要用到前面介绍的项目筛选原则来评估和确定哪个项目是最适合你的项目。

3.3.1　科技项目

目前，我国在大力开展创新型国家建设，对高科技产业有很多扶植政策，科技项目是我们发掘创业项目最大的机会。科技项目主要的方向包括以下几方面。

（1）基于手机的移动互联网技术应用

目前，手机用户应用微信已经十分普遍，我们可以围绕基于微信、微信公众号、微信服务号和微店来思考创业项目；微信应用小程序和手机APP 发展也很快，我们可以考虑这方面的创业项目设计；现在玩手机游戏的用户很多，我们可以围绕掌上游戏去开发设计游戏项目；这几年网络直播十分火爆，我们可以围绕手机直播去设计创业项目；现在支付宝和微信支付等手机移动支付已经很普遍，我们也可以围绕手机在线支付设计创业项目；手机与 LBS 位置定位技术结合应用也很普遍，我们也可以思考通过手机位置定位还可以应用于哪些领域来设计创业项目。随着近年来人们对自身健康管理的重视，在手机上开发可以及时检测徒步数量、血压、血糖、脉搏等健康指标的健康管理的应用项目也有较大的市场需求，可以设计一些有针对性的创业项目。

（2）基于物联网的技术应用

随着互联网技术的广泛应用和各类传感器的日益成熟发展，物联网的大面积应用已经展开，且涉及的领域十分广泛，我们可以围绕互联网的技术应用去设计创业项目。物联网的技术有两大领域应用可以重点考虑，一个领域是安防系统，另一个领域就是智能家居。

在安防领域里，有很多物联网的应用我们可以考虑，如别墅监控、仓库监控、校园监控、停车场监控、社区监控、厂房监控、农场监控、景区监控、超市监控、商场监控、医院监控、街道监控、火灾监控等。

在智能家居领域里，如智能室内灯光控制、智能窗帘自动控制、智能浴缸水温控制、智能空调控制、智能电视控制、智能冰箱控制、智能电饭煲控制、智能扫地机器人控制、智能床垫控制、智能按摩椅控制、智能音响控制、智能音乐喷泉控制、智能浇花控制等。

（3）基于无人机的技术应用

近年来，无人机技术发展很快，无人机承重和续航能力都有显著的提高，无人机蔽障和目标识别技术也有很大的提高，无人机在民用和军用领域都得到了广泛的应用，我们可以重点从这两个方面入手，去设计构思创业项目。

在民用领域里，无人机可以用于地质勘探、路况侦察、灾区侦查、救援指挥、物流快递、农药喷洒、海上侦查、活动表演等。

在军用领域，无人机可以用于高空侦察、敌情侦察、空中预警、反恐应用、编队布阵、信息干扰、自杀爆炸和武装无人机等，应用的范围十分广泛。

（4）基于智能机器人的技术应用

随着人工智能、人脸识别、语音识别、大数据和物联网技术的不断完善和成熟应用以及计算机交互技术、计算机自身学习技术和脑神经技术的不断突破，机器人产业发展十分迅速，我们可以重点关注工业机器人和服务机器人这两大领域的创业项目机会。

工业机器人

工业机器人主要包括工业机械手、检测机器人、焊接机器人、搬运机器人、喷漆机器人、仓储机器人、分拣机器人和水下机器人等。

服务机器人

服务机器人主要包括防爆机器人、餐厅服务机器人、炒菜机器人、洗菜机器人、保姆机器人、体育机器人、益智机器人、理财机器人、康复机器人、会展机器人、翻译机器人、导游机器人、仿真机器人等。

（5）基于3D打印的技术应用

近年来，3D打印技术发展也十分迅猛，已经应用在很多领域，我们可以重点关注以下领域中3D打印项目的一些创业项目机会。如3D打印零件、3D打印模具、3D打印人像、3D打印饰物、3D打印蛋糕、3D打印巧克力、3D打印喜糖、3D打印玩具等。目前3D打印在打印效率、打印精度和打印材料等方面还存在一些不足，我们也可以从解决3D打印痛点的角度去设计创业项目。

（6）基于位置定位技术的应用

这些年来，位置定位技术的应用已经十分普遍，百度地图和高德地图是我们出行应用最多的位置定位导航技术。我们可以从这个角度去思考一些新的场景应用，通过位置定位技术与即时语音技术的有机结合，来思考和规划我们的创业项目。如汽车导航、自行车导航、渔船导航、景区导航、游乐园导航、餐饮导航、娱乐导航、社区导航、公交导航、户外运动导航、商场购物导航、展会导航、博物馆导航等。

（7）基于清洁能源的技术应用

目前，清洁能源技术的应用已经十分广泛，太阳能、风能、核能和生物质能的应用越来越多，我们可以重点围绕太阳能、风能、生物质能和新能源汽车的领域去研究和规划创业项目。

在太阳能发电方面，可以重点关注太阳能小木屋、太阳能手电、太阳能照明、太阳能充电器、太阳能显示板、太阳能汽车、太阳能飞机和太阳能火车等。

在风能发电技术方面，可以重点关注屋顶风力发电、山顶风力发电、海岛风力发电、海上风力发电、船舶风力发电、风能汽车、风能飞机和风能火车等。

在生物质能发电方面，可以重点关注木材、森林废弃物、农业废弃物、水生植物、油料植物、城市和工业有机废弃物和动物粪便等。

在新能源汽车方面，可以重点关注新能源客车（长途客车、旅游大巴、公交车）、新能源轿车、新能源货车、新能源矿山车辆、新能源工程车辆及新能源摩托车等。

（8）基于大数据、云计算的技术应用

大数据和云计算也是创业项目的方向，可以围绕大数据中的数据仓库建立、计算算法研究、应用程序开发、商务数据挖掘以及SaaS的云服务应用设计创业项目。在数据分析方面，可以重点关注智能选股分析、购物行为分析、阅读偏好、旅游数据分析、餐饮偏好分析、销售数据分析和广告投放分析；在旅游数据挖掘方面，重点可以关注旅游人群分析、旅游国家偏好、旅游出行方式偏好、旅游景点偏好、旅游消费偏好和旅游投保偏好等。

（9）基于新材料的技术应用

随着新材料技术的发展，新材料领域也存在很多的创业机会。如石墨烯电池、碳纤维服装、纳米材料涂料、高温合金航天零部件、高分子复合材料橡胶、超导金属材料、防腐防锈油漆、隐身坦克材料、柔性显示面板材料和防辐射防高温救生衣等新材料在生产和生活中的具体应用，都可以形成不同特色的创业项目。

（10）基于生物技术与新医药的技术应用

随着生物技术和新医药的快速发展，大健康领域孕育着诸多市场机会，在基因检测、基因编辑、基因干预方面，在快速检测仪器和试剂盒方面，在抗癌新药（粉剂、片剂、针剂）方面，在干细胞培育、干细胞美容和细胞修复方面，在远程医疗和精准医疗方面，在慢性病健康管理方面，在人工智能 AI+ 医疗方面等，都可能有适合我们的创业项目。

3.3.2　文创项目

这些年来，我国出台了很多支持文化创意产业发展的政策，文创产业是创业机会较大的领域。策划文创项目主要有以下几个类别。

（1）设计类

目前，我国很多高校都开设了设计专业，设计专业有不少大学生都自己开个人工作室，开展创业实践。设计类的创业项目可以重点关注平面设计、服装设计、工业设计、建筑设计、电路设计、结构设计和概念设计，这类项目创业机会较多、创业成本不高、创业风险不大。

（2）规划类

习近平总书记在"十九大"报告中提出了一些规划发展的要求，各地区政府对当地的科技、产业、旅游和文化规划发展都有新的要求，存在很多的市场机会。我们可以重点关注科技园区规划、科普基地规划、主题科技馆规划（航天、兵器、机器人、食用菌）、旅游景区规划、特色小镇规划、主题公园设计、影视基地规划和文化产业园区规划，围绕这些主题规划设计自己的创业项目。

（3）动漫游戏类

动漫游戏在我国有很好的用户基础，有大量的粉丝和玩家，一直是创业项目的高产区。我们可以围绕动漫创作、卡通创作、涂鸦创作和游戏创作，寻找市场需求，构思创业项目。随着 VR 和 AR 技术的日趋成熟和应用，随着网游、页游和手游的日新月异，随着卡通涂鸦越来越被年轻人所推崇，动漫游戏类创业项目会越来越多。

（4）影视剧类

影视剧类也是文创项目的一个方向，像微视频、电视剧和小剧种（京剧、话剧、豫剧、越剧等）都有很大的市场，如果能结合我们所学的专业知识和技能，为用户定制一些影视剧服务产品，就会有许多的创业项目产生。

（5）数字印刷类

数字印刷类项目这几年也发展得不错，如借助网络和APP的远程印刷、远程打印和数字出版项目，我们都不陌生。那么借助远程印刷和远程打印这个概念，我们可以设想一下还可以做什么有针对性的数字印刷类项目。比如，远程3D打印某个旅游景点的旅游品和纪念品，是否有市场机会。

3.3.3 农业项目

习近平总书记在"十九大"报告里提出要精准扶贫，大力开展乡村振兴计划，通过开展教育兴农、培训兴农、电商兴农、旅游兴农、科技兴农、医疗兴农、设计兴农、文化兴农等，会产生许多的农业项目市场机会。

（1）线上线下（O2O）农产品商店

对于农业互联网项目，开展建设农业电商服务平台，加强偏远山区与外界社会的联系，销售本地区有特色的农副产品，是最有市场机会的创业项目。我们可以重点考虑如何搭建线上线下（O2O）农产品商店，将交通不便的偏远山区的食用菌、干果、新鲜蔬菜和水果、鸡鸭鱼肉、鸡蛋鸭蛋等优质食材以及苗木等销售出去，在开展电商的基础上，再把产品溯源和产品物流考虑进去，就能形成不同的创业项目。

（2）基于物联网的私人农场定制

在农业项目中，农场定制存在较多的市场机会。比如茶场定制、林场定制、渔场定制、有机蔬菜农场定制、有机水果农场定制、特色农家院定制和养老禅院定制等，都可以设计出一些创业项目来，如果再将种植、养殖和深加工结合起来，还可以延伸创业项目的设计和规划。

（3）基于可溯源跟踪的农产品物流

利用农产品可溯源的概念，也可以找到一些创业项目。比如猪、羊、牛、驴、鸡、鸭、鹅、兔等肉类的产品溯源，比如鸡蛋、鸭蛋、鹅蛋、鹌鹑蛋等蛋类的产品溯源，比如黄瓜、西红柿、油菜、菠菜、芹菜、韭菜、白菜、西蓝花、茄子、青椒、冬瓜、苦瓜、西葫芦、扁豆、大葱、青蒜、土豆等蔬菜类的产品溯源，比如苹果、桃、梨、香蕉、葡萄、枣、杏、杧果、西瓜、樱桃、橘子等水果类的产品溯源，比如大米、面粉、玉米、红薯、小米、黑米、紫米、薏米、芝麻、花生等粮食类的产品溯源。

（4）农药残留物的快速检测

目前我国农产品仍然存在农药残留物超标的问题，真正达到有机和绿色的农产品不多。在人们日益注重身体健康的今天，使用便捷且性价比高的农药残留物快速检测试剂和仪器具有庞大的市场，老百姓一定愿意像20年前使用弹簧秤去菜市场买菜那样，随手能有一个便携式的性价比高的农药残留物检测仪，这样在菜市场买到的蔬菜和水果等农产品才能放心。

（5）土壤修复与利用

目前，我国有很多土地都被污染，土壤的沙漠化、荒漠化、盐碱化、重金属化使得大片的土地荒废，十分可惜！利用土壤修复技术，开展土壤修复治理，存在很多的市场机会。如何将盐碱地土壤、沙漠化土壤、重金属土壤、山坡地土壤和碎石地土壤进行修复和利用，让土壤可以种菜、种粮、种花、种苗和种树，应该存在不少的创业项目机会。

（6）水果蔬菜保鲜技术应用

在仓储和物流运输过程中，大量的水果和蔬菜会烂掉，造成巨大的浪费。针对水果和蔬菜的保鲜痛点，利用一些诸如保鲜膜、保鲜剂和保鲜箱等创新的保鲜技术和保鲜方法，实现草莓、香蕉、橘子、苹果、杧果、梨、桃等水果和菠菜、油菜、生菜、油麦菜、黄瓜、西红柿等蔬菜的保鲜，应该有很多的创业项目机会。

（7）食用菌种植技术应用

食用菌具有较高的营养价值，可以增加人体免疫力，人们为了保持自身健康的需求，对食用菌的消费日益增大，利用食用菌种植技术来创业也是不错的方向。据媒体报道蘑菇有 1000 多个品种，我们最常食用的菌类包括平菇、猴头菇、白灵菇、杏鲍菇、茶树菇、鸡腿菇、金针菇等，选择一种或几种蘑菇开展种植和销售，会为创业项目带来很多机会。现在在一些县域地区，食用菌已经成为当地的一个经济支柱产业。

（8）林下经济

开展林下经济建设是我国农业发展的方向之一，林下经济概念中有很多的创业机会，林下种植、林下养殖、林下旅游是我们可以重点关注的方向。例如：

开展林下种植，可以在林下种果、种花、种菜、种菌、种药、种草等，这些林下种植的产品都有市场价值。

开展林下养殖，可以在林下养鸡、养鹅、养鸭、养蚯蚓、养甲鱼等，这些林下养殖的产品都有市场价值。

开展林下旅游，可以在林下建摄影基地、建拓展基地、建骑马场、建儿童乐园、建动物园，在林下搞花卉展、建徒步大道等，这些林下旅游的项目都有市场价值。

3.3.4 金融项目

近年来，金融科技的发展也很迅速，涌现出很多金融服务新业态。在金融项目中，可以重点关注以下方向。

（1）在线支付

现在大家对支付宝和微信支付已经不陌生了，每天不带钱包只要带个智能手机就可以实现交通出行与商场购物，十分方便。我们可以围绕在线支付研究一下可以做什么创业项目，通过移动支付、手机钱包、超市购物车（扫码支付）、便利购物柜（地铁、图书馆、药房）等服务形式，能否设计出一些创业项目。

（2）消费一卡通

消费一卡通现在很多地方都在用，像超市一卡通、校园一卡通、图书馆一卡通、医院一卡通、公园一卡通、影院一卡通、团购一卡通、社区一卡通等，围绕一卡通这种便捷消费支付活动，可设想出一个新的消费场景，也使用一卡通来实现消费支付，做一个消费一卡通创业项目。例如，有些高校周边有很大的商业区，超市、餐饮、报亭、书吧、影院、KTV、咖啡厅、酒吧应有尽有，可围绕这个商业区做一个一卡通项目，为消费者提供一种便捷消费服务。

（3）产品股权众筹

众筹也是金融科技的一种新的服务模式，围绕产品众筹应该可以设计出不少创业项目，如在图书销售、音乐创作、影视出版、空气净化器、智能机器人、智能家居等方面开展产品或股权的众筹创业项目。例如，你想研发一款按摩机器人，但是没有这么多经费，你可以尝试通过按摩机器人这款产品进行产品众筹，凡是愿意出资的人都可以在产品研制出来后获得零售价 6 折的优惠。

（4）互联网保险

随着互联网和移动互联网的快速发展，互联网保险也存在很多的市场机会，诸如旅游险、交通险、大病险、人寿险、意外险和教育险等，也都从线下走向了线上。我们可以研究一下互联网保险会有哪些创业项目。比如我们能否与保险公司联合开发一些有针对性的个性化的小险种，类似攀岩伤害险、滑翔安全险、爬山扭伤险、潜水安全险、餐饮卫生险、整容安全险、理财安全险、艺术品赝品险等。

3.3.5　商业项目

商业类项目就是七个字"吃、喝、玩、乐、住、教、行"，这类项目与百姓生活息息相关，围绕这七个字，会发现有很多市场服务需求，每个服务需求都有可能成为你的创业项目。

吃　喝　玩　乐　住　教　行

（1）吃

民以食为天，每个人都离不开吃。目前大学生做与"吃"有关的创业项目较多，如开一家有文化特色、历史特色或宗教特色的餐馆；开一家有机食品、菌汤或骨头汤的主题养生餐厅；开一家花宴、水果宴、猪蹄汤或五谷粥的美容餐饮店；开一家清真类、海鲜类或干锅类的主题餐厅；开一家快餐店为上班族提供3分钟快餐服务等。我们可以围绕"吃"这个思路，结合市场服务需求，设计一些适合我们做的创业项目。由于"吃"的项目可以很多，你要做的是围绕"吃"的细分领域与特色进行挖掘与思考，要能吃出健康、吃出味道、吃出文化、吃出环境、吃出嘴瘾、吃出品位。例如，我们知道人体缺硒就容易患癌症，食用菌具有很多微量元素，可以提高人体免疫力，围绕提高免疫力和积极抗癌这一概念主题，你可以尝试做一款富硒的真菌粥店。

（2）喝

近年来，大学生做与"喝"有关的创业项目也不少，如在校园内或校园周边开一家主题咖啡厅，开一家有特色的水果吧，开一家休闲奶茶吧，开一家音乐茶室，开一家水吧等。我们可以围绕"喝"这个思路，结合市场服务需求，设计一些适合我们做的创业项目。但是，这类项目市场上较多，如果想做的话，前期一定要做好市场调研，了解市场需求，寻找"喝"的细分市场去做比较稳妥，要喝出特色、喝出享受、喝出快乐、喝出健康。例如，现在肥胖的人群和糖尿病的人群都较大，你能否开发出一款具有减肥功能或降血糖功能的饮料，通过饮用你们研制生产的饮料，可以起到很好的减肥和降低血糖的效果。

（3）玩

每个人都喜欢玩，玩的种类也十分多。像旅游、摄影、攀岩、登山、徒步、打球、健身、垂钓和棋牌等，都有很多的爱好群体，特别是羽毛球群、徒步群、摄影群越来越多，针对这些爱玩的社群，我们可以围绕"玩"这个思路，结合市场服务需求，设计一些适合我们做的创业项目。例如，现在很多人喜欢打羽毛球，但是打羽毛球的水平不高，打球技能还需要进一步提高。如果你围绕羽毛球训练机器人去设计开发产品，让这款机器人可以根据我们输入的指令智能化地发前场球、中场球、后场球、网前球，来达到训练羽毛球球员接球和扣球的能力，这样不仅是体育训练局可能会有购买这款机器人产品的需求，就是一些羽毛球球馆也会有这种购买需求。

（4）乐

目前，我国经营环境不太理想，市场竞争加剧，再加上房价涨、物价涨，生活成本日益增大，每个人的工作压力和生活压力都较大，但还是要不断地去寻找快乐解压，尽可能去享受生活。唱歌、跳舞、看电影、打游戏、听音乐和看演出与话剧表演等，都是常见的文化娱乐形式，且每种文化娱乐都有大量的消费人群。我们可以围绕"乐"这个思路，结合市场服务需求，设计一些适合我们做的创业项目。例如，针对大妈们在社区跳广场舞，你可否通过所掌握的压电陶瓷发电的原理制作一款压电发光的装置，将这款通过压力触碰就可以发电发光的装置安装在大妈们跳舞的广场地面下，随着华尔兹、水兵舞、平四、快四等舞曲旋律的不同变化，伴着大妈们美妙的舞姿和舞步，通过大妈们脚底的地面踩踏，舞场上可以看到不同颜色灯光的闪烁变幻，广场上的广场舞灯光秀将成为一道亮丽的风景线，也为社区居民的夜生活增光添彩。

（5）住

百姓生活离不开住，和"住"有关的项目很多。如智能家居、建筑材料、建筑家装、婚房设计、大学寝室设计、节能建筑、节能建材、防火建材、墙体涂料、家装异味检测与处理、建筑垃圾处理等，我们可以围绕"住"这个思路，结合市场服务需求，设计一些适合我们做的创业项目。例如，高层建筑防火与逃生是很多人关注的问题，十几层和几十层的高楼建筑一旦遇到大火，熊熊烈火和滚滚浓烟，再加上建筑材料遇燃后散发出的有毒气体，就会威胁到高楼上人的生命安全，消防队很难在短时间内灭掉楼上的大火，除了类似逃生绳索、逃生降落伞、无人机发射灭火弹这样的新创项目，你有没有一些新的思路来实现高楼快速高效灭火并且能顺利逃生的项目。

（6）教

我国的教育市场十分大，很多人都在做教育类项目。如针对K12和老年人的专题培训，高考辅导班、书法培训班和英语培训班，各种主题的夏令营、冬令营和训练营，定制的游学培训和拓展训练活动等。我们可以围绕"教"这个思路，结合市场服务需求，设计一些适合我们做的创业项目。例如，随着 VR 虚拟现实技术的日益成熟和远程视频的不断普及和应用，能否在培训内容和培训形式上做点设计和规划，针对孩子、女人、老人等不同的人群，去定制一些培训产品项目。

（7）行

出行也是我们生活中的重要组成部分。目前大城市都存在交通拥堵、行车难和停车难的问题，共享单车和共享汽车的出现又带来车辆停放和有序管理的问题，乘坐飞机和高铁出差已经成为常态，用双脚行走的运动诸如马拉松、徒步和爬山也吸引了越来越多的爱好者。我们可以围绕"行"这个思路，结合市场服务需求，设计一些适合我们做的创业项目。例如，现在一、二线城市停车难是个棘手的问题，能否设计开发一款智能化的立体车库，车辆的入库和出库可以通过泊位机器人来解决，这款立体车库既便于施工安装，又便于运营管理，还能保证入库车辆的在线监控。

3.3.6 地产项目

随着我国政府对房地产行业的规范和管理程度的日益加大，现在很多人都在围绕科技地产、文化地产、创业地产、农业地产和文旅地产做概念，实现传统房地产的转型和升级，在地产领域有很多的创业机会需要我们去深入挖掘。

（1）科技地产

科技产业是我国重点发展的领域，国家和地方都陆续出台和配套了相应的扶植政策。科技地产包括科技园区、科技孵化器、众创空间、工业园区和产业园区等园区的建设与服务，围绕园区的建设和入驻企业的服务，搭建公共服务平台和专业化服务平台，或许会找到适合你的创业项目。

（2）文化地产

文化创意产业也是我国重点发展的领域，国家和地方也都陆续出台和配套了相应的扶植政策。文化地产包括文化创意园、主题公园、艺术博物馆、收藏博物馆、影视基地、摄影基地、美术画廊等项目建设与服务，针对园区的规划和建设、园区内的企业服务、园区资源的管理与运营，或许可以找到适合你的创业项目。

（3）创业地产

自2015年国家提出"大众创业、万众创新"以来，双创活动已经成为一种趋势，创业地产也火爆起来了。创业地产主要包括创客空间、创业谷、创业坊和创客社区等。开展创业地产规划与建设，整合资源为招商入驻的创客企业提供综合性和专业化服务，或许可以找到你的创业项目。

（4）农业地产

习近平总书记在"十九大"报告里提出要实施"乡村振兴计划"，我国农业又迎来新的发展机遇，农业地产将是创业的风口。诸如农家院、农场、茶场、林场、鸡场、鸭场、鹅场、鱼塘和现代农业种植基地将会成为新的创业机会。我们可以围绕这些农业地产方向，研究一些适合我们的创业项目。

（5）快捷酒店

现在人们越来越注重旅游和短期度假，性价比高的快捷酒店和分时度假公寓迎来了新的市场机会。像七天假日酒店、如家酒店、汉庭酒店和桔子酒店等这样的快捷酒店在三、四线城市和一些旅游景区并不多见，还存在很大的发展空间。我们可以围绕这个方向，去设计一些适合我们的创业项目。

（6）商务会所

可以满足一些小型活动的商务会所和商务公寓也比较适合作为创业项目，近些年来大学生做的轰趴馆创业项目就类似商务会所和商务公寓，不仅可以满足举办培训、会议、交友、娱乐、过生日等活动，还可以提供餐饮和网络影视服务。商务会所包括创客之家、创意梦工场、导师俱乐部和投资人俱乐部等多种形式，围绕这个方向，我们也可以设计一些适合的创业项目。

3.3.7 公益项目

这些年来，随着我国对公益事业的宣传和号召，吸引了越来越多的人做公益类项目。这类项目在弘扬我国精神文明和物质文明的同时，也在潜移默化地扶贫救困和绿化生态，为创建和谐社会奠定基础，做出价值贡献。常见的公益类项目包括以下五类。

（1）精准扶贫

习近平总书记在"十九大"报告中强调要做好精准扶贫工作，精准扶贫的形式可以包括教育扶贫、技术扶贫、创业扶贫、文化扶贫、旅游扶贫、环保扶贫、医疗扶贫和网络扶贫等，围绕这几个方面，都可以找到创业的项目机会，通过创业项目开展精准扶贫。例如，通过教育培训扶贫，你可以针对贫困地区的人做哪些教育培训，对大人培训什么，对孩子培训什么，对家庭妇女培训什么，可以提供哪些培训课程，采用哪些培训形式，线下如何培训，线上如何培训；通过技术扶贫，你能够围绕所掌握的农业种植技术、防病虫害技术、水产养殖技术、蔬菜和水果保鲜技术等哪些技术能帮助贫困地区，你想通过技术培训、技术指导、技术咨询、技术服务等哪种服务形式开展技术扶贫服务；通过旅游扶贫，你可以针对当地的旅游资源、文化资源和自然资源做一些设计规划，看看是否可以通过打造当地的旅游特色产品，开展特色旅游来促进贫困地区的经济发展。

（2）养老助残

面向养老助残做一些公益服务是很多人都愿意参与的。经常可以看到很多志愿者利用休息日的时间到养老院去慰问老人，陪他们说话，为他们唱歌跳舞，给这些老年人带去快乐。随着我国老年化社会的步伐加快，越来越多的老年人住进了养老院和养老公寓，他们的子女由于工作忙或生活在国外等种种原因不能经常来陪伴，导致他们内心都比较孤寂，十分需要社会的温暖与关怀。为了帮助老年人获得晚年的幸福和快乐，解决老年人生活中的问题与困难，排除和减少心理健康障碍，你可以好好研究一下细分市场，选择适合你的公益项目。如针对住在养老院的老年人做什么服务，针对独巢老年人做什么服务，针对社区的老年人做什么服务，针对刚退休的老年人做什么服务，做这类公益项目会有很多内容和形式。现在社会上残疾人也很多，如盲人、聋哑人、手脚残疾人等，他们十分需要社会的帮助与援助，你可以为他们做点什么。

（3）山区助学

在我国贫困山区还有很多人由于家境穷苦没有较好的上学环境。我们经常可以看到媒体报道有组织和个人捐助书本和文具给这些地区的学校和孩子。围绕贫困山区助学是很好的公益项目，我们可以做些什么，我们应该怎么做，我们做什么可以更好地帮助这些山区里的孩子，让他们多读书、读好书，增长知识，增加才干，尽快长大成人。

（4）生态环保

保护生态环境，促进生态发展也是公益行为。围绕节能降耗、废气减排、污水治理、垃圾回收、噪声治理、土壤修复、危房改造、绿色生态建设，我们可以做很多公益的服务。结合我们自身的专业知识和技术优势，可以好好设计一下什么样的生态环保类公益项目最适合我们去实施落地。例如，你是学环保专业的，掌握污水治理与检测的专业技术，可否利用你所学的环保知识和掌握的环保技术，帮助一些地区做污水治理服务，解决当地生态环境水污染的问题。再例如，你是学建筑设计专业的，了解一些建筑设计的知识和技术，那么对于一些地区很多的老旧房屋，如何进行设计改造来改善原有房屋的抗震性和美观性，从而提高房屋居住的安全性、舒适性和便利性。

（5）动物保护

大熊猫、金丝猴、长臂猿、白鳍豚、中华鲟、猕猴、黑熊、金猫、马鹿、黄羊、天鹅、玳瑁、文昌鱼、犀牛、食蟹猴等属于我国一级和二级保护野生动物，开展野生动物保护也属于公益行为。我们可以设计一下拟采用什么样的形式，注入什么样的内容，来开展实施野生动物保护的公益项目。例如，你是否可以设计制作不同主题的系列多媒体宣传片，呼吁社会保护珍贵稀有动物；你是否可以策划一台文艺晚会，发起一个珍贵稀有动物的募捐活动；你是否可以策划、组织一个野生动物的考察探险与保护活动，来发动更多的人关注珍贵稀有动物。

3.3.8 咨询项目

现在很多大学生在学校里都学到了一些专业知识，有的学生就想做咨询类创业项目。我国咨询服务的市场很大，且涉及的咨询内容也门类繁多。针对咨询项目，我们可以重点围绕政策咨询、融资咨询、营销咨询、规划咨询、游学咨询、信息咨询、IT咨询、法律咨询等，提供有针对性的咨询服务。我国每年都会出台很多新的政策，很多小微企业都有了解政策的服务需求，虽然这些政策他们可以在网上查到，但是对于国家政策的解读还是不够全面和深刻，如果你对政策研究得比较深入，就可以为小微企业提供政策解读，开展政策咨询服务；创业企业在发展中经常会遇到资金短缺的问题，这时候就需要进行企业融资，但是由于很多创业企业不懂融资，这时候就需要融资咨询服务，如果你了解天使投资的运作模式，认识很多投资人拥有项目融资渠道，并且懂创业计划书的编写，对项目路演的技巧也十分熟悉，你就可以做融资咨询服务；我国每年在区域规划、生态规划、产业规划、特色小镇规划、文创园区规划、主题公园规划、景区规划等方面都存在很多的服务需求，如果你是学规划专业的，懂得项目规划，就可以尝试开展规划咨询服务；我国现在游学十分火爆，不仅是高中生在游学，小学生也在游学，学生家长为了孩子多长见识开眼界，为孩子咨询和报名各种形式的游学夏令营、冬令营和训练营，如果你有好的游学渠道和有特色的游学项目，也可以做游学咨询服务；现在很多创业公司都需要开发微信公众号、定制APP和微信小程序，加强公司产品的销售与宣传，如果你懂计算机编程，了解微信小程序和APP的研发技术，也可以考虑做信息技术咨询服务；创业公司在公司战略和企业策略的制定上会存在很多不足，如果你是学工商管理的，读的是MBA，懂企业战略与市场营销，也可以做管理咨询服务。

总之，你做咨询服务项目，一定要和市场需求相结合，一定要和专业知识相结合，一定要和服务优势相结合。

第4章
创新创业大赛评审的七个要点

　　目前，我国每年都有上百万的大学生和青年创客参加各种形式和主题的创新创业大赛，无论是"挑战杯"创业计划竞赛、"创青春"大学生创业大赛，还是"互联网＋"大学生创新创业大赛和"中国创新创业大赛"等其他创业大赛赛事，都有大赛对参赛项目的评价指标体系和评审要点，如果参赛者不能在赛前清楚地了解这些评审要点，那么就很难获得好的参赛成绩。对于各种主题的创业大赛，一般来说有七个共性的评审要点，主要包括项目的创业团队、项目的产品与服务、项目的市场空间、项目所采用的商业模式、项目实施中所运用的营销策略、项目的风险分析与控制手段，以及项目的投资回报情况等，这七个指标是专家评委打分的重点项，是专家评委最关心的项目内容，作为参赛者一定要引起重视并深刻领会评审要点的内涵。

创业团队	产品服务	市场空间	商业模式
	营销策略	风险分析	投资回报

4.1 创业团队

创业团队是所有专家评审的重点内容和评审要点，创业团队的能力强弱直接影响到创业项目的顺利实施与创业成败。那么，什么样的团队属于能力强的创业团队？什么样的团队属于能力弱的创业团队？什么样的团队属于优秀的创业团队？什么样的团队属于一般般的创业团队？对于这些问题，参赛者一定要心里清楚。在参赛时，你该如何完整和清楚地介绍自己的创业团队？你该如何突出创业团队的亮点？你该如何突出创业团队的优势？你该如何让专家评委眼前一亮？很多参赛者并不清楚该如何做，以下六个方面可以作为包装创业团队的参考。

4.1.1 专业性

团队的专业性对于团队能力的评估十分关键。现在很多创业项目属于科技类项目、文创类项目和农业项目，这类项目对于团队成员的专业知识要求较高，如果不能把团队成员的专业知识和专业能力描述清楚，那么就会让专家评委对创业团队实施这个创业项目的专业能力产生置疑。所以，你在描述团队的专业性方面时，一定要把团队成员所在学校名称、正在攻读或已经攻读完成的专业情况描述清楚。如果有的团队成员曾经承担过国家、省市或学校委托的课题研究，开发过某种新产品和新技术，发表过若干论文，申请过一些专利，也要尽可能地介绍一下。曾经遇到北京信息科技大学的一个做法务咨询服务的创业项目，团队中六名成员都是学信息专业的，没有一个懂法律法务的，专业性明显不足。

4.1.2 互补性

团队的互补性是评估一个创业团队的重要指标。创业团队里面的任何一名成员都不可能十全十美，不可能掌握所有专业知识和技能，不可能具备所有的商业运营经验，不可能具备运作项目的所有能力。这样的话，就需要项目团队成员之间能形成互补，不仅在专业知识、专业技能和工作经验方面形成互补，还要在思维模式、性格脾气、做事风格和为人处世等方面形成互补，用团队中其他人的优势来弥补自己的不足，从而提高团队的整体作战能力。这就好比足球比赛，足球队员上场比赛时有11名球员，有的球员擅长奔跑和进攻适合做前锋，有的球员擅长狙击和防守适合做后卫，有的球员擅长组织和调度适合做中场，有的球员擅长接球适合做门卫。通过球员的优势互补组建成梦幻组合的队伍，提高比赛的作战能力。所以，从专业的互补性上最容易做到技术专业、市场营销专业和财务专业的互补。

4.1.3 协作性

团队的协作性是反映创业团队协同能力的重要评估内容。一个创业团队组建后，能否发挥出团队的力量，很关键的一点是团队的协作精神和协同性。我们经常会听到团队精神这个词，实际上就是要通过团队精神来实现团队成员之间的协作和协同，共同努力把事情做好。为了突出团队的协作性，你要将团队中每个成员的协作精神、协作能力和协同能力介绍清楚。

4.1.4 创新性

团队的创新性是专家评委重点关注的项目内容。一个创业团队能否把项目做好做大，很关键的一点是要有创新能力，创新是公司发展的不竭动力。那么该如何描述创新性呢？很多参赛者并不是十分清楚，不知道该如何去描述。为了比较全面地介绍清楚团队的创新性，我们可以从创新思维、创新方法和获得知识产权等三个方面去描述。在创新思维方面，创业团队的成员是否具有创新思维、是否具有创新意识、是否具有创新精神；在创新方法方面，创业团队成员是否善于利用技术创新、应用创新、产品创新、设计创新和集成创新等创新方法去开展项目的创新工作；在知识产权方面，创业团队的成员是否有人发表过学术论文、申请过专利、申请过软件著作权、申请过版权，或研制过某些产品和技术。

4.1.5 荣誉性

荣誉性也是反映创业团队能力的一个重要评估指标。创业团队的成员有些人曾经被评为三好学生，有些人曾经被评为先进标兵，有些人曾经获得过创业大赛的奖项，有些人曾经获得过物理、语文、数学等知识竞赛奖项，有些人曾经被学校或政府部门授予过某些荣誉称号，这些获得荣誉的情况，最好在描述团队时进行介绍和描述。由于这些团队成员曾经获得过某些荣誉，说明他们在某些方面一定很优秀，具有较高的素质和能力。

4.1.6 执行力

执行力是反映创业团队运作项目能力的一个重要评估指标。团队的执行力强，项目就会进展顺利，任务就会出色完成；执行力不强，项目就可能推进得十分缓慢，任务可能就做不好。执行力不仅仅是个人的执行力，反映到团队上面就是团队整体的执行力。一个具有执行力的团队一定会把事情做得又快又好，一定能圆满完成任务。为了清晰地描述出团队的执行力，可以从项目计划、流程管理、关键点控制、资源配置、高效高质、不断完善修正等不同方面有针对性地进行描述，按照 PDCA 的项目管理模型，突出项目的计划性、管理性、监控性、协调性、高效性和高质性。

4.2 产品服务

　　产品与服务是专家评委对参赛项目的重点打分项。在描述项目的产品服务时，一定要完整地描述清楚你的创业项目内容是什么，你的服务内容和服务模式是什么，你的创业项目都有哪些特点，你的创业项目都有哪些优势，你的创新商业盈利模式是什么。

4.2.1 内容描述

　　笔者审阅了上万份参赛的创业计划书，发现有很多参赛者不知道该如何完整和清晰地描述项目产品和服务内容，说不清楚这个产品到底是什么，具有哪些功能，使用了哪些关键技术，是为哪些群体服务的。如果你说不清楚你的产品与服务，评委就不容易搞懂你在做什么项目，这对你参赛十分不利。所以，进行产品描述时，你一定要清楚地告诉评委你的产品是什么，是基于哪些技术，采用了哪些原辅材料，通过什么样的设计和生产方式实现了你的产品原型，这个项目产品的使用性能如何，产品质量如何，生产成本如何，安全性如何，环保性如何；你要介绍清楚产品是为谁提供服务的，能够满足哪些客户的服务需求，服务的质量是怎样的，服务的效率是怎样的，服务的价格是怎样的，服务的预期效果如何，拟采用什么样的商业服务模式。

4.2.2 特色描述

　　在产品服务描述中，产品与服务的特色是关键。专家评委最关注你的产品特色是什么，服务特色有哪些，这些特色与其他产品有什么不同之处。这些特色可以是产品技术特色，也可以是设计特色；可以是质量特色，也可以是功能特色；可以是成本特色，也可以是环保特色；可以是服务特色，也可以是销售特色；可以是外观特色，也可以是体积重量特色。所以，你在介绍产品与服务时，可以从产品的技术特色、设计特色、环保特色、成本特色和服务模式特色等不同维度去分析、梳理和提炼，一定要围绕产品的特色和服务的特色多加凝练。

4.2.3　优势描述

在产品服务描述中，仅仅是介绍产品与服务内容，描述产品与服务特色还不够全面，还应该把项目产品的优势介绍清楚。市场上同类项目产品不少，你的产品优势在哪里，是在研发技术上有优势，还是在制作工艺上有优势；是在设计水平上有优势，还是在团队设计协同能力上有优势；是在原辅材料购买渠道和价格上有优势，还是在生产能力上有优势；是在服务内容上有优势，还是在服务模式上有优势；是在专利和版权等知识产权方面有优势，还是在企业品牌方面有优势；是在团队能力方面有优势，还是在整合资源能力方面有优势。你在产品与服务的优势描述中，要尽可能围绕产品和服务的不同维度和不同层面，去梳理和提炼，看看都有哪些项目优势。

4.3　市场空间

市场空间是专家评委重点关注的内容。如果项目的市场空间大，项目就有可能做得很大；如果项目的市场空间小，再好的项目也不可能做得很大。所以，你要全面和完整地描述清楚你的项目市场空间到底有多大。

4.3.1　市场在哪里

什么是市场？市场就是具有能力购买你的产品与服务的人群。你在描述项目市场时，一定要说清楚你的市场在哪里，你提供的产品与服务是给谁的，是给哪些人群定制的，是给哪个地区或哪个行业的，服务的目标群体是谁。例如，你做的是一个无人机培训项目，你的市场是在小学还是在中学；是在一个学校内，还是在几个学校内；是在某个社区内的学校，还是在全市的学校；是在本省市的学校，还是在其他几个省市的学校；是在国内所有的学校，还是包括境外的学校。再例如，你做的项目是一款无人机勘察项目，你是只做灾情勘察，还是也做农业种植勘察；你是只做水面捕捞勘察，还是也做森林防火勘察；你是只做某一个行业应用，还是同时做好几个行业应用。很多参赛者都没有认真思考过他的项目市场在哪里这个问题，回答评委项目市场在哪里时说得很模糊、很不清楚。

4.3.2　市场空间多大

在描述了市场在哪里后，你就可以大致估算一下市场空间有多大。每年的市场需求是在 1000 万元呢，还是在 5000 万元；是在 5 亿元呢，还是在 10 亿元；是在 30 亿～ 50 亿元呢，还是在 100 亿元以上。对于市场空间只在千万元级别的项目，一般天使投资认为项目市场太小，不会投资。如果市场空间可以达到 20 亿元以上，或许会让天使投资关注一下。像互联网的项目因为是跨地域跨国界的，想象空间都十分大，容易做成几十亿元上百亿元的大项目。所以，我们在策划项目时，尽可能给项目插上互联网的翅膀，扩展项目的市场空间。

4.3.3　同行业竞争对手情况

创业项目如果进入红海市场，那么将面临众多竞争对手的激烈市场竞争；如果进入蓝海市场，竞争对手没这么多，但也不会是只有你一家独揽天下。无论是进入红海市场还是蓝海市场，同行业竞争者都在瓜分这个市场，凭你目前的实力，你究竟能占到多少市场份额。所以，你一定要对目前市场上的主要竞争对手情况做个介绍，描述一下目前他们的市场占有情况，从而进一步估算出你项目的市场空间大致能占多少份额。

4.3.4　竞品分析

竞品分析是专家评委和投资人重点关注的项目内容。在现有的项目市场情况下，你不仅要介绍清楚目前主要的竞争对手情况，还要把排名前 5 名至前 10 名的竞争对手情况与你的项目做个横向对比。通过诸如技术水平、研发能力、设计能力、生产能力、生产成本、产品质量、功能性能，以及节能性、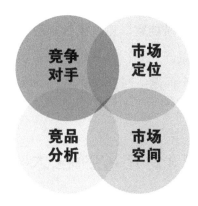
环保性、安全性、廉价性、便捷性、寿命性等关键指标和竞争对手的产品对比分析，就可以看出你这个项目处于什么样的市场竞争地位了。

4.4　商业模式

　　商业模式是专家评委重点关注的项目内容，也是评审项目的关键要点。参赛者一定要介绍清楚项目的商业模式。要告诉评委你的服务模式是怎样的，你通过优化配置哪些资源，采用哪些手段去挣钱。比如说，你是靠卖技术挣钱的，你是靠卖产品挣钱的，你是靠卖流量挣钱的，你是靠拉广告挣钱的，你是靠提供咨询服务挣钱的，你是靠卖设计方案和设计产品挣钱的，你是靠转让专利等知识产权挣钱的。你在介绍商业模式时，一定要描述清晰让人容易理解，要有创新性，最好能有颠覆性，颠覆原有的商业服务模式，就像滴滴打车软件可以实现共享打车那样，要能引爆评审专家的眼球。什么样的商业模式才是好的商业模式呢？一般来讲，商业模式最好能突出创新性，具有颠覆性的商业盈利模式最好，这种商业模式有可能快速抢占市场，可以持续获得大量的现金流，为公司带来造血功能。

4.5 营销策略

营销策略是专家评委重点关注的项目内容。创业项目在实施过程中，离不开营销策划。好的营销策略可以使项目顺利开展和推进，差的营销策略会显著影响到项目的开展。在参加创业大赛时，你一定要围绕项目的产品与服务，将所要采用的营销策略描述清楚。一般来讲，创业项目可以采用以下五种常用的营销策略。

4.5.1 产品策略

产品策略是市场营销中最常用的营销策略。产品策略主要是要围绕你的项目产品，做好产品研发规划。你不仅要计划清楚产品的技术开发、材料选用、产品设计、制造工艺、生产流程、质量检测、成本控制、产品包装、仓储物流等，还要针对产品的技术、功能和规格型号，围绕产品的升级迭代做好详细规划。在公司发展的不同阶段，可以根据产品的功能、型号规格、研发难度、技术迭代以及自有资金的实际情况，去做好项目产品的一代产品、二代产品和三代产品的研发规划。

4.5.2　价格策略

价格策略是市场营销中最常用的营销策略。产品的价格策略可以根据客户、产品功能、产品质量、产品规格和型号、产品材料、生产工艺和促销策略的不同，分别制定不同的价格策略。如面向高端客户、中端客户和低端客户，可以采用不同的价格策略；针对多功能和单一功能的产品，可以采用不同的价格策略；使用纳米材料和普通材料制作的产品，可以采用不同的价格策略；对于团购和零售产品，可以采用不同的价格策略；自己销售和找代理商销售，可以采用不同的价格策略。

4.5.3　渠道策略

渠道策略是市场营销中最常用的营销策略。在互联网日益发达的今天，通过O2O线上线下渠道来开展公司业务，进行产品推广与销售已经十分普遍。这就需要你把线上和线下的渠道策略描述清楚，在线上你是怎么做渠道的，在线下你又是怎么做渠道的，通过线上和线下的渠道组合使用，你是如何开展产品销售的。例如，在线下你有实体店或体验店，可以搞连锁经营发展加盟店，增加线下的销售渠道；线下你有人脉关系，可以进一步扩展你的人脉圈子发展销售渠道，搭建销售渠道网络；在线上你可以建网站，开淘宝店，开微店，还可以建微信群和QQ群，或者建立网上社区甚至网上销售平台。

4.5.4　促销策略

促销策略是市场营销中最常用的营销策略。你的产品研发生产出来了，你怎么去做促销，靠什么方法和手段可以把产品和服务卖给客户。目前市场上可以见到的促销策略很多，如淘宝店促销、微商促销、微信朋友圈促销、微信公众号促销、送红包促销、团购促销、月卡年卡促销等，针对你自己的项目产品，哪些促销手法你可以模仿借鉴使用，哪些你可以创新使用，你需要认真思考清楚，然后完整清晰地描述出来。

4.5.5　宣传策略

宣传策略是市场营销中最常用的营销策略。过去我们总说酒香不怕巷子深，现在是再好的产品与服务，也需要加强宣传，让社会了解你、认识你、知道你。目前很多参赛者在描述宣传策略时，介绍的内容都比较简单，不够完整，不成系统。其实，公司的宣传策略可以围绕电视媒体、网络媒体、平面媒体和户外媒体这四个维度来进行描述。针对电视媒体，你如何做促销，如何利用电视台和卫视频道做产品宣传；针对网络媒体，你如何做促销，除了利用微信公众号还有哪些可以利用的网络媒体窗口，能否在百度或头条上发布信息，能否在西瓜视频或抖音上也做个产品宣传；针对平面媒体这些纸媒你如何做促销，除了制作公司产品宣传页和海报外，可否在报纸和杂志上策划一些可以植入软文广告的内容专栏；针对户外媒体，你如何做促销，除了制作一些易拉宝外，你还能否想出其他的办法通过户外媒体来加强宣传。现在楼宇媒体也十分普遍，电梯广告随处可见。所以，针对你的宣传策略，一定要能全面系统地介绍。

电视媒体　　**网络媒体**　　**平面媒体**　　**户外媒体**

4.6　风险分析

项目的风险分析与控制是专家评审时重点关注的项目内容。很多参赛者在风险控制部分描述得过于简单，没有比较全面完整地介绍清楚项目都存在哪些风险，没有很具体有效的防控风险的措施。在描述风险分析时，你一定要清楚地告诉评委项目的风险都有哪些，项目的风险在哪里，你是如何制定防范风险的措施和预案的。一般来讲，风险控制部分至少要围绕六大风险去描述。

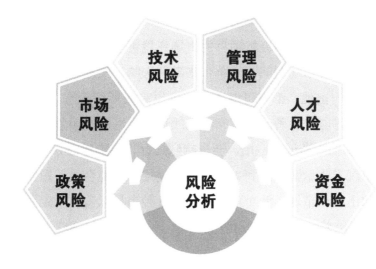

4.6.1　政策风险

政策风险是创业者必须考虑的项目风险，政策风险会显著影响到项目能否顺利实施。你要分析创业项目是否符合国家、地方和产业扶持政策，是否属于政策支持的领域方向和范畴，是否有可能在资金和税收方面的获得政策扶持。如创业项目属于大数据、云计算、智能机器人、人工智能、新材料、新能源、生物医药、大健康等领域的项目，这些领域都是国家产业政策重点扶持的方向，有机会获得政策的资金和税收支持，有可能借力政策发展，就不存在政策风险；如创业项目属于对大气、河流和生态环境有污染的项目，与国家大气污染治理与环保政策扶持方向相违背，就不属于政策支持的方向，那么这个项目就存在一定的政策风险。针对政策的风险措施，最好是考虑通过技术创新和服务模式创新向政策扶持方向转型修正，以规避政策风险。

4.6.2　市场风险

市场风险是创业者必须考虑的项目风险，市场风险会严重影响到项目的顺利实施与成败。你要分析项目的市场环境可能会有哪些变化，这些环境的变化会对项目市场空间和竞争带来哪些影响。一项新技术的出现，一种新商业模式的出现，都有可能改变市场原有的环境形态。如 5G 技术的成熟与应用，可能会显著改变原有的无线通信、网络视频娱乐和在线购物形态；AI 技术的不断创新应用，会影响到银行、保险和证券等金融领域；共享新能源汽车的示范应用和大面积推广使用，可能会显著影响到汽车的销售市场和出租车市场。针对可能出现的各种市场风险，一定要尽可能地去分析和描述，并针对风险制定解决预案。

4.6.3　技术风险

技术风险也是创业者需要重视和认真分析的项目风险。目前很多的参赛项目都属于科技类的项目，项目中都会涉及一些技术应用。在目前知识创新和技术创新飞快发展的时代，技术的升级和迭代十分快，如果你的项目所采用的技术不能快速跟上时代技术升级的步伐，项目产品的技术竞争力将大大减弱；如果你的产品技术不能快速升级迭代，那么竞争者很容易超越你的技术产品和服务，技术的风险是很大的。这就好比你是生产智能手机的，别人的产品已经达到前后内置镜头 2000 万像素，而你的手机产品还停留在前后内置镜头 1300 万像素；别人的手机内存可以达到 256G，而你的手机内存只有 16G；别人的手机电池可以待机 3 天，而你的手机只可以待机 1 天；别人的智能手机已经附加 AI+ 理财功能，而你生产的手机还没有 AI+ 理财功能。很显然，这种技术的差距必然导致产品的竞争力变化。针对技术的风险，就要事先做好防控措施和预案。

4.6.4　管理风险

　　管理风险对于创业团队是普遍存在的风险。创业企业由于是新组建的团队，每个人的思维方式、性格秉性和做事方法都不甚相同，需要经过一段时间的磨合才能让每个人融入团队中。创业公司起步时规模都比较小，人少事多，一人多岗，在图章管理、考勤管理、财务管理、项目管理、客户管理、渠道管理、绩效考核等方面都会存在不足，表现为管理制度不健全和不完善，管理水平较差。针对这些管理风险，就需要提前考虑和分析，制定应对风险的措施。如公司成立后没有制定公司合同章和公章借用制度，很容易产生业务合作协议的风险问题；没有制定公司财务管理制度，很容易引起财务管理混乱；没有制定公司绩效考核制度，无法起到激励员工的作用；没有制定公司项目管理制度，很难保证项目的立项、实施与过程控制。

4.6.5　人才风险

　　人才风险也是创业公司存在的潜在风险。创业团队在创业过程中，难免发生创业合伙人之间的价值观念和经营理念的冲突，股东之间可能会因为利益和价值观的问题而分道扬镳。团队骨干人员也有可能禁不住外界的高薪诱惑而跳槽，从而导致骨干人才的流失。关键技术人才和市场营销人才的流失还可能带走有价值的公司信息。所以，如何预防合伙人和骨干人员流失的风险，是创业公司必须考虑的风险问题，必须要提前制定防范措施。

4.6.6　资金风险

资金风险是创业公司一定要考虑的风险。我们知道资金是公司运营的血液，没有充裕的资金创业公司很难存活。一般创业公司的创始资本都不太宽裕，现有的资金可以维持多长的运营时间一定要有个合理的预测。很多创业公司的产品都不成熟，需要时间进一步开发和完善。由于公司处于初创阶段，在社会上认知度不够，诚信度也不高，又没有自己的品牌，让市场接受公司的产品和服务有一个过程，公司把自己的产品与服务变现形成稳定的现金流的不确定性较强。这个时候就一定要考虑公司运营资金可以维持多长的运营时间，是 6 个月还是 12 个月，如果资金用完了怎么办，如何去融资，融资计划如何制定，如何防范资金的风险等。

4.7　投资回报

　　投资回报是专家评委关注的重点，也是重点打分项。一个创业项目如果投资回报不够高，即使有一流的技术和团队，即使有创新的服务模式和庞大的市场，也不会获得高分。参赛者在编写项目书时，要尽可能围绕反映投资回报的财务数据进行描述，如用项目产品的年销售额、年销售利润率、年销售增长率、年利润增长率、项目投资回收期等财务指标，突出项目的高回报。一般来说，产品的年利润率大于 25% 才好，利润率越大，附加值越高，如果利润率能达到 30% 以上更好；服务产品的年销售额和年利润额的预期递增率能大于 15% 才好，而且数值越大越好，可以突出公司的成长性；项目投资回收周期越短越好，如投资周期在 2 年内或在 1 年内，如果投资回报周期超过 5 年，就不理想了，因为很多创业项目的存活期不超过 5 年。总之，就是要从财务指标上突出项目投资少，收益大，回报高。

第5章
创新创业大赛常见的八大问题

　　在笔者评审过的上万个创业大赛参赛作品中，发现参赛者提交的创业计划书普遍存在项目优势描述不清、项目特色突出不够、项目团队不擅包装、市场计划规划不全、商业模式模糊不清、创业启动资金过大、三年规划不切实际和风控分析不够全面等八大问题，这些问题的出现，使得原本创意还不错的创业项目，很难让评委给以高分，从而使得参赛项目无缘大赛奖项，十分可惜！

项目特色
突出不够

项目团队
不擅包装

商业模式
模糊不清

风控分析
不够全面

项目优势
描述不清

创业启动
资金过大

市场计划
规划不全

三年规划
不切实际

5.1　项目优势描述不清

创业大赛中遇到的第一个问题就是参赛者在提交的项目材料中项目优势描述不清晰。很多参赛者的项目还不错，创意新颖，技术先进，但是不注意描述项目的优势，不知道该如何完整地介绍和突出项目的优势。其实，项目的优势可以围绕以下几个方面去描述。

5.1.1　技术优势

如果参赛项目属于科技类的项目，你一定要从技术优势方面去考虑、去挖掘和提炼。项目技术水平的高低可以按照国际领先、国际先进、国内领先、国内先进、填补空白等五个等级判断和描述。如果项目技术水平可以达到国际领先和国际先进，那这个项目的技术优势就相当明显，就一定要在项目材料中表述清楚。为了提供技术优势的证据，最好把技术查新报告，以及已经申报或已经获得授权的专利或软件著作权等知识产权证书名称和编号写上，并在项目材料的附件中附上知识产权的复印件。

5.1.2　质量优势

参赛项目的产品和服务都存在质量问题，质量优势是你需要考虑的另一个维度。那么如何体现质量优势呢？你可以从产品的质量精度、使用寿命和使用功能等角度去考虑。项目产品的质量和性能相对同类产品在精度、寿命和功能方面是否具有优势，产品精度较其他同类产品精度高出多少等级，产品使用寿命较其他同类产品的寿命长出多少年限，产品的功能较其他同类产品增加了哪些功能，这些优势相对梯度有多大，哪些是绝对优势，哪些是相对优势，都可以好好地梳理和凝练一下。例如，你研制了一款新型空调，在制冷制热和除湿方面都比市面上见到的产品效果好很多；你研制了一款扫地机器人，在清扫房屋死角、躲避障碍物和人机交互对话方面较市面上见到的产品具有更好的质量性能；你研制了一款新型墙体涂料，在防菌、防霉、防潮、防虫、防水和防火方面，比市面上见到的同类产品具有明显的质量优势。

5.1.3 性能优势

如果参赛项目最终为客户提供的服务是一款产品，那么是产品就离不开产品性能。你可以围绕产品性能的好坏，产品性能的多少，产品性能的升级迭代等方面，加以详细描述和介绍。如你的产品性能处于哪个产品阶段，是属于高性能还是低性能，是属于多性能还是简单性能，是已经有不同性能的产品系列还是为性能的升级迭代预留下空间，这些内容都可以详细介绍。总之，是要围绕你的项目产品性能，挖掘出性能的优势来。例如，你研发了一款护理机器人，可以帮助住在家里和养老院的半自理和不能自理的老年人送水送饭，老年人通过与护理机器人语音交互，发出指令，就可以让机器人为之服务，解决躺在床上的老年人吃饭喝水的基本生理问题；二代产品计划在一代产品的基础上开发增加帮助老年人翻身和按摩身体的功能，进一步提高老年人的生活质量；三代产品计划在二代产品的基础上开发增加可以帮助老年人洗澡的功能，全面提高老年人的生活质量。

5.1.4 环保优势

如今，企业提供的所有产品服务都十分注重环保，那么你也要围绕环保方面分析一下你的项目优势如何。产品所使用的材料是否环保，产品加工过程是否绿色，产品包装材料是否无毒、无害、无污染、可降解，如果产品在这些方面符合环保性，那就一定要重点描述一下，突出产品的环保优势。例如，你研发生产的是一款塑料包装材料，这种材料对人无毒无害，对环境无污染，还可以很快降解，生产过程中也是采用绿色生产工艺，那么这个产品就具有比较明显的环保性。再比如，你研发的是一款可反复使用的快递包装盒，这种包装盒采用纸质和木制两种材料，具有防水、防潮、防压、防冲撞性能，可以多次使用，节省快递包装材料，具有环保优势。

5.1.5　安全优势

如果参赛项目涉及食品、玩具、电子和家居等与人们生活密切相关的产品服务，那么安全性的描述就十分重要，要尽可能突出项目安全性的优势。比如食品是入口的，是用来吃喝的，那么你的食品项目在食材选用、食品加工过程、食品包装上是否达到食品卫生安全指标就十分重要，如果项目产品能够达到食品安全卫生要求，就具有一定的食品安全优势；玩具是用来玩的，会与人体肌肤接触，你研发的玩具产品所采用的材料是否对人体无毒无害，是否对儿童没有皮肤刺激感染，如果满足则具有一定的安全优势；你研发的电子产品是否防漏电，释放的电磁射线对人体辐射的伤害有多大，是否达到国家生产标准；你研制的家居在生产中是否使用了苯酚类对人体有毒有害的黏合剂和油漆，如果没有使用对人体和环境有危害的黏合剂，那也具有一定的安全优势。

5.1.6　成本优势

产品的制造成本低或许是你需要重点考虑的成本优势。创业者在思考项目创意时，往往是在技术和产品成本方面具有优势。为了更完整清晰地描述你的产品成本优势，你需要围绕设计方案、关键技术、加工工艺、生产流程、生产效率、原辅材料、物流包装、人员工资等方面去介绍项目的生产制造成本，最后再和现在市场上同类产品的成本做个对比分析，以进一步突出你的成本优势。例如，你研发生产的是一款盲人用的导盲拐杖，你通过使用先进的设计工艺和关键技术，采购性价比高的诸如传感器等关键部件，并通过 OEM 进行生产，产品的生产成本较市场上同类产品成本低30%，那么你的项目产品就具有明显的成本优势。

5.1.7　价格优势

产品销售价格或许是你的项目价格优势。很多创业项目由于技术先进，服务模式创新，人工成本低，采购成本低，使得产品的制造成本很低，这样在销售时，就可以采用薄利多销的低价策略，价格优势就比较明显。如有些大学生做核桃、木耳和野榛子等土特产销售项目，进货时去农村乡下向农民直接采购土特产品，收购价格较低，在进行产品销售时，就可以用比市场同类产品价格低一些的策略去销售，用低价格优势获取市场。

5.1.8　服务优势

服务优势也是我们需要考虑的一个维度。很多创业项目都是大学生的创业实践项目，大学生走向社会开展创业实践，都会以真诚、真心、热心和热情的态度，为客户提供真挚的服务，不仅对客户笑脸相迎，还会态度真挚诚恳；不仅对客户真诚友善，还会为客户创造增值服务；不仅对客户在价格上让利，还会在交付周期上尽可能为客户提供快捷服务，最终赢取客户的信任。如果我们在为客户服务时，能够做到真心、诚心、热心、关心和爱心，能够给客户提供性价比高的快捷服务，能够时时想着为客户创造增值服务，那么我们就有一定的服务优势。

5.1.9　团队优势

团队优势一定是我们要全面认真思考的一个维度。创业项目开展得是否顺利，很重要的一点就是团队的能力。在团队能力优势方面，要尽可能围绕专业知识、专业技能、实践经验、团队成员曾经获得过的荣誉，以及团队之间的互补性去描述，要突出团队的研发能力、执行能力、协同能力、创新能力、项目规划能力、资源整合能力、拼搏精神和创新创业的毅力。

5.2 项目特色突出不够

　　创业大赛中遇到的第二个问题就是参赛者在提交的项目材料中项目特色描述不清晰，项目特色突出不够。我们在参加大赛评审时，会看到许多项目都十分雷同。很多参赛者在描述自己的创业项目时过于简单，没有突出项目的特色和特点，没有提炼出项目的亮点，这样评委很难打出高分。曾经遇到很多参赛者提出不知道该如何描述项目的特色，不知道如何去写。其实，项目的特色可以围绕以下几个方面去描述。

5.2.1 性能特色

　　项目特色的第一个维度是产品性能特色。你在介绍项目产品时，千万不要简简单单地介绍产品，一带而过，而是要介绍产品都有哪些性能或功能，特别是围绕产品的性能特色去描述。你要描述清楚这个产品的性能是怎样的，相比其他同类产品有哪些新的功能和更好的性能，这些功能和性能能给用户带来哪些新的体验，满足用户哪些服务需求。例如，你做的是一个大数据深度挖掘和使用的项目，在数据爬虫抓取、计算机算法、人工智能计算、数据可视化等方面有你的技术特色。

5.2.2 服务特色

　　项目特色的第二个维度是服务特色。你在介绍项目服务时，不要只是简单地介绍怎么给客户提供服务，而要尽可能地描述清楚采用哪些服务模式、采用哪种服务手段和采用了哪种服务策略，这种服务模式是否具有创新性和颠覆性。如果服务模式具有创新性，那要说清楚创新性表现在哪里，创新点是什么；如果服务模式具有颠覆性，那要说清楚颠覆性是如何体现的。例如，你做的是一款 360°全景 VR 相机，可以将演唱会和体育比赛的现场实况画面即时对外转播，全景和 VR 图像是你服务的特色。

5.2.3　技术特色

项目特色的第三个维度是技术特色。在介绍项目时，一定要清晰地描述是采用哪些关键技术来研制产品开展服务的，这些关键技术的技术水平如何，这些关键技术是否领先市场同类产品所使用的技术，这些技术是否具有迭代性，这些技术是否具有专利或软件著作权等自主知识产权。例如，你做的项目产品是一款多旋翼的无人机，这款无人机在航电技术、供电系统、旋翼结构等方面用到了独特的技术，并且已经申请了 1 项发明专利和 2 项实用新型专利。

5.2.4　价格特色

项目特色的第四个维度是价格特色。在介绍项目时，除了从原辅材料采购成本、生产制造成本、设计成本等方面去分析描述外，还要尽可能围绕大学生自主创业人工费用低，房租可以获得政策性补贴等进行描述，重点突出你的产品与服务价格较市场上同类产品与服务的价格低的价格优势。例如，你做的项目是研发生产一款室内空气净化器，由于人工成本和房租成本很低，项目产品制造成本只是市场同类产品成本的 50%，售价比市场上同类产品的价格低 20%，具有明显的价格优势。

5.2.5 设计特色

项目特色的第五个维度是设计特色。你在介绍项目时，要从产品设计的角度去描述产品。产品的形状是什么，规格是什么，产品有多大尺寸，有多少重量，产品都使用了哪些颜色，都选用了哪种材料，结构设计是怎样实现创新性的，能够带来哪些效果，起到什么作用。例如，你做的项目是设计生产一款壁灯，在壁灯的使用材料、声控系统、造型和颜色等方面有比较独特的设计特色。

5.2.6 环保特色

项目特色的第六个维度是环保特色。在介绍项目时，要从产品的环保角度去考虑和描述项目产品是否具有环保特色。项目产品是否具有节能环保的特点，对人身体是否无毒无害，对大气和环境是否安全，产品所用材料是否可降解，是否可回收再次利用。例如，你做的项目是一款快餐塑料盒，这款产品所用的材料符合食品卫生安全标准，废弃后对环境没有污染可以快速降解，还可以回收再利用，具有一定的环保特色，符合循环经济发展。

5.2.7 安全特色

项目特色的第七个维度是安全特色。在介绍项目时，可以从产品使用的安全性角度去考虑。产品对用户是否安全，是否有防漏电措施，是否不会划伤身体接触的皮肤从而造成感染，是否采取了防霉、防潮、除菌的措施。特别是对儿童用品和老年人用品，更是要考虑到对使用者的安全性。例如，你做的是一款智能脚环产品，该产品可以检测用户的运动轨迹与脉搏体征，产品的电磁辐射对人体不存在伤害，具有一定的安全性。

5.2.8　便捷特色

项目特色的第八个维度是便捷特色。在介绍项目时，可以从产品使用的方便性和便捷性去描述。市场上的很多产品用户拿到后使用起来不是很方便，产品使用说明书描述得不够清晰、不容易懂，用户完全掌握和使用需要花费很长的时间。还有些产品由于产品设计得不合理，用起来不太顺手，不是很方便。例如，你做的是一款擦玻璃机器人，产品包装中不仅有纸质产品使用说明书，还有产品使用介绍光盘，同时还有简易的使用指导图片。用户买到一款产品后，首次使用就极为方便，易学易用。

5.3 项目团队不擅包装

创业大赛中遇到的第三个问题就是参赛者在提交的项目材料中不善于包装项目团队，不能突出创业团队的创新服务能力。笔者在评审时看到很多项目还是不错的，但是由于参赛者不善于包装团队，团队的分打不上去，使得这些项目无缘比赛大奖。经常遇到参赛者问我应该如何描述团队，应该如何包装团队这样的问题。一般来说，创业团队的包装可以从团队成员画像及团队的专业性和互补性等方面去描述。

5.3.1 攻读专业

团队的描述首先就是要描述清楚团队成员的专业技术背景情况。每个成员所在学校或毕业的院校名称是什么，是还在上学的大学生还是已经毕业的大学生，主修的专业是什么，选修的专业是什么，是本科生，还是硕士或是博士。特别是对于科技型的参赛项目，团队的专业技术背景十分重要，一定要和项目领域相关。

5.3.2 获奖荣誉

每个团队成员曾经获得过的荣誉十分重要，这是反映团队成员素质的重要方面，最好能在团队介绍时将每个人所获得过的奖励和荣誉完整描述。比如团队中有些成员曾经参加过创新创业大赛或某些技能竞赛获得过奖项，曾经参加过的省市级或校内学科竞赛获奖情况等。

5.3.3　社会实践

　　每个团队成员的社会实践情况也是评委十分关注的内容，参加过社会实践的同学一般比没有参加过社会实践的同学有社会经验。在描述团队成员时，最好把每个人曾经参加的社团组织情况，参加志愿者协会情况，参加社会企业实习情况，以及参加其他社会实践情况统统介绍清楚。如果团队中有已经毕业的同学，最好再将他曾经工作过的单位和从事过的岗位描述一下。

5.3.4　创业经历

　　创业经历对于一个创业团队也十分重要。现在有很多参赛选手都是二次或多次创业，他们在创业实践中积累了一定的创业经验，锤炼了不怕创业失败的意志，这些经历对于一个创业团队十分重要，多次创业失败的同学在吸取以前创业失败教训的基础上，再次创业时更容易获得成功。

5.3.5　工作经验

　　团队中的人如果有工作经验对于创业团队也十分重要。如果团队中的成员有工作过几年的，并且在一些大公司、大国企或 BATJ 工作过，就会了解一些公司的运作模式和管理模式，知道一些公司规章制度建设和项目管理方法，这些工作经验对于创业公司的运作十分有用。

5.3.6　双创精神

　　创新创业精神是创业团队不可缺少的内容，每个人投身到双创实践中，都需要具备创新的意识和创业拼搏的精神。创业活动不是一帆风顺的，创业路上困难重重，荆棘丛生。每个创业者都需要不断培养创新创业精神，才有可能在遇到困难时坚持下去，最后取得创业成功。

5.3.7 互补性

创业团队除了需要具有专业性外，团队的互补性也十分重要。创业成员每个人不可能都是全才，不可能什么专业知识都懂，不可能什么能力都具备，不可能什么工作经验都有，这就需要成员之间在专业知识、专业技能、管理方法、性格脾气和经营资源等方面形成互补，以弥补创业团队每个人的不足和短板。通过团队的互补性，来实现创业团队能力的极大提升。

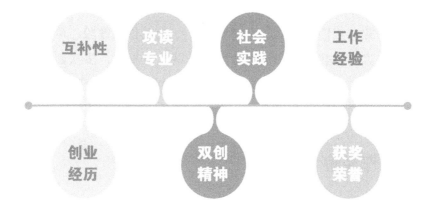

5.4 市场计划规划不全

创业大赛中遇到的第四个问题就是参赛者在提交的项目材料中市场计划描述得不完整。很多创业项目在介绍项目实施的市场计划时，这部分内容描述得过于简单，公司制定的发展战略模糊或根本没有，公司采用的市场营销策略过于简单很不完整，这就让评委觉得这个创业项目没有比较理想或完整的市场规划，这样的创业项目在实施中一定会遇到很多问题和困难，创业就会道路曲折，困难重重。对于参赛的选手，如果能把以下几个方面的问题描述清楚，那么，评委就能大致了解你是如何操作和实施这个创业项目的。

5.4.1 发展战略

公司发展战略是市场计划需要研究的重要内容。创业公司从创建成立，就要围绕公司的发展愿景和服务宗旨以及发展目标制定好公司的发展战略。企业发展战略有很多，创业公司都可以拿来借鉴，如技术领先战略、技术模仿战略、差异化战略（蓝海战略）、成本领先战略、市场细分战略、兼并重组战略、多元化战略、知识产权战略、标准战略、股权战略、品牌战略等。作为一个新成立的创业公司，由于人员规模少，资金不充裕，产品不成熟，品牌不健全，市场竞争能力很弱。所以，建议创业公司尽量不要进入竞争激烈的红海市场，而要在蓝海里寻找市场机会，采取差异化的市场战略比较合适。对于科技型项目，还建议公司要注意自主知识产权保护，同时采用知识产权战略，及时申报自主知识产权，形成技术壁垒，修建技术的护城河。对于初创的小公司，还可以采用市场细分战略，切入某一细分领域去抢占商机。创业公司除了采用单一的公司发展战略外，还可以采用组合发展战略，即可以把差异化战略、知识产权战略和市场细分战略等组合应用。

5.4.2 研发策略

研发策略是创业公司必须考虑的市场规划内容。初创企业的产品一般都不是很成熟，需要经过一段时间来不断改进和完善，并制定出生产和研发的规范和标准，同时还需要完成样品样机、小试和中试，所以，一般产品的研发都有产品和技术迭代升级的过程。为了更好地开展产品研发，从第一代产品 V1.0 版升级到第三代产品 V3.0 版，公司一定要围绕产品原材料使用、产品关键技术、产品功能和性能、产品的质量与标准、产品的尺寸重量和规格、产品的外形设计和机构设计、产品的研发成本和制造成本、产品的应用领域和范围等，制定产品的研发策略和研发计划。

5.4.3 营销策略

营销策略是市场计划需要研究的重要内容。创业公司在做市场计划时，一定要考虑清楚采用什么样的营销策略来研发、生产和销售产品，要确定公司定位是什么，产品定位是什么，价格定位是什么，客户定位是什么。要考虑清楚线下营销怎么做，线上营销怎么做；要规划垂直营销怎么做，整合营销怎么做；要思考清楚连锁营销怎么做，品牌营销怎么做；要设计情感营销怎么做，馈赠营销怎么做。营销策略不是单一策略，而是一套组合策略，随着 5G 时代的到来，如何用好互联网＋市场营销策略更为关键，很多新的服务模式、新的服务业态将在互联网＋的基础上不断产生。在线支付、网络营销、虚拟设计、远程直播还只是互联网时代的开始，未来随着人工智能技术的升级与应用，人工智能＋市场营销将会在很多领域中开展应用，基于大数据的人工智能精准营销将是价值的发掘地。

5.4.4　产品策略

产品策略是市场计划需要研究的重要内容。公司要针对市场的竞争对手，在产品技术、产品性能、产品检测、产品质量、产品管控、产品包装、产品仓储、产品物流、产品创新等方面制定出公司的产品策略，从产品差异性的角度考虑切入市场。例如，计划研发的产品采用第一代技术还是第二代技术，产品性能是单一性能还是复合性能，产品质量是追求极致还是能满足客户使用要求即可，产品包装是用普通材料还是用特殊材料，是采用低档包装还是采用高档包装，产品存储是自建仓库还是在外面租赁仓储，产品物流是自建物流车队还是委托第三方物流，这些不同的环节都需要认真思考与描述清楚。

5.4.5　价格策略

价格策略是市场计划需要研究的重要内容。通过成本定价、需求定价和竞争定价的原则，按照高端客户、中端客户和低端客户不同的目标客户群体，结合零售和团购的不同形式，制定有针对性的价格策略。例如，对于低端客户，由于购买力差，产品售价就可以低一些；对于高端客户，由于购买力强，产品售价就可以高一些，但是产品质量与服务要升级跟上才可以。再比如，我们是做批发还是做零售，批发的价格可以便宜一些，零售的价格就可以贵一些。对于体验客户的产品价格也可以低一些，让客户在体验的欢娱中认可公司的产品与服务，从而成为你的黏性客户。

5.4.6 渠道策略

渠道策略是市场计划需要研究的重要内容。我们常说"渠道为王"，就是谁拥有了销售渠道，谁就拥有了市场。你的公司拟通过哪些销售渠道，拟借助哪些销售平台，拟发展哪些合作伙伴，来快速建设公司的销售网络，实现渠道为王的目标，落实渠道的策略。例如，你做的创业项目是开一个网店销售化妆品，那么能否借助天猫、淘宝、京东、苏宁易购等大型的电商平台渠道来扩大销售；如果你做的是一款养殖富硒鹅项目，能否通过二级、三级代理商渠道，来加强富硒鹅的销售；如果你做的是一款劳保用品项目，能否通过各省市、地区和企事业单位的工会渠道去销售劳保用品。今天的市场渠道建立，一定是线下与线上相结合的，你一定要研究如何进行渠道织网。

5.4.7 宣传策略

宣传策略也是市场计划必须考虑的问题。目前对于创业公司可以用到的宣传媒体包括四大媒体：电视媒体、网络媒体、平面媒体和户外媒体，公司如何利用这些媒体开展产品宣传和公司形象宣传，需要完整描述。例如，你有一些省市、区县和乡镇电视媒体资源，你怎么做产品宣传；如果你能找到一些网络媒体资源，你怎么做产品宣传；如果你知道一些有影响力的纸媒资源，你如何做产品宣传；如果你了解一些户外媒体资源，你如何做产品宣传。

5.5　商业模式模糊不清

创业大赛中遇到的第五个问题就是参赛者在提交的项目材料中商业模式描述不清晰。很多同学在介绍项目的商业模式时，只是简单地介绍了一下产品销售过程，并没有十分清楚地描述项目是如何通过清晰的盈利途径，采用特殊的挣钱方法去获取利润，也没有能够突出商业模式的创新性和创新点。无论你采用的是传统的销售方式，还是利用互联网＋的销售模式；无论你是采用产品销售＋咨询的服务模式，还是采用贴身式的保姆服务模式；无论是你采用产品销售模式，还是采用技术转让服务模式，你在项目的商业盈利模式陈述中，一定要描述清楚。你在介绍项目的商业盈利模式时，重点是要提炼出这里面的创新性有哪些，创新点在哪里，商业模式是否具有颠覆性，能够颠覆以往原有传统的商业模式做法。例如，像滴滴打车这种共享经济的项目，其商业盈利模式打破了传统的出租车商业模式做法，将社会闲置的车辆资源和司机进行社会共享，为交通出行提供便捷服务，以创新性和颠覆性的商业模式很快抢占了出租车市场。

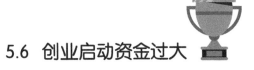

5.6 创业启动资金过大

  创业大赛中遇到的第六个问题就是参赛者在提交的项目材料中创业资金过大，理想与现实相差很远。作为在校大学生和毕业没几年的年轻人的创业项目，一般不建议创业项目启动资金过大，但是在大赛时，有相当一部分参赛的团队把创业启动资本设定为 1000 万元以上，而自己不出资或只能出资 20 万～30 万元，余下的 900 多万元计划从银行贷款获得，可他们不知道作为一家商业银行是不会给既没有东西抵押也没有东西质押的创业公司提供这么多创业贷款的；还有的创业团队一张嘴启动资金就是 2000 万元或 3000 万元，然后说这些钱准备向风险投资募集，可他们不知道风险投资只投资比较成熟的公司，而不会投资这些产品和商业模式不成熟的初创公司的。所以，从现实性、落地性、可行性和安全性等方面考虑，初创公司的项目启动资金设定在 100 万元以内比较合适，最多不要超过 200 万元。

5.7　三年规划不切实际

　　创业大赛中遇到的第七个问题就是参赛者在提交的项目材料中三年规划不切合实际。很多参赛作品在市场占有率、市场覆盖率、年销售额和年利税额等方面进行描述时，预期计划与现实相差很大。有的参赛团队提出其项目一年可以占领北京市场，两年占领京津冀市场，三年解放全中国占领全国市场。作为一个创业公司，在产品成熟度、公司品牌、公司人员规模、管理水平、公司资金以及市场竞争力等方面都不占优势的情况下，不可能有这么强的市场扩张实力，两年占领京津冀市场已经十分勉强，三年占领全中国市场基本不可能。有的参赛团队提出第一年销售额 100 万元，第二年销售额 5000 万元，第三年销售额 5 亿元。作为一个创业公司，公司研发和生产的产品在规范性和标准化以及成熟度方面都需要一定的时间去实践和探索，公司的流动资金也需要一定时间的积累，这种年销售额火箭式的递增很难达到，财务数据不切合实际。

5.8 风控分析不够全面

　　创业大赛中遇到的第八个问题就是参赛者在提交的项目材料中风险分析和控制措施的描述不全面、不完整。作为创业公司会存在很多的风险，包括政策风险、管理风险、市场风险、技术风险、人才风险和资金风险等六大风险，但是很少有参赛团队可以把这些风险完整地分析和描述清楚，能够同时提出应对各项风险的措施的参赛者就更少了。一个连自己创业项目的风险都分析不清楚，风控措施都提不出来的创业团队，一旦进入创业实施阶段就会遇到很多问题，遇到很多难以逾越的坎，这时候创业的失败率就会非常高。

第6章

如何编写高质量的创业计划书

在所有的创新创业大赛中，项目评审的最重要的材料就是参赛项目的创业计划书，但是我们很多参赛的选手都写不好这本关键的项目评审材料。有的创业计划书项目内容介绍不完整，有的计划书项目亮点不突出，有的计划书项目优势不明显，有的计划书项目知识产权描述不全面，有的计划书商业模式不清晰，有的计划书创业团队互补性不强，有的计划书项目市场策略太简单，有的计划书项目财务分析不真实。为了帮助大家更好地参加创新创业大赛，我们需要清楚地了解创业计划书都有哪些主要的编写模块，每个模块的编写要点是什么。

6.1 创业计划与创业计划书

6.1.1 创业计划的概念

创业计划是创业者为达到创业目标，精心构思、设计和制作策划方案的过程，是个系统性的工作。创业计划是创业者对创业项目从市场宏观和微观环境、市场服务需求、市场竞争态势、创业项目筛选、服务产品研发、商业盈利模式、公司发展战略、市场营销策略、创业团队建设、项目融资筹划、项目财务分析、项目风险分析与控制等内容的全面描述、分析、思考和规划。创业计划既是创业项目策划，也是创业商业策划；既是公司战略策划，也是营销策略策划；既是融资策划，也是风控规划；既是过程计划，也是流程计划。

6.1.2 创业计划书

创业计划书就是我们的创业策划方案，它不仅是创业者的创业指南和实施路径，也是叩响投资者大门的"敲门砖"。创业计划书既是给自己看的，也是给创业合伙人和投资人看的。给合伙人看是为了向对方描述清楚该创业项目未来的发展前景和盈利性，邀约对方加盟一起创业；给投资人看是为了获得投资人对项目的认可，争取创业融资。

目前，我国绝大部分的创客都没有接受过创业计划的专业培训，创业者不知道该如何进行创业策划，不了解创业策划的过程，不清楚创业策划的重点，不明白创业策划的重要性。从近年来我国高校组织的大学生创新创业大赛中，可以发现很多大学生的创业计划书模块不完整，项目内容的分析不透彻，市场策略的策划不到位，项目风险的分析不全面，编写的创业计划书质量普遍不高，在参加创新创业大赛时，取得的效果不是很理想。从参赛的创业计划书中发现主要存在以下十个方面问题：

　　① 不会提炼创业项目的产品服务特色与优势；

　　② 不能清楚地描述市场容量与竞争态势；

　　③ 不会用 SWOT、PEST 等管理工具；

　　④ 不会组建和包装优秀的创业团队；

　　⑤ 不会制定公司发展战略和市场策略；

　　⑥ 不会采用创新的商业盈利模式；

　　⑦ 不会估算和筹措创业项目启动资金；

　　⑧ 不会制定创业项目前三年发展规划；

　　⑨ 不会完整地分析创业项目存在的风险；

　　⑩ 不会制定有效的风险控制措施和预案。

6.1.3　创业计划书的作用

　　创业者为什么要写创业计划书呢？因为创业计划书对于创业者能否创业落地，能否顺利开展实施项目，能否获得创业融资，能否创业生存下去，以致获得创业成功起着至关重要的作用。创业者编写创业计划书的过程，实际上相当于一次在沙盘上模拟创业的实践演练过程。

　　创业者制定策划方案的过程，其实就是在不断的梳理创业项目思路，审视创业项目的成熟性、完整性和创新性，凝练产品与服务的特色和竞争优势，创新商业盈利模式，预测创业实施目标，分析创业中可能存在的风险，需要制定的风控措施，评估创业项目的可行性。

　　编写创业计划书的过程实际上也是对创业项目的内检和审视过程。当你把项目全部了解清楚了，知道了项目的服务市场在哪里，市场需求在哪里，项目风险在哪里，项目的创新点在哪里，产品和服务优势在哪里，项目瓶颈门槛在哪里，项目的盈利点在哪里，项目的竞争对手在哪里，项目的投入和产出是多少，这些内容做到了心中有数，就可以尝试落地创业实践了。

编写创业计划书是创业者开展创业项目的重要工作和关键环节。创业策划可以帮助创业者梳理创业思路，发现创业项目存在的问题和不足，并及时纠正和完善项目设计和规划中的缺陷。一个成功的创业项目，离不开一个好的创业策划。如果你想自主创业，并获取创业成功，一定要制定出一个完美的创业策划方案，编写一份高质量的创业计划书。

6.2　创业计划书编写模块

为了提高创业策划质量，将创业计划书的内容编撰得更全面，创业思路梳理得更清晰，创业计划的重点内容和亮点凝练得更突出，我们在编写创业计划书时，可以按照下面的编制模板，逐步开展创业策划工作过程，并在各模块部分，重点加以描述。编写创业计划书主要包括以下十三个重点模块。

计划摘要　公司介绍　产品与服务　创业团队　技术分析　市场环境分析　竞争态势分析　风险分析与控制　市场营销策略　三年发展规划　项目融资与筹措　项目财务分析　团队股权结构

6.2.1　计划摘要模块

创业计划书的创业计划摘要是整个创业计划书的概括与精华提炼，一般字数不能太多，篇幅控制在 2 页 A4 纸即可。计划摘要的重点是围绕创业项目的社会和经济环境背景情况、市场痛点和市场需求、市场空间容量、产品与服务的内容、创业团队情况、创业项目的优势与特色、创业项目的商业盈利模式、创业项目的投资与回报、创业项目的风险分析以及创业融资计划等主要内容概括描述，要让读者从 2 页纸的计划摘要中，就能清楚地了解创业项目的全貌。

计划摘要是创业计划书全部内容的精华凝练，撰写难度十分大。由于文字描述有篇幅限制，如何把项目的主要内容完整清晰地呈现给大赛评委就十分关键。一般专家评委在审阅创业计划书时，会先看计划摘要，如果创业计划书的计划摘要表述不完整、不新颖，项目没有亮点，不能吸引眼球，给专家评委的印象分就不好，就会影响到项目的比赛成绩。

6.2.2 公司介绍模块

公司介绍就是要将创业公司的概况介绍清楚。在对创业公司的描述中，要让专家评委了解创业公司的基本情况，公司是做什么的，公司是哪年成立的，公司目前有多少人，公司的产品是什么，提供的服务是什么，公司都有哪些自主知识产权，公司近三年的财务状况如何，都有哪些主要客户，公司业务已经拓展到哪些领域和地区，公司是否获得过融资。

公司概况描述主要包括：创业公司的成立时间；注册资金数量，在工商注册时是实缴还是认缴；公司人员数量，其中本科、硕士、博士各种学历人员分布情况，初级、中级、高级技术职称人员分布情况；公司的主营业务有哪些，公司的定位是什么，公司的宗旨和经营理念是什么，公司的目标愿景是什么；公司的组织架构是怎样的，在外省市是否设立分公司或办事处；公司有哪些主要客户，公司已经获得哪些资质、信誉、称号和奖励等。

在介绍公司科研条件时，还要描述清楚公司的办公面积、科研仪器型号及数量，尽可能反映出公司的科研基础条件。

在介绍公司的知识产权情况时，要把公司正在申报和已经授权的专利、软件著作权、商标注册等情况描述清楚，这样可以反映出公司的技术创新能力和技术壁垒。

公司如果在境外设立了办事处或研究中心，或已经和境外机构开展项目合作，也一定要描述清楚，以突出公司具有进军国际市场的基础。

如果创业公司还没有成立，还是个创业团队，那也要介绍创业团队的大致概况，创业团队的成员数量多少，成员都是来自哪里的，都是学什么专业的，都掌握哪些专业知识和服务技能。

6.2.3　产品与服务模块

产品与服务是创业计划书描述的重要内容，是创业大赛评审的重要指标。我们在描述产品时，不仅要围绕产品材料、产品技术、产品工艺、产品设计、产品质量、产品功能、产品外型、产品尺寸、产品包装等方面进行描述，还要围绕产品的技术水平、产品特色、所取得的知识产权以及参加展览比赛获得奖项等内容来描述。产品与服务的介绍实际上就是要描述清楚产品是什么，可以用在哪些地方，有哪些性能和功能，可以解决什么问题，要尽可能全方面地介绍清楚你的创业项目产品，给评委描述清楚产品画像。在产品介绍中，可以围绕以下几个方面的内容重点描述。

（1）技术水平

一个项目技术水平的高低可直接反映出项目的技术先进性。现在很多创业项目涉及新材料、电子信息、智能制造、节能环保、生物医药、电动汽车、文化创意、航空航天等诸领域，都属于具有一定科技含量的科技创业项目。对于这类科技项目，技术水平的描述就显得十分重要。为了清晰地描述项目的技术水平，你可以按照项目产品的技术水平是处于国际领先、国际先进、国内领先、国内先进等四个不同的等级去陈述，如果该项技术填补了国际空白或国内空白，也请一定补充进去。

> 国际领先　国际先进　国内领先　填补空白

（2）自主知识产权

项目的知识产权反映项目的创新性，自主知识产权在一定程度上可视为项目保护的壁垒。知识产权的种类较多，可以包括发明专利、实用新型、外观设计等三种专利权，还可以包括软件著作权、公司商标权、版权、工业品外观设计权、集成电路布图设计权、植物（动物）新品种、未披露过的信息（商业秘密）专有权等。

创业项目中常见的知识产权有专利权、商标权和著作权等。自主知识产权是创业项目的竞争优势，也是为项目的跟进者和模仿者设置的门槛。

创业项目中如果有自主发明的专利和软件著作权等知识产权，将会对创业项目的技术创新性和技术竞争力加分。如果创业项目拥有自主知识产权，一定要在创业计划书中加以介绍，描述清楚专利名称和专利号，对于已经授权和正在申报的专利一定要说清楚。一个发明专利可以相当于6个实用新型或外观设计专利的权重，如果拥有发明专利，技术创新性更高，在创业大赛评审时，评委对于具有发明专利的创新性打分会更高一些。对于大学生的创业项目，有些专利是属于学校和老师的科研成果专利，并不属于创业团队的，为了避免知识产权纠纷，一定要请学校和老师给创业公司或创业团队一个专利使用授权，签订一份专利使用授权协议。

（3）产品设计与生产

对于生产制造类的创业项目，要围绕原辅材料采购、产品设计、生产制造、检测检验、包装运输、产品销售、售后服务等不同环节进行详细描述。

产品设计可以围绕产品图纸设计、制造工艺设计、加工模具设计、工业设计、概念设计等方面去描述。在设计中会采用哪些设计软件，设计师的专业背景如何，设计师有哪些代表作品，设计师是一个人还是一个团队，设计平台的硬实力和软实力是怎样的，以及是否采用了类似猪八戒网所用的分包设计模式等。产品的设计所采用的材料是什么，是采用了新材料、复合材料还是功能材料；产品结构是如何设计的，有哪些特点；产品的外观、轮廓和颜色是如何设计的，有哪些新颖的地方；产品的设计是否在满足功能性方面外，还突出了时尚性、美观性、安全性、便利性和环保性等。在产品的设计中，是否还利用了虚拟现实和增强虚拟现实设计（VR/AR）。

产品生产制造可以重点围绕生产流程、生产工艺、产品检测检验、产品打标、产品包装与交付发货等方面去描述。由于创业项目大多处于创业初期，创业资金十分有限，实施批量化的产品生产，资金难以保证，且前期投入大，生产成本高，项目建设周期长。所以，建议产品设计与生产可以更多地考虑采用ODM（Original Design Manufacturer）或OEM（Original Equipment Manufacturer）方式来实现生产制造过程。在这部分策划中，一定要描述清楚ODM或OEM的具体做法。实际上，在策划本部分内容时，就是帮助创业者在思考创业产品是如何设计出来的，是由谁来设计的，设计的技术水平如何，设计的创意如何，如果开展批量化设计，设计平台如何搭建。同时，产品设计出来了，如何保证小批量生产，又通过策划的生产流程，进一步去验证生产模式是否可行，是否可以顺利实施产品的生产制造，去思考生产中所需要的生产原辅材料、生产设备、生产工艺、生产线、生产厂房、生产能力、技术工人、电水气网络等关键条件要素。很多的大学生创业项目，都是想到了第一步设计出一个产品，而没有想好如何实现产品的生产，是定制化生产还是小批量生产，定制化生产怎么做，小批量生产又该怎么做。一旦订单增加，现有的生产能力无法保证，又该采取什么样的措施和办法，以保证提供给客户质量满意、交货期满意和售后服务满意的产品。对于涉及生产性的项目，由于创业公司没有强大的资金实力，不建议公司自己去租厂房、买设备、建工厂，而应该更多地去考虑如何通过与现有的具备生产能力的公司合作，借助现有的厂房、生产加工设备和熟练的技术工人，帮助你完成产品的生产环节，尽可能借鸡下蛋，借力发展。

（4）产品销售服务

产品销售是项目经营中的重要环节，需要重点描述，特别是要重点围绕市场策略、价格策略、渠道策略、销售策略、宣传策略等进行全面和深入的描述。

在市场策略方面，由于创业公司都比较小，市场竞争力不强，建议尽可能采用蓝海战略而不要采用红海战略，积极寻找市场的缝隙和空白点，不要过多的与竞争者发生正面冲突，利用公司自己的技术优势和商业盈利模式，迅速占领和拓展市场，形成自己的品牌影响力。

在价格策略方面，要确定公司的产品定位，明确产品的销售对象是谁，是面向高端客户、中端客户还是低端客户，针对不同的销售客户，结合生产成本、市场需求和竞争对手来确定采用什么样的产品价格定位。

在销售策略方面，要考虑采用什么样的销售手段，使用什么样的销售形式，我们自己有哪些销售数据作为销售辅助分析，我们有哪些销售渠道，可以使用的线上和线下销售渠道是哪些，有哪些媒体促销平台可以整合利用，如电视媒体、网络媒体、平面媒体（报纸、杂志、海报、小广告），利用媒体进行广告宣传促销的做法是什么样的，预计可以将产品信息传递给多少人，产生多少直接客户，其中大客户可能会有多少，中客户可能会有多少，小客户可能会有多少；媒体的宣传会发展多少潜在客户，如何对这些潜在客户做进一步的跟进促销服务。

在营销策略中，还要尽可能结合一些销售的理论工具，如 4P、4C、4R 和 4S 理论，以及销售+互联网的新服务模式，利用微信公众号、微博、QQ 群、网上直播等互联网和移动互联网手段，形成组合营销工具的优势，这样才有可能提高产品的销售能力。

（5）产品与服务的特色

产品与服务的基本画像描述完了还不够，还需要进一步提炼和描述产品与服务的特色和优势有哪些。产品与服务的特色是最应引起重视的关键内容，具有特色的产品和创新的特色服务，是项目盈利的关键，也是衡量创业项目质量好坏的一个重要评价指标。创业大赛的评委都会十分关注产品特色与服务模式，询问你的产品特色和核心竞争力，询问你靠什么服务手段挣钱，是否具备持续赢利的能力。我们在描述产品与服务时，要尽可能突出产品的特色是什么，产品优势是什么，核心竞争力是什么，服务的创新盈利模式是什么，服务特色是什么，这些特色与市场的同类产品服务有什么不同，都有哪些竞争优势。

产品的特色可以从产品的价格低廉性、使用便利性、节能环保性、安全舒适性、美观时尚性、功能多样性和科技含量等多个方面去加以描述。如产品的应用面是否足够宽，覆盖面是否足够广，适合哪些不同的领域、人群和消费环境；产品的价格较市场国内同类性能的产品价格是否低廉，比国外同类价格低多少；产品在使用时操作是否便利，通过产品说明书和简单的培训是否就可以学会使用；产品是否具有节能减排的特点，使用后会不会对生态环境造成污染；产品在使用时是否具有舒适性、健康性和安全性，会不会对人身造成伤害；产品的结构和外观设计是否具有时尚、美观、新颖、大方等特点；产品是否采用了一些具有特殊性能的诸如纳米、碳纤维或石墨烯等科技材料；产品的功能性是否足够强大，可以满足不同人群和地域的需要；产品的技术含量是否较高，具有自动化、智能化和信息化等特点；产品是否具有技术壁垒，已经申请并被授予专利、软件著作权等自主知识产权。

产品的服务特色要围绕创新服务模式和特色服务模式去描述，说清楚你的服务是什么样的，你的服务和别人的服务有什么不同，你的服务有哪些特色，有哪些服务的创新性，描述清楚你如何围绕产品定位、价格定位、服务定位开展服务，如何整合优质资源，如何建立渠道去开拓市场获取用户，以前传统的服务模式是怎么做的，现在借助互联网思维的模式又是怎么做的，是否采用了跨界融合的思想来提升服务能力，是否采用了分享和共享的理念来提高运营服务能力，你能提供哪些增值的服务和高附加值的东西，并采用什么办法来保持住客户的忠诚度和黏性。

6.2.4　创业团队模块

创业团队是创业项目能否顺利实施的关键，创业团队对于能否有效运营创业项目，实现创业成功至关重要。大赛评委在评价一个创业项目时，往往更看重创业团队运营项目的能力，他们认为没有优秀的创业团队，再好的创业项目也不可能运营成功。创业大赛的评委在评审创业项目时，创业团队是重点审核的内容。所以，在创业计划书中，创业团队的描述就显得十分重要。那么该如何完整的介绍创业团队，以便把创业团队的优势尽可能展现出来呢？对于大学生的创业项目，除了创业团队的价值观、经营理念保持一致外，还要保证团队在专业知识、个人能力、社会经验、脾气性格等方面保持互补性。创业团队的描述可以重点围绕以下几个方面进行介绍。

（1）学历、专业与技能情况

创业团队创始人和合伙人的专业技术背景、学历背景和个人能力是投资人和创业大赛评委重点关注的内容。在介绍创业团队时，一定要将创业团队成员的姓名、性别、年龄、学校、专业、年级、技能、学历等基本情况描述清楚，明确谁是项目负责人，每个成员各自负责哪些工作，他们分别都有哪些专业特长，包括技术研发能力、软件编程能力、产品设计能力、项目策划能力、信息查询能力、市场营销能力、广告宣传能力、项目执行能力、组织协调能力、财务管理能力、融资筹资能力等。如果有些学生已经毕业工作了几年，最好还要将他所就职的公司描述一下，包括他所从事负责的工作和取得的成绩。特别是如果在 BATJ 和大国企等知名大公司工作过，一定要写上，作为工作能力的参考。

（2）曾经获得的荣誉与奖励情况

创业团队成员以往获得的奖励与荣誉对于反映成员的素质情况也十分重要，如果创业团队成员有人曾经获得过某些类别的竞赛荣誉或奖励，应尽可能多地介绍一下。包括：曾经获得"挑战杯"创新创业大赛或互联网＋创新创业大赛名次，获得过学校授予的三好生荣誉，获得过"学习优秀标兵"，获得过数学竞赛名次，获得过演讲比赛名次等。

（3）参加社会实践与社团活动情况

创业大赛评委更看好有过社会实践背景的大学生，他们认为参加过社会实践和社团活动的同学，活动能力和组织能力会更强一些。所以，在介绍创业团队时，每个成员参加社会实践与社团活动的情况要尽可能详细描述，包括曾经参加过的重大社会实践活动。如参加过什么社团组织，组织过什么活动，甚至当过志愿者参加过什么活动等。

（4）团队合作与组织协调情况

团队成员的共同价值观和经营理念，充满朝气的拼搏和合作精神，善于配合的工作态度以及组织协调的工作能力，是创业团队坚强的战斗力。对于一个初创的公司，成员之间价值观理念的认同、性格的磨合、工作的协同，工作能力的互补，都需要团队成员之间的有效配合。所以，这部分内容可以更加全面地反映出创业团队的情况。除此之外，投资人更喜欢投资创业团队具有"三老"的特征，即"老同学、老同事、老朋友"。

（5）专业知识与个人能力互补情况

创业公司成立后会遇到很多跨学科领域的工作，如技术、管理、营销、策划、人力资源、生产、财会、法律等,每个成员不可能完全掌握所有的专业知识和技能。所以,在描述创业团队时,要尽可能地将每个成员的专业知识和专业技能呈现出来,从而可以更好地评估创业团队是否具备专业互补、能力互补、优劣势互补,能否达到梦幻组合的状态。理想的创业团队一定是在专业上互补,减少短板的发生。很多大学生创业的公司都是技术型人才出来创业,这些人只懂技术,不懂市场,不懂营销,不懂管理,更不懂财务和法律,创业团队运营项目的能力很弱,实际上创业风险很大,投资人一般不会投资这样的团队。

（6）抗挫折能力情况

大学生创业不是一件容易的事,创业过程中不仅会遇到很大的风险和工作压力,还会遇到很大的阻力和障碍,这对创业者是一种心理上的挑战。投资人最看好的就是那些具有强烈的创业激情和创业梦想,具有坚强毅力,具有好的心理素质,不畏惧创业失败,不服输不认输的创业者。所以,在介绍创业团队时,每个人的抗挫折能力也应该加以描述,从而可以看出创业团队是否坚强,是否可以面对困难与挫折百折不挠,是否可以经受住创业失败的打击。例如有过两次或多次创业经历的队员一般抗挫能力较强,这些经历一定要补充进去。

（7）创业激情和创业梦想

大学生创业一定要有创业激情与创业梦想,每个创业成员的激情加在一起就是一簇火焰,就可以燃烧激情的岁月,书写出美丽绚烂的生命诗篇。有激情做事和没激情做事的结果是不一样的,有梦想就会有目标,有目标就会有动力,有动力就会积极思考,有思考就会有思路,有思路就会有实践的方向,就有可能通过行动和努力获得成功。所以,在介绍创业团队时,团队成员的激情与梦想最好也要描述一下。

6.2.5　技术分析模块

创业计划书一定不要遗漏技术分析。很多参赛的创业项目都属于技术类项目，对于技术类的项目一定要做客观的技术分析，才能确定这个项目技术水平高不高，技术附加值大不大，技术的延伸性、扩展性和兼容性好不好。技术分析可以从以下几个方面去描述。

（1）技术水平

创业大赛评委最关心创业项目的技术水平是怎样的。一般来说，评价一个技术水平的高低可以用国际领先、国际先进、国内领先、国内先进这四个指标去衡量和比较，看看这个技术处于哪个技术水平阶段。有些技术可能很创新，要做技术查新查询一下该项技术是否属于填补了国外或国内的空白；有些技术迭代很快，要说清楚该项技术属于第几代技术；有些技术应用面很宽，要说清楚都能延伸扩展应用在哪些领域。对于项目中涉及的关键技术、关键工艺和关键技术参数，没必要描述得很具体，以免泄露技术秘密。

（2）项目的创新性

既然是创业项目，就离不开创新。投资人和创业大赛评委也最关心创业项目的创新性在哪里，创新点有哪些。但是，很多创业者对于项目的创新点说不清，不知道该如何去分析和陈述。一般来讲，项目的创新性可以围绕技术创新、产品创新、工艺创新、设计创新、应用创新、集成创新、原理创新、

模式创新、管理创新、金融创新、组织创新、知识创新、组合创新等创新方面去分析和描述。项目每增加一个创新性，就给创业项目的创新竞争力加了一分，项目的创新性越多、创新点越多，竞争力也越强，创业大赛评委对创业项目的评价也会越高。

（3）自主知识产权

现在我国十分重视原创的自主知识产权的技术，如果创业项目拥有自主知识产权，无论是正在申报还是已经拿到国家授权的，一定要在创业计

划书中注明。具有自主知识产权的创业项目，在技术准入上设置了一定的技术壁垒，项目的技术竞争力更强。知识产权包括：发明专利、实用新型专利和外观设计专利等三种专利权，还可以包括软件著作权、版权、公司商标权、商业秘密等。有些技术成果已经处于申报专利过程中，但是还没被授权，也一定要在项目书中描述清楚。一般发明专利较实用新型专利和外观设计专利的含金量更高，创业大赛评委更关注项目的发明专利数量和已经授权情况。对于存在知识产权模糊或容易引起知识产权纠纷的情况，在项目书中一定要避免。特别是很多大学生的创业项目所使用的技术是指导老师的技术成果，技术成果的知识产权属于学校或属于老师，一定要说清楚。在创业过程中使用技术成果，需要学校和老师出示一个使用技术的授权证明资料作为创业计划书的附件资料。

（4）技术研发的基础条件

创业项目的技术研发基础条件可以从一个侧面反映出创业公司和创业团队的研发能力和研发实力。创业项目的技术研发基础条件主要包括：用于技术研发的实验室的面积，用于产品研发的设备仪器型号和数量，研发团队成员、学历、职称和曾经承担课题研究及获奖情况，技术研发所产生的专利、软著等知识产权数量、类别、名称和编号，已经在著名专业刊物上发表的论文数量，每年用于研发的经费投入情况，已经研发的技术成果情况等。

（5）技术的成熟度

很多创业者并不了解技术成熟度的概念，以为有了一个技术就可以研制出满足市场需求的产品，乐观地为客户提供产品服务。其实，技术的成熟有一个漫长的研发、实践、完善、改进的过程。技术的成熟度一般分为：实验室阶段、样品和样机阶段、小试和小批量生产阶段、中试阶段和大批量化生产阶段。目前，高校的大部分

技术成果都处于实验室阶段，个别的技术成果经过研发已经生产出了样品和

样机，但是产品性能还不够稳定，还需要通过小批量生产测试。有些成果与外面的公司开展横向合作，借助企业的生产设备实现了小批量生产，但还存在工艺不稳定、性能指标不稳定的问题，还需要进一步完善技术和工艺。高校由于只有实验室的研发条件，可以说其技术成果根本达不到产品中试阶段。所以，对于创业项目技术成熟度的描述，一定要客观真实地描述研发成果处于什么阶段，是否已经研制出样品或样机，研制的样品或样机的数量是多少，是否已经达到小批量生产能力。

6.2.6　市场环境分析模块

市场环境分析是创业计划书的重要模块内容。创业者在创业项目启动前一定要做好前期的市场调研工作，要通过门户网站、微信、微博、电视、广播、报纸、杂志、广告、会议、展览等各种渠道收集信息，并对项目产品进行全面和认真的市场分析。市场环境分析的主要内容包括以下几方面。

（1）政策环境分析

创业项目是否符合国家政策扶持方向。一个好的创业项目必须要和国家产业扶持政策和地域发展政策相吻合，要借力国家和地区的政策去发展，就像借东风一样，看看自己的项目是否在风口上，能不能让风吹上天。项目启动前，要充分调研创业项目所处领域和行业的发展政策，是处于获得政策支持，还是处于政策的限制，是否有发展扶持资金或税收减免优惠政策。如你的创业项目属于文化创意项目，而国家政策大力扶持文创产业发展，就有机会借国家政策这股东风，做大自己；如你的项目属于智能机器人研制，而国家在大力发展中国工业 4.0，出台了支持高端装备制造的政策，那你就有机会乘这班政策的船出海；如你的项目属于健康养老领域，而国家发布了很多促进我国健康养老产业发展的政策，那么就有很多的市场发展机会。但是，如果你的创业项目会带来废气排放、会带来高耗能、会对水资源带来严重的污染，项目与国家政策发展方向相抵触，就不适合开展这个项目。

（2）市场容量分析

创业项目的市场空间是否足够大。创业项目启动前，除了研究国家和地区的产业扶植政策外，还一定要研究分析市场痛点在哪里，市场需求在哪里，市场空间有多大。如果市场容量不大，需求不足，这个项目就做不大，做不起来，就容易遇到天花板。例如市场空间只有 1 亿元，而同时有 10 家竞争对手在做类似项目，平均来说，每家也就做到 1000 万元。所以，你一定要深入分析一下市场痛点在哪里，市场需求在哪里，有多少属于刚性需求，有多少属于潜在需求，目标客户和潜在客户大概能有多少，这个项目每年能产生多少销售额，每年的市场容量有多少，每年能增长多少。一般来说，投资人投资的项目市场空间不低于 10 亿元，随着互联网和移动互联网的广泛应用，投资人更看好市场容量在 30 亿～ 50 亿元以上的项目。我们很多参赛的项目会涉及教育培训、智能机器人和智能家居领域，对于你的项目市场空间情况，你需要认真分析一下，你的细分市场领域到底有多大的市场空间。

（3）竞品分析

市场竞争对手情况如何。除了政策分析和市场空间分析外，第三个最重要的分析要点就是竞争对手分析。项目产品目前的市场竞争对手有多少家，都分布在哪些地区，他们推出的产品技术处于什么样的情况，产品质量和服务做得如何，产品的售价是多少，他们采用什么样的产品促销方式，他们的商业模式是怎样的，他们的强项在哪里，优势是什么，他们的弱点和不足是什么，他们的资金、人才、技术、品牌、服务、渠道到底是一个什么样的情况，我们和这些竞品对比有哪些优势，有哪些不足，我们是否有可能会超越他们，我们需要采用哪种市场战略和营销策略才能战胜竞争对手。如果创业项目进入了竞争激烈的红海，公司提供的服务产品市场已经有了，且有很多很强的竞争对手，那就要从对方的产品、技术、研发、质量、服务、物流、价格、交货期、市场策略、品牌宣传等多方面进行考察，从而制定出适合自己的市场战略。如果公司进入的是竞争很少甚至还是一片空白的蓝海市场，那么你需要采用哪种价格策略和营销策略，需要设计什么样的商业盈利模式，需要制定什么样的蓝海战略，来尽快地占有市场，培育公司品牌。在竞品分析中，可以围绕项目的技术水平、知识产权、设计能力、研发能力、生产成本、功能性能、产品质量、产品寿命，以及产品的环保性、安全性、便捷性、廉价性等方面进行比较。

（4）产品定位分析

创业项目一定要有清晰的产品定位。产品定位要聚焦目标客户定位和价格定位，项目产品的目标客户定位分析十分重要，属于精准营销的重要内容。对于不同的客户群体，需要制订一套组合价格策略。客户分析可以围绕年龄、性别、收入、受教育程度等几个方面去分析：

① 从年龄上可划分为：新生儿、学龄前儿童、小学生、中学生、大学生、00 后，90 后、80 后、70 后等；

② 从受教育程度上可以划分为：初等教育、中等教育、高等教育；

③ 从性别上可以划分为：男人、女人；

④ 从消费差异上可以划分为：低端消费、中端消费、高端消费、奢侈消费；

⑤ 从收入差异上可以划分为：蓝领、白领、金领、钻石领；

⑥ 从地域方面可划分为：国内客户，海外客户；

⑦ 线上平台可划分为：线上客户，线下客户。

项目产品价格策略的制定也十分重要，是获得客户提高市场竞争力的重要手段。价格定高了产品卖不出去，顾客全都绕行；价格定低了影响公司利润收益，甚至可能赔本。所以，在制定产品价格前，一定要提前了解一下市场上类似产品的价格，做个横向的比较。针对项目产品的质量、功能、材料、特色和服务价值，确定目标客户群，制定相对应的价格策略。

如创业项目属于教育培训类项目，则可能要更多地从客户定位去分析。如果是幼儿教育培训，培训产品是什么，培训形式是什么，培训的师资队伍有谁；如果是中小学生的教育培训项目，那你应该设计什么样的培训课程，培训体系该如何建立；如果是出国游学的培训项目，你又该设计什么样的培训内容与培训形式，能提炼出哪些培训特色。这些培训服务是由谁来买单，是学生本人还是学生家长；培训课程的销售价格应该定多少合适，是零售卖课还是卖套餐课程，是卖次卡、月卡、季卡还是年卡；如果同时开展线上线下培训，那么线下培训怎么开展，课程如何销售，线上培训怎么开展，课程如何销售。你对培训项目描述得越细致，越全面，越透彻，越完整，对自己项目的认识也就越清楚。

如创业项目属于健康养老项目，则可能更多地面向60岁以上的老年人，那么老年人需要什么的产品服务，是慢性病健康管理，还是健康医疗；是家政服务，还是老年人情感陪护；是老年人健康旅游，还是老年人保健品；是老年人心理咨询，还是老年人的理疗按摩。他们能接受哪些服务产品，售价多少可以接受，是老年人自己买单，还是子女为其买单，不同的销售对象应该采用何种价格策略。

如创业项目属于服装设计类项目，那么对应不同性别和年龄的人群，对应不同购买力的人群，应该采取哪些产品策略和销售策略。针对男装、女装、童装，需要设计什么样的服装款式，使用什么样的服装面料，有没有可能使用一些新型功能的纤维纺织材料或碳纤维纺织材料；针对春夏秋冬不同季节，需要设计什么样的时尚产品，主打什么样的主题元素。这些服装是采用标准化设计生产还是采用定制化设计加工，是所有服装都做，还是只做某些产品。通过客户定位，确定产品定位，根据市场策略，确定价格定位。如何操作，如何实施，都是需要认真思考的问题。

（5）销售渠道分析

产品销售是创业公司遇到的最头疼和最困难的问题。特别是大学生创业，同学们一直在学校内学习和生活，对社会了解体验很少，既没有较多的人脉关系，也没有合适的销售渠道，就算有再好的产品也不容易卖出去。而一个创业公司如果只有成本投入而没有销售收入，现金流肯定不理想。公司长时间没有利润，一旦创业资金烧光了，又融不到后续资金，就很难长期支撑下去，公司就面临倒闭的危险。所以，创业公司一定要想好产品如何销售，都有哪些人脉关系和销售渠道，有哪些可以利用的销售平台，如何快速建立起分销渠道，如何搭建自己的销售平台，应该采用哪些有实效的创新销售模式。

（6）公司选址分析

创业项目一旦落地就需要注册一个实体公司，而公司的办公地点选址对于公司的业务发展也十分重要，需要结合客流量、扶植政策、人才流动性等进行充分的调研和综合性分析。如果你的创业项目属于餐饮类的商业项目，老话说要找"金边银角"的地方，则最好选择在客流量大的地段，如交通便利繁华的商业街、人口多的居民区和学生数量多的校园附近等；如果你的创业项目属于科技类的公司，则最好选择科技氛围较浓、科技人才较多且能够享受到科技扶植政策的地段，如科技孵化器、众创空间、大学科技园、高校创业园、国家高新技术园区、产业集聚区等；如果你的创业项目属于文化创意类的公司，最好选择文化创意产业集聚的地段或商业写字楼，如文化产业园、文化科技园、文化产业集聚区等。

6.2.7 竞争态势分析模块

创业策划过程中一定要对创业项目的竞争态势进行分析，这样才能综合分析创业项目的情况，评估创业项目实施的可行性。竞争态势分析常用到的管理工具有 SWOT 分析和 PEST 分析两种分析工具。

（1）SWOT 分析

SWOT 分析实际上就是将公司内外部条件各方面内容进行综合和概括，进而分析优势、劣势、面临的机会和威胁的一种方法。通过 SWOT 分析，可以帮助创业者更加全面、客观地认清自己的创业项目优势在哪里，劣势在哪里，机会在哪里，竞争在哪里，真正做到知己知彼，练好内功，减少创业失败。SWOT 分析工具包括四个关键的分析要素：

① 优势（strength）。优势分析的重点是要突出介绍项目的优势，尽可

能找出创业项目的优势与特色。在编写创业计划书时，可以围绕创业项目的政策优势、技术优势、产品优势、价格优势、团队优势、渠道优势、品牌优势、服务模式优势、资源优势和知识产权优势等多个方面来进行分析和描述。

政策优势的描述：项目的政策优势在哪里，国家是否已经颁布了扶持项目领域的相关优惠政策，是否有资金或税收减免的扶持，地方政府是否制定和发布了扶持项目领域的相关实施政策和措施，是否有资金或税收减免的扶持，行业协会是否制定和发布了扶持项目领域的相关实施政策和措施，是否有进一步的配套支持。如创业项目属于智能制造领域，属于电子信息领域，属于云计算、大数据领域，属于电动汽车领域，属于新型材料领域，属于节能减排领域，属于文化创意领域，属于健康养老领域，属于现代物流领域，属于新兴服务业态领域，属于现代农业领域，属于航空航天领域，那么该项目就符合国家政策扶持的方向，这个项目就是朝阳项目，就在政策的风口上。

技术优势的描述：项目的技术优势有哪些，是否是国际或国内领先技术，是否填补了国际或国内空白，是否已经申报并获得专利授权，专利是什么类型，专利数量有多少，哪些专利是在国内申报和已经获得授权的，哪些专利是属于在国外申报或获得授权的。技术优势是创业公司的竞争壁垒，可以在一定时期内抵御跟进者和竞争者的模仿和复制，可以显著提高创业公司的市场竞争力。

产品优势的描述：项目的产品优势在哪里，是否采用了纳米、碳纤维、石墨烯、高温合金等新型材料；是否跨界融合使用了人工智能、物联网、传感器、大数据分析、云计算等多种技术；是否在创意设计的新颖性、时尚性、功能性、美观性、环保性、便利性、安全性等方面上具有特色；是否采用了先进的生产和制造工艺来提高产品质量，缩短生产周期；是否配备了先进的工装卡具和检测仪器来保证产品精度；是否通过精益生产显著降低了生产成本；是否已经制定了生产标准和生产规范，保证产品生产的一致性和标准性。

② 劣势（weakness）。劣势分析是要尽可能找出项目中存在的不足有

哪些，存在哪些问题，找出薄弱环节，制定应对预案，尽可能地消除和改善项目存在的劣势，有利于做好创业前的准备。一般初创公司存在的劣势主要有以下方面：

a. 项目产品市场空间小。可能创业公司的产品和服务只是为小众群体服务，市场容量也就几百万元或几千万元，项目规模可能做不大。

b. 技术不够先进。创业公司采用的技术属于第一代、第二代的传统技术，距离新一代的技术有显著的差距，技术竞争优势很弱。

c. 创业团队磨合还不到位。由于创业公司成立时间较短，团队人员之间文化程度不一样、专业背景不一样、社会工作经验不一样、性格秉性不一样、办事风格不一样等，都需要一个不断磨合的过程，才能达到团队的协同和默契，形成团队协作能力。

d. 市场营销能力不强。创业的大学生很多都没有工作经验，没学过市场营销理论，营销经验很少，营销策划能力较弱，市场运营能力较差。

e. 产品的市场竞争力不强。创业公司新研发的产品属于刚刚上市，还处于样品、样机或小批量生产阶段，会存在产品不成熟、质量不稳定、技术水平还不够高、售后服务不到位的问题，市场竞争能力较弱。

f. 竞争对手较多。创业公司选择的创业项目可能属于红海，市场上存在很多相似的产品和服务，竞争对手很多，无论是在产品价格或产品质量以及供货能力上，都会对创业公司形成巨大的挑战。

g. 销售渠道少。大学生创业由于工作时间短，积攒的人脉主要是父母和亲戚、同学和老师、朋友和网友，有用的渠道资源十分有限，会在一定程度上影响公司的销售业绩。

h. 社会诚信度低。初创公司由于刚刚成立，顾客还不十分了解公司的产品和服务，公司还需要经过开展一段时间的诚信服务，才能形成社会诚信度。

i. 品牌形象弱。初创公司刚刚成立时间不长，公司的品牌度在社会上还没有形成，品牌形象较弱。

j. 创业资金少。一般来说，大学生成立的创业公司创业启动资金都比较少，在运营前期，公司的大部分资金都用于产品的研发和市场营销渠道建设和销售平台的搭建上，公司是支出多，进账少，没有多少销售和利润，公司运营经过半年至一年后，资金就花得差不多了，这个时候，资金是公司面临的最大问题。

③ 机会（opportunity）。机会分析是要客观地看待创业项目存在哪些商业机会。在国际和国内大的政治和经济环境和形势下，要能够充分调动每一根神经，睁大敏锐的眼睛，发现和捕捉商业机会，才有可能获得一次成功的借势借力的创业机会。一般来说，创业机会都是来自国家和地方政治经济环境的大变革，来自一次有影响力的突发事件，来自历史性的技术革命，来自爆发性的市场需求等。2014 年 9 月，李克强总理提出了"大众创业、万众创新"的倡议，2015 年全年，我国掀起来一波"大众创业、万众创新"的浪潮，从国家到地方，从高校到不同行业，各种主题的创业大赛一浪高过一浪，众创空间如雨后春笋在我国很多省市和地区快速成长，科技部、教育部、人社部、发改委和很多高新技术园区都陆续出台了与双创配套的扶植政策和实施细则，创新创业的风口不断吹向移动互联网、物联网、大数据、云计算、人工智能、工业 4.0、节能减排、电动汽车、精准医疗、健康养老、快速消费、文化创意、航空航天等领域，创新创业的大势已经到来，可谓是商业机会无处不在。对于大学生创业来讲，哪里有痛点，哪里有服务需求，哪里就有商业机会；哪个领域和方向是国家政策重点扶植和支持的，哪里就有商业机会；哪里是资金投资的风口，哪里是资金密集扎堆的地方，哪里就有商业机会。

④ 威胁（threats）。威胁分析是创业者必须认真去做的功课，其主要内容就是找出会对创业项目产生威胁和不利的影响有哪些，并制定应对的策略和解决方案。一般来说，创业公司的主要威胁可以从以下几个方面去分析：

a. 产业政策的限制。创业者启动一个创业项目前，一定要分析一下这个项目是否能获得国家产业政策的扶植。如果创业项目属于国家政策限制发展的领域，或是国家已经明令禁止发展的领域，那在政策上就存在很大的威胁，公司就不容易做大，不容易生存。所以，你要寻找躲避政策限制和禁止发展的地区去开展项目。如北京市在疏解城市功能，限制和禁止会造成环境排放污染的企业发展，如你的公司从事具有大气排放污染物的项目，那劝你千万不要在北京建厂生产。

b. 竞争对手的威胁。来自竞争对手的威胁是创业者必须深刻思考和重视的，竞争对手的数量、竞争对手的产品质量、竞争对少的产品价格、竞争对手的创新服务模式、竞争对手的销售策略、竞争对手的技术优势、竞争对手的社会品牌和知名度、竞争对手的市场占有率、竞争对手的资金实力，竞争对手的研发实力等，都可能会对创业公司带来致命的打击。

c. 创业资金的不足。由于在创业初期大量的资金用在产品研发、市场销售和企业宣传上，公司的正向现金流很少，大部分都是支出，而创业公司的创业资本一般都不多，创业公司能否坚持经营半年或一年的时间都不好说，公司面临巨大的资金压力。

d. 管理经验不足。由于很多创业者没有学过工商管理知识，而创业公司中处处都存在项目管理、财务管理、人事管理、团队管理、时间管理、成本管理、会议管理、生产管理、科研管理、合同管理、制度管理、渠道管理、采购管理、品牌管理等诸多管理问题，管理不善是创业公司面临的最大威胁之一。

（2）PEST 分析工具

PEST 分析工具也是一种常用的宏观环境的分析工具。宏观环境又称一般环境，是指影响一切行业和企业的各种宏观力量。对宏观环境因素作分析，不同行业和企业根据自身特点和经营需要，分析的具体内容也会有差异。PEST 分析工具主要包括四个分析要素。

① 政治（politics）。对政治环境的分析。政治环境分析的内容主要包括：政府领导人的人事调整变化，政府部门机构改革和组织结构变化、国家和地方产业新政策的调整和颁布、国家出台新的法律和法规等。如特朗

普当选美国新一届总统，英国提出退出欧盟，韩国出现"亲信门"干政事件；国家颁布的《"十三五"战略性新兴产业发展规划》，国务院印发的《"十三五"国家科技创新规划》，商务部颁布的《商贸物流发展"十三五"规划》，工信部提出的《中国制造 2025》规划，北京市颁布的《北京市"十三五"时期文化创意产业发展规划》，北京市提出"政治中心、文化中心、科技中心与国际合作中心"四个中心的建设等，这些国际和国内的政治环境变化，都会对行业和企业的经营行为产生重大的影响。

②经济（economy）。对经济环境的分析。国内外经济环境的变化会对企业的经营和产业的发展产生较大的影响。经济环境分析的内容主要包括：国际经济环境和国内经济环境的变化。如国际经济环境分析，2018 年国际经济形势变化扑朔迷离，美国总统特朗普上台后以维护美国安全为由，对我国、欧盟、墨西哥和加拿大增加大幅关税。2018 年，特朗普政府对外贸易政策采用高举增加贸易关税的大棒，不仅严重影响到制造业产业的健康发展，也严重影响到金融市场、证券市场、期货市场和保险市场的良性发展，同时也影响到汇率市场的反复波动。我国出口贸易顺差减少，房地产行业进一步宏观调控，国内家电、建材、钢铁等诸多行业产能过剩，需求不足，国内 GDP 增速减缓，中小微企业资金紧缺，城市铁路建设快速发展，环保节能产业增速势头强劲等。

③社会（society）。对社会环境的分析。社会环境的变化对企业的经营也会起到显著的影响。社会环境分析的内容主要包括：当地的社会治安状况如何，交通是否便利，水、电、气、网络、通信是否设施完备，医疗卫生、教育文化、娱乐休闲、餐饮购物是否便利等。如近年来国外发生多起针对华人游客的抢劫事件，会在一定程度上影响旅游公司的经营业务；北京市疏解城市功能区限制外来人口，会影响到在北京市的相关的企业经营；北京市城市副中心建设会影响到一大批企事业单位、学校、医院、餐饮的搬迁；国家提出的京津冀一体化协同发展，为企业带来机会的同时也带来挑战。

④技术（technology）。对技术环境的分析。技术环境的变化可能对企业的经营发展影响更直接一些。技术环境分析的内容主要包括：当前有哪些技术发明和主流技术在主导和影响着社会发展和生活形态。如计算机的

三次浪潮给人类的生活方式带来巨变，城际高铁的发展改变了我们出行的方式，互联网技术的普及使我们已经离不开网络生活，4G 技术的出现丰富了我们的移动数字生活，GPS 卫星遥感信息技术的成熟促进了驾车出行的便捷。随着我国宽带和 5G 基础设施建设的不断完善，互联网的发展将带来新的突破；人工智能（AI）的发展将产生一大批服务机器人和工业机器人；无人机的快速发展将对影视拍摄、土质勘探、道路交通产生新的服务模式；移动互联网的高速发展，将变革自媒体新的服务业态。通过对这些可以改变人类生活的技术分析，就可以发现商业机会，寻找公司的业务方向。

（3）波特五力分析模型

波特五力分析模型是迈克尔·波特（Michael Porter）于 20 世纪 80 年代初提出，对企业战略制定产生了全球性的深远影响。此模型用于竞争战略的分析，可以有效地分析客户的竞争环境。五力分别是：供应商讨价还价的能力、购买者讨价还价的能力、潜在竞争者进入的能力、替代品的替代能力、行业内竞争者现在的竞争能力。

供应商讨价还价的能力	购买者讨价还价的能力
潜在进入者能力	
替代品的替代能力	行业竞争者现在的竞争能力

波特五力分析模型

① 供应商讨价还价的能力。当你要做这个项目时，一定要考虑清楚哪些原辅材料需要采购，哪些零部件需要外协加工，哪些东西需要拿出去检测，对应的服务商都有哪些，这些供应商的议价能力如何，能否以最优惠的价格谈成合作意向。例如你想在杯子上设计印制特殊图案来做高校毕业季纪念品，你需要了解这些茶杯的进货渠道在哪里，批发价格可以多少拿到，在北京拿货和在南方拿货价格能差多少。如果设计工作忙不过来，委托给有经验的专业设计师和在设计专业的在校生价格分别是多少，能否谈成一

个比较理想的委托设计的外包价格。

②购买者讨价还价的能力。当你要做这个项目时，一定要从谁是你未来客户的角度去考虑分析，谁会购买你的产品，谁会购买你的服务，这些购买者数量估计有多少，哪些是刚性的客户，哪些是潜在的客户，哪些是高端客户，哪些是低端客户，他们的购买能力如何，每年能购买产品的数量和金额是多少，他们讨价还价的能力如何，采用零售或团购的价格策略该如何制定。

③潜在进入者能力分析。当你向市场投放了一款新产品或提供了一项新服务后，市场信息很快就会扩散，一旦别人发现你做的这个项目有市场机会，可以比较容易地赚到钱，拥有雄厚资金的跟随者就会模仿你的产品和服务模式，不久市场上就会增加很多新的市场潜入者，你的竞争对手就会显著增加，这一点你一定要有所防备。例如，你在学校周边想做一个"轰趴"项目，可能没多久你就会有不菲的收入，别人看到你的项目产品赚钱效果不错，就会模仿你的做法，也做类似的"轰趴"项目，并且在服务内容、服务形式、服务特色与服务价格上加以调整，从而形成了你的市场竞争，分割你的市场份额。由于现在人们的复制能力太强，市场机会又不多，一旦发现有好的项目和市场机会，很多人会复制你的服务模式。所以，你还需要设置一下你的项目准入门槛，提高复制准入的难度，特别是技术类的项目，要尽可能使用申报专利等知识产权建立保护池，建立项目的壁垒。

④替代品的替代能力分析。当你想做一个项目时，一定要分析一下市场上是否有替代的产品或服务。如果没有，那么可以进一步考虑项目的实施；如果市场上有类似的产品可以替代你的产品与服务，那就要多个心眼，好好想想市场上是否只认你的产品与服务，你是否是市场唯一的产品选择。例如，你想做一款境外旅游用的随身携带的具有听说阅读功能的翻译器，可以解决游客到境外语言交流不畅的问题，市场应该有不小的需求，但是你一定要思考市场上是否有类似的产品可以替代你的产品应用，如市场上已经有的讯飞翻译器以及像谷歌翻译APP、有道翻译APP等这些语言翻译APP，你的产品是否比他们的产品性价比好，比他们的产品用起来更方便。

⑤行业内竞争者现在的竞争能力分析。当你想做一个项目时，一定要

了解一下目前市场的竞争态势，要调研清楚目前市场上都有哪些竞争者，竞争对手的数量是多少，竞争对手的实力如何，排在前5位或前10位的竞争对手都是谁，他们的技术研发能力、产品生产能力、质量和成本情况、公司品牌情况、知识产权情况、人员规模情况、上年销售额情况、上年利税情况以及公司的短板情况等，这样你才能做到心中有数，知道自己的项目产品是否可以和这些竞争者开展竞争，是否具有一定的竞争能力。

6.2.8　风险分析与控制模块

创业计划书中对风险分析和风险控制的描述十分重要，它可以帮助创业者清楚地看到创业项目的风险在哪里，创业风险多大，创业者应该如何规避创业风险，制定相应的风险应对预案来控制创业风险。但是，很多创业者不知道该如何进行创业风险分析。一般来说，创业者可以围绕以下创业中最容易遇到的六个方面的风险来进行分析和描述。

（1）政策风险

创业中最重要的风险是政策风险。一旦创业项目存在较大的政策风险，即使有再好的技术和团队，也很难把项目做好做大。对于政策风险的分析，重点是要对比一下创业项目是否与国家产业发展政策相背离，是否属于国家不支持发展的夕阳产业或限制性发展的行业。如果创业项目定位和方向与国家产业和环境发展政策相抵触，那就存在相当大的政策风险，这时候就要十分谨慎了，就必须要认真研究一下实施该创业项目是否可行。比如说你所选的创业项目属于能耗较大并且还有很多对大气污染的排放物，会对环境造成很大的影响，而我们国家一直都在大力提倡节能减排，提倡绿色生产，提倡生态环境建设。那么，这样的创业项目就存在很大的政策风险，或许会受到地方政府执法部门的强制关闭、停产整顿和严厉处罚。所以，针对存在政策风险的创业项目，一定要保持警惕，尽可能去规避政策风险。

（2）技术风险

技术风险是科技创业公司存在的主要风险，必须认真分析和重点描述。

对于技术风险的分析，关键是要看创业项目的技术水平如何，是否处于国内或国际领先地位，是否申报了专利或软件著作权等自主知识产权，是否已经获得授权，申报的数量和获得的授权数量有多少，这个关键技术是否能对跟进者设置较高的技术门槛。当今社会技术迭代更新十分快，有些技术可能1～2年就迭代一次，有些技术甚至半年就迭代一次，评估创业项目的技术生命周期有多长时间十分重要，一定要有个清醒的认识和判断。一般来说，比较理想的创业项目技术的生命周期最好能维持5年至10年甚至更长时间。另外，能否保持技术研发持续投入也十分重要。一般成长性的创业公司其技术研发策略都是研发一代、生产一代再储备一代。所以，要想保证技术产品领先，就要保证不断地投入资金进行科技研发。

（3）人才风险

人才风险是创业公司必须重视的风险。创业公司的关键人才一旦流失，创业就会遇到极大的问题和困难，创业公司就会受到致命的打击。在目前市场竞争日益激烈的社会，类似BAT公司高价猎取高端技术人才的现象比比皆是，创业公司关键技术人员和骨干人员往往经不住高薪的诱惑，跳槽离职现象比比皆是。另一方面，有些创业公司的关键技术或销售人员，在掌握了公司的核心技术和销售渠道后，也想另起炉灶，自己当老板，这种现象也十分普遍。在创业中，人才是最宝贵的，但是能称作人才的人也是最难搞定的，人才流动的风险随时存在。所以，为了控制人才风险，创业公司一定要设计好针对关键技术人才和关键骨干人才合理的、有诱惑性、有激励性的股权制度，同时还要制定好公司的技术保密制度。否则，一旦关键技术人才和骨干人员流失，将会对创业公司的产品研发、设计生产和市场销售带来巨大的影响和损失。

（4）市场风险

市场风险是最应该引起创业公司关注的风险。一项新技术的出现，一个新政策的颁布、一个巨无霸的侵入，都有可能改变现有的市场格局。当市场上出现了一种新技术，它可以替代原有的传统技术，就有可能改变人们的消费习惯，严重地影响市场需求情况。例如数码技术出现后，数码相机改变了传统胶片相机的使用模式，相片的存储量不再受胶卷的限制，人们开始普遍使用数码相机而不使用胶片相机，柯达公司没有及时地认识到数码技术对胶片市场的破坏性，导致公司业务逐年大额亏损；随着互联网技术的发展，移动支付技术越来越成熟，支付宝、微信支付已经渗入到金融业务范围，对银行业带来了巨大的冲击，不断涌现的互联网金融新业态在慢慢地侵入银行领域，瓜分银行的市场空间和份额。所以，针对市场风险，创业者一定要认真进行分析，并提前制定好风险应对预案。

（5）管理风险

管理风险是创业公司普遍存在的风险。创业公司和创业团队都属于新加盟创业公司的新人，每个人在学历背景、专业技术、工作经验、工作能力、思考方式等方面都有所不同，团队之间在工作中的配合会存在很多问题，团队协作需要相当长的一段时间去磨合。由于创业公司属于新组建的组织，公司人数较少，经常是一人多岗，一人多职，一专多用，很容易出现由于工作跨岗越位引起的冲突与矛盾。初创公司不像大公司那样建章建制，容易导致任务不到位、责任不到位、权利不到位、工作不到位、激励不到位的现象，给外人的感觉是管理混乱和不规范。所以，创业公司要认真地围绕公司制度管理、文件管理、项目管理、信息管理、战略管理、策略管理、研发管理、设计管理、生产管理、成本管理、价格管理、渠道管理、售后管理、财务管理、薪酬管理、品牌管理、人力资源管理、供应商管理等方面进行风险分析。同时，制定出切实可行的管理措施和应对风险预案，这样才能使创业公司向着规范化、程序化、标准化、规范化健康和可持续地发展。

（6）资金风险

资金风险是创业者必须引起高度重视的风险。资金是公司运营的血脉，没有充盈的资金作为支撑，创业公司很快就会倒闭，资金风险是创业策划中需要认真思考的问题。如有的创业项目启动资金很大，但是能够募集到的资金又不多，很难保证项目的顺利开展；有的创业项目可能需要经过半年、一年甚至二年以上的时间才会盈利，但是自有资金又不足，导致公司经营很难维持下去；有的创业公司在初创期不注意开源节流，不善于控制成本，各方面支出都很大，业务收入又不理想，造成很大的财务亏空，导致创业很快失败。此外，我国三角债拖欠货款的现象也很严重，应收账款不能及时回款也会影响到公司的良性经营。针对公司可能出现的资金风险，创业者一定要从项目融资、项目运营、项目回款等方面进行全面分析，想好如何应对可能存在的资金风险，提出应对措施和预案。

6.2.9　市场营销策略模块

创业公司成立后就面临着如何把产品顺利销售出去，如何为客户提供产品和服务的问题，这就涉及公司的市场营销策略。很多想创业的大学生没有学过企业管理与市场营销，不知道市场营销策略都包含哪些内容，不清楚应该如何制定产品的市场营销策略。为了更清晰、更系统地梳理市场营销策略，创业者可以围绕市场营销活动和内容，将公司的市场营销策略按照产品价格策略、渠道建设策略、市场销售策略、销售服务策略、市场宣传策略、竞争情报策略、知识管理策略、产权保护策略、品牌建设策略等分别设计和制定。在市场营销中，有4P、4S、4C、4R等许多现代营销理论可以借鉴和使用，创业公司也可以将这些营销管理工具组合起来使用。

（1）4P理论

4P营销理论（The Marketing Theory of 4Ps）产生于20世纪60年代的美国，随着营销组合理论的提出而出现的。1953年，尼尔·博登（Neil Borden）在美国市场营销学会的就职演说中创造了"市场营销组合"（Marketingmix）这一术语，其意是指市场需求或多或少的在某种程度上受到所谓"营销变量"或"营销要素"的影响。为了寻求一定的市场反应，企业要对这

些要素进行有效的组合，从而满足市场需求，获得最大利润。4P理论是最常用的市场营销工具，分别对应产品策略、价格策略、渠道策略和促销策略这4种营销策略。4P分别指产品（product）、价格（price）、地点（place）和促销（promotion）。

产品（product）：公司的产品是什么，产品的质量、功能、寿命是怎样的。

价格（price）：产品的价格如何制定，是走高端客户，还是走中低端客户。

地点（place）：产品销售的地点选择在哪里，那里的购买力是否足够强。

促销（promotion）：产品的促销手段有哪些？可以采用的促销方式是什么。

产品策略重点围绕产品采用什么样的原辅材料，设计成什么样的结构和轮廓外形，能够为客户提供哪些功能的服务，为客户提供什么样的产品性能指标，生产的产品达到什么样的质量要求，产品的使用周期和寿命是多少，产品的安全性、便利性和环保性如何设计和保证，针对你的产品围绕设计、生产、检验检测、包装物流等不同环节要制定不同的产品策略。

价格策略主要是针对不同的客户定位采用不同的销售策略，对高端客户、中端客户和低端客户，往往会采用不同的价格策略。高端客户一般都有很强的购买力，产品价格可以定得高一些，但是产品的品质和性能与包装就要好一些，就要上档次，高端客户不差钱，只是需要有好的产品，高端客户都有"不买最好，只买最贵"的特点，所以针对高端客户，尽可能提供优质的产品与较高的价格；中端客户一般有一定的购买力，但是对于产品价格与产品质量会综合考虑，比较喜欢性价比高的产品，对于中端客户就需要制定比较适中的产品价格，既能满足中端客户的产品服务需求，又能让客户觉得花的钱物有所值；低端客户一般手头都不是很富裕，购买力不强，对产品价格看得比较重，产品质量差一些只要能够满足基本使用就行，价格低廉最重要，优惠的，打折的，促销的产品往往是他们这个群体最关注的。随着产品的批发与零售、团购与单买的不同，还可以分别制定不同的价格策略。

渠道策略是指你在销售产品时都有哪些可以利用的渠道，是通过人脉关系渠道，还是通过客户关系渠道；是通过某些销售平台，还是通过找产品代理来销售。随着互联网技术的普遍应用，是不是还有一些新的销售渠道和销售窗口，你应该如何去建立销售渠道，打造产品销售平台。

促销策略是指你在销售产品与服务时，计划采用哪些促销的手段。目前比较常用的做法是利用网站、微信公众号、微信朋友圈、QQ 群、微博等信息窗口，那么针对你自己的产品，你有哪些设想和打算，希望采用什么样的促销策略。

（2）4S 理论

4S 营销理论强调从消费者需求出发，打破企业传统的市场占有率推销模式，建立起一种全新的"消费者占有"的行销导向。要求企业对产品、服务、品牌不断进行定期定量以及综合性消费者满意指数和消费者满意度的测评与改进，以服务品质最优化，使消费者满意度最大化，进而达到消费者忠诚度

持久化。同时，也强化了企业抵御市场的风险、经营管理创新和持续稳定增效的"三大能力"。4S 分别指满意（satisfaction）、服务（service）、速度（speed）和诚意（sincerity）。

满意（satisfaction）：满意是指顾客满意，强调企业以顾客服务需求为导向，以顾客满意为中心，企业要站在顾客立场上考虑和解决问题，要把顾客的需要和满意放在一切考虑因素之首，要以他人利益为重。要想赢得顾客的人，必先投之以情，用真情服务感化顾客，以有情的服务赢得无情的竞争。

服务（service）：要为顾客营造一个温馨的服务环境，随时以笑脸相迎，提供微笑服务。企业营销人员要精通业务上的工作，满足顾客的服务需求，为客户解答问题，提供更多的商品信息，并能经常与顾客联络。将每位顾客都视为特殊和重要的人物，顾客是我们的主人，不是我们的佣人。顾客是上帝，我们只有与之友好相处，才能生存发展。

速度（speed）：在为客户服务时能提供快速反应的服务，不让顾客久等，能迅速地接待和办理相关业务，提供快捷服务。

诚意（sincerity）：以虔诚的服务、善意的微笑和快速的响应速度来服务顾客。

4S 理论在市场营销策略中，更多反映在销售服务的理念上，要求我们始终秉承为客户提供高品质的产品，让客户满意的宗旨；努力为客户提供快速反应的服务，解客户燃眉之急；诚心诚意地为客户提供高质量的服务，

不仅要让客户满意，还要让客户感动。

（3）4C 理论

随着市场竞争日趋激烈，媒介传播速度越来越快，以 4P 理论来指导企业营销已经"过时"，4P 理论越来越受到挑战。到 20 世纪 80 年代，美国劳特朋针对 4P 存在的问题提出了 4C 营销理论。4C 理论的基本原则是以顾客为中心进行企业营销活动的规划设计，从产品到如何实现顾客需求

（consumer's needs）的满足；从价格到综合权衡顾客购买所愿意支付的成本（cost）；从促销的单向信息传递到实现与顾客的双向交流与沟通（communication）；从通路的产品流动到实现顾客购买的便利性（convenience）。4C 分别指消费者需求（consumer's need）、消费者愿意支付的成本（cost）、消费者的便利性（convenience）和与消费者沟通（communication）。

消费者需求（consumer's need）：首先要了解、研究、分析消费者的需要与欲求，而不是先考虑企业能生产什么产品；

消费者愿意支付的成本（cost）：首先了解消费者满足需要与欲求愿意付出多少钱（成本），而不是先给产品定价，即向消费者要多少钱；

消费者的便利性（convenience）：首先考虑在顾客购物等交易过程中如何给顾客方便，而不是先考虑销售渠道的选择和策略；

与消费者沟通（communication）：以消费者为中心实施营销沟通是十分重要的，通过互动、沟通等方式，将企业内外的营销不断进行整合，把顾客和企业双方的利益无形地整合在一起。

4C 理论更多的是从消费者的角度去考虑用户的消费体验，产品如何满足客户的服务需求，能否给予客户更优惠的价格，能否为客户提供更多的便利性，是不是能保证与客户及时沟通，通过及时了解客户对产品使用体验的反馈意见，不断地完善产品与服务，为客户创造更大的价值。

（4）4R 理论

4R 营销理论是由美国学者唐·舒尔茨在 4C 营销理论的基础上提出的新营销理论。4R 理论以关系营销为核心，重在建立顾客忠诚。该营销理论认为，随着市场的发展，企业需要从更高层次上以更有效的方式在企业与顾客之间建立起有别于传统的新型的主动性关系。4R 分别指关联（relevance）、反应（reaction）、关系（relationship）和回报（reward）。

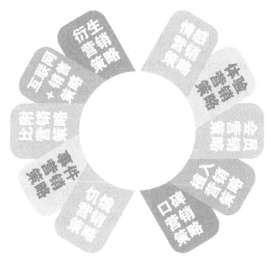

关联（relevance）：强调企业与顾客在市场变化的动态中应建立长久互动的关系，以防止顾客流失，赢得长期而稳定的市场。

反应（reaction）：面对迅速变化的顾客需求，企业应学会倾听顾客的意见，及时寻找、发现和挖掘顾客的渴望与不满及其可能发生的演变，同时建立快速反应机制以对市场变化快速作出反应。

关系（relationship）：企业与顾客之间应建立长期而稳定的朋友关系，从实现销售转变为实现对顾客的责任与承诺，以维持顾客再次购买和顾客忠诚。

回报（reward）：企业应追求市场回报，并将市场回报当作企业进一步发展、保持与建立市场关系的动力与源泉。

4R 理论更多的是强调要与客户建立长期紧密的联系，通过情感、诚信与客户建立起相互信任的朋友关系，及时地倾听客户的意见和建议，不断地了解客户的服务需求并创造有价值的服务，为客户提供增值服务和高额回报。

近年来，随着市场竞争越来越激烈，营销策略也向纵深发展，除了可以使用 4P、4C、4S、4R 等常用的市场营销管理工具外，市场上还出现了许多具有实战效果的营销策略，如情感营销策略、体验营销策略、植入营销策略、口碑营销策略、事件营销策略、比附营销策略、饥饿营销策略、会员营销策略、互联网＋销售策略、衍生营销策略等十大营销策略。我们在进行项目的市场营销策划时，也可以把这些营销策略组合起来应用。

（5）情感营销策略

情感营销就是把消费者个人情感差异和需求作为企业品牌营销战略的情感营销核心，通过借助情感包装、情感促销、情感广告、情感口碑、情感设计等策略来实现企业的经营目标。在情感消费时代，消费者购买商品所看重的已不是商品数量的多少、质量好坏以及价钱的高低，而是为了一种感情上的满足，一种心理上的认同。情感营销从消费者的情感需要出发，唤起和激起消费者的情感需求，使消费者产生心灵上的共鸣，寓情感于营销之中，让有情的营销赢得无情的竞争。情感营销在实战中就是和客户套关系，讲交情，拉拢感情，从情感上打动客户，从感情上开展促销。

（6）体验营销策略

体验营销是 1998 年美国战略地平线 LLP 公司的两位创始人 B.Joseph Pine Ⅱ 和 James H. Gilmore 提出的。他们对体验营销的定义是："从消费者的感官、情感、思考、行动、关联五个方面重新定义，设计营销理念。"他们认为，消费者消费时是理性和感性兼具的，消费者在消费前、消费中和消费后的体验，是研究消费者行为与企业品牌经营的关键。体验营销通过看（see）、听（hear）、用（use）、参与（participate）的手段，充分刺激和调动消费者的感官（sense）、情感（feel）、思考（think）、行动（act）、关联（relate）等感性因素和理性因素，重新定义、设计的一种思考方式的营销方法。这种思考方式突破传统上"理性消费者"的假设，认为消费者消费时是理性与感性兼具的，消费者在消费前、消费中和消费后的体验才是购买行为与品牌经营的关键。现在很多产品的销售都在用体验营销，如建立体验店，让准客户试用，感受产品的功能，享受产品的服务，体验产品的效果，在产品的体验中，增加产品销售。在大型超市里见到的体验营销更多，你会经常见到促销员拿着可以免费试吃和免费品尝的食品让你体验，你可以免费试吃饼干，你可以免费品尝红酒，如果你体验的效果好，自然就会购买一些，商家也自然会增加销售量。现在很多培训项目也开展体验营销，可以让你免费试听几次课或花很少的钱去试听一两次课，感受一下课程的效果，然后再让你决定是否购买课程。

（7）植入营销策略

植入式营销是指将产品或品牌及其代表性的视觉符号甚至服务内容策略性融入电影、电视剧或电视节目各种内容之中，通过场景的再现，让观众在不知不觉中留下对产品及品牌的印象，继而达到营销产品的目的。从所见各种媒体内容的植入方式，我们可以将植入式营销分为 4 种运作模式：场景植入、对白植入、情节植入和形象植入。植入营销在电影、电视剧中用得最多、最普遍。如通过一个建筑场景，就把银行、酒店或餐厅的牌子植入进来；通过演员的座驾，就把新款的轿车或豪车植入进来；通过演员的服装穿戴，就把某些大牌的服装服饰植入进来；通过演员逛商场，就把某些品牌的香水、鞋包、首饰植入进来；通过演员喝酒，就把某些品牌的酒植入进来。通过电影、电视剧以及微视频这种多媒体展示，可以把植入营销发挥得淋漓尽致。

（8）口碑营销策略

口碑营销是指企业在调查市场需求的情况下，为消费者提供需要的产品和服务，同时制定一定的口碑推广计划，让消费者自动传播公司产品和服务的良好评价，从而让人们通过口碑了解产品、树立品牌、加强市场认知度，最终达到企业销售产品和提供服务的目的。口碑是指公众对某企业或企业产品相关信息的认识、态度、评价并在公众群体之间进行相互传播。口碑的内容包括三个层面，首先是体验层，即公众对企业或组织相关信息的认识、态度、评价。其次是传播层，即传播过程中的事例、传说、意见等传播素材。最后是公众对其的认可层面，即好恶。良好口碑的建立主要基于产品的质量、服务、环境等带给用户良好的使用体验。现在口碑营销也十分广泛，如对电影的网评、对图书的网评，对美食的网评，对餐饮的网评，对旅游的网评等，都属于口碑营销。

（9）事件营销策略

事件营销在英文里称为Event Marketing,国内有人把他直译为"事件营销"或者"活动营销"。事件营销是指企业通过策划、组织和利用具有新闻价值、社会影响以及名人效应的人物或事件，吸引媒体、社会团体和消费者的兴趣与关注，以求提高企业或产品的知名度、美誉度，树立良好品牌形象，并最终促成产品或服务的销售手段和方式。事件营销是国内外十分流行的一种公关传播与市场推广手段，集新闻效应、广告效应、公共关系、形象传播、客户关系于一体，并为新产品推介、品牌展示创造机会，建立品牌识别和品牌定位，形成一种快速提升品牌知名度与美誉度的营销手段。随着互联网和移动互联网的飞速发展，给事件营销带来了巨大契机。通过电视媒体、网络媒体、微博、微信、微信朋友圈和微信直播，一个事件或者一个话题可以很轻松地进行传播和引起关注，事件营销成功的案例比比皆是。

（10）比附营销策略

比附营销是一种比较有效的巧借东风的营销手段，能让目标受众迅速对营销标的物完成从认识到感兴趣甚至到购买的过程。其操作思路是想方设法将自己的产品或品牌与行业内的知名品牌发生某种联系（即攀附知名品牌），并与其进行比较，但承认自己比其稍逊一筹，其核心思想是：

a. 攀附知名品牌，但承诺自己稍逊一筹，受众会觉得我们诚信可靠，没有夸大其词，这样容易让受众产生信任。如果在知名度没达到第一而硬说自己就是第一，即使你的品质和服务真是第一，那也几乎没人会相信。

b. 当我们自己的品牌与知名品牌出现在一个广告里，加上我们广告语的引导，受众会自然将我们的品牌与知名品牌产生联系并不知不觉地将对知名品牌的信任感转驾到我们的品牌上，从而让不认识我们品牌或对我们品牌缺乏信任的受众产生认知和信任感，直至完成购买。

（11）饥饿营销策略

饥饿营销是指商品提供者有意调低产量，以期达到调控供求关系、制造供不应求"假象"、维持商品较高售价和利润率的目的。饥饿营销就是通过调节供求两端的量来影响终端的售价，从而达到加价的目的。实际上，饥饿营销的操作很简单，定个叫好叫座的惊喜价，把潜在消费者吸引过来，然后限制供货量，造成供不应求的热销假象，从而提高售价，赚取更高的利润。但"饥饿营销"的终极作用还不是调节了价格，而是对品牌产生的附加值。目前，饥饿营销在品牌手机销售、品牌汽车销售和房地产楼盘销售运用得最多。

（12）会员营销策略

会员营销是一种基于会员管理的营销方法，商家通过将普通顾客变为会员，分析会员消费信息，挖掘顾客的后续消费力汲取终身消费价值，并通过客户介绍等方式，将一个客户的价值最大化。会员营销就是企业通过发展会员，提供差异化服务和精准的营销，提高顾客忠诚度，长期增加企业利润。比如通过梳理一个企业的会员，根据地域、年龄、性别、职务、收入、消费偏好等多个维度进行分群，在促销时针对不同群体进行不同内容的传播。

（13）互联网＋销售策略

随着互联网技术的快速发展与应用，网络和智能手机已经是我们生活中重要的组成部分，互联网让传统营销可以插上翅膀，销售的地域和范围越来越广。这几年，线下＋线上的O2O互联网销售模式已经十分普遍，线下体验加上线上销售已经成为一种销售服务的常态，运用互联网思维来开展市场销售，提高用户的点击率，保持住客户的黏性，扩大粉丝群体数量，实现线下和线上的有机结合，已经是互联网＋销售策略常用的手法。

（14）衍生营销策略

衍生营销是近年来发展较快的一种营销模式，其基本的营销思路就是"羊毛长在猪身上，让狗买单"。也就是说，你在销售产品时，不直接向你的服务客户挣钱，可以挣这项服务衍生出来的钱。例如，你在做一场健康养生培训，你不收学员的培训费，但是你可以在会场摆放一些与授课相关的健康养生的书籍和保健品，通过免费培训的机会将学员召集过来，顺便销售书籍和保健品获利，这种衍生销售比直接销售还容易操作，利润可能还比收培训费来得高。

6.2.10 三年发展规划模块

创业者九死一生，能活下来的都是英雄。据媒体统计数据显示，创业公司能存活3年的比例不到5%。初创公司能否存活下去，三年是个坎，是个重要的时间节点。创业公司首先应该想到的是要如何存活3年，如何尽快完善产品，如何扩大生产和销售，如何尽快摸索出可行的商业盈利模式，如何产生稳定和持续的现金流。江湖上有一句话：大企业做大做强，小企业做精做专。作为创业公司，就是需要深耕自己的产品与服务，打磨好商业模式，形成市场竞争力。所以，大学生创办企业，一定要制定好公司的短中长期发展规划，特别是企业的前三年发展规划，要规划企业的发展愿景，设计企业发展蓝图，完善公司管理制度，打好创业基础。

在前三年，公司要尽快磨合好创业团队，提升团队人员的素质与能力；要不断完善创业项目，摸索创新商业服务模式，提升公司市场核心竞争力；要不断提高市场占有率和市场覆盖率；要加强人脉关系与销售渠道建设；要加强企业诚信，加强公司品牌培育与形象宣传；要不断整合、优化和配置资源，将资源形成竞争力和生产力。

在前三年，公司要制定和随时调整发展战略，特别是对差异化战略、知识产权战略和诚信战略的使用；要加强公司产品策略的研究，针对市场需求不断升级迭代产品；要加强技术研发战略的研究，做到研究一代、使用一代、储备一代、瞄准一代；要加强营销策略的研究，在产品策略、价格策略、渠道策略、促销策略和宣传策略上做好布局；要加强公司经营定位研究，如公司的功能定位、服务定位、产品定位和价格定位；要加强公司的制度建设，建立必要的公司考勤制度、合同管理制度、公章使用制度、财务管理制度等；要加强人员绩效考核方面的规划，通过制定公正、公开、公平、合理的绩效考核评价体系和评价标准，对公司人员实行物质奖励和精神奖励，以充分调动员工的工作热情和工作积极性；要加强渠道建设规划，如采购渠道、销售渠道、政府渠道、媒体渠道、融资渠道等；要加强团队建设规划，提高团队沟通、团队协同和团队执行能力等；要加强公司骨干人才培养规划，如关键技术研发人员、主要软件编程人员、核心创意设计人员、骨干市场销售人员、优秀项目策划人员等；要加强信息沟通规划，如通过工作例会、专题研讨会、办公OA信息平台、微信办公群、QQ办公群等形式实现公司内部的即时信息交流与沟通；要加强公司内部管理规划，做好项目管理、流程管理、会议管理、信息管理、文件管理、档案管理、知识管理、风险管理、资金管理等工作。

创业公司麻雀虽小，但五脏俱全，公司具有基本的架构设置和职能部门设置，涉及的业务内容也很多。所以，一定要提前做好公司规划，为公司的业务开展和健康发展打好坚实的基础。

在公司发展方面，创业公司可以根据不同的科目内容，按照年度时间进度，设定预期完成目标。如公司研发产品的品种是多少，每年产品生产的数量是多少，销售数量是多少，每年产品销售额预计为多少，每年实现的利税是多少，市场占有率和市场覆盖率是多少，销售渠道发展多少，客户数量发展多少，知识产权数量计划申请哪类，申请几项等。公司未来三年发展规划可以参考表 6-1 设计和制定。

表 6-1　XX 公司未来三年发展规划

序号	科目名称	第一年	第二年	第三年	备注
1	产品研发品种 / 个	1	2	3	样品或样机
2	产品生产数量 / 件	1000	5000	20000	
3	产品销售数量 / 件	1000	5000	20000	
4	产品年销售额 /（万元）	100	500	2000	
5	产品年利润额 /（万元）	30	150	600	
6	产品年缴税额 /（万元）	0	1	7	
7	产品市场占有率 /%	1%	3%	5%	
8	产品市场覆盖率 /%	1%	4%	6%	
9	销售渠道数量 / 个	10	20	30	
10	客户数量 / 个	1	3	5	大客户
		2	6	15	中客户
		6	15	40	小客户
11	知识产权数量 / 个	0	1	2	发明专利
		2	4	5	实用新型
		2	4	8	外观设计
		1	2	5	软件著作权
		1	2	0	商标，LOGO

6.2.11 项目融资与筹措模块

从 2015 年开始，国家和地方陆续出台了很多与"大众创业、万众创新"相配套的扶植政策，在我国掀起了一场轰轰烈烈的"大众创业、万众创新"运动，科技孵化器和众创空间如雨后春笋般在我国各地不断涌现，各种主题的创新创业大赛此起彼伏，一浪高过一浪，从国家到地方，从科技园区到科技孵化器，从行业协会到大型企业，都在培育和建设"双创"的生态发展环境。大学生创新创业已经成为一种时尚，很多年轻人都想借助"双创"的风口，来实现和成就自己的创业梦想。

但是，创业不是仅有技术和创意就可以，还需要有创业资金，有创业资本。我们都知道资金就像是企业的血液，维持着企业的正常运营。如果没有足够的资金，企业就很难维持正常的业务开展，就很有可能倒闭。大学生要想自主创业，需要有足够的创业资金。创业者在启动创业项目前，一定要估算一下到底需要多少创业资金，然后再想清楚有哪些筹措资金的渠道或途径，需要通过什么办法和手段去筹措创业资本。

（1）创业资金估算

通常大学生的创业项目所需要的启动资金从几万元到几十万元甚至上百万元不等，需要上千万元资金的大项目并不多见，也不太适合大学生去做。创业资金需要多少，主要取决于创业项目在运营过程中可能会发生哪些项目的资金支出。一般来说，创业公司的资金支出主要包括以下十项费用，这十项费用之和，就是创业启动资金的金额。

① 房租费用。房租费用是创业公司很大的一块费用支出，是创业公司主要的费用支出。特别是在北京、上海、深圳、广州等一线城市，房租价格十分高，创业公司如果能在高校大学生创业园、众创空间和科技孵化器里面办公，房租会相对低一些，房租是创业公司必须考虑的经营支出费用。

② 人员费用。人员费用是创业公司必须考虑的费用支出。人员薪酬一般包括基本工资和五险一金，专职人员和兼职人员的费用是不一样的，但要统筹考虑进去。有些创业公司还聘请了专家顾问和创业导师，专家劳务费也要考虑进去。至于创业合伙人的薪酬费用，股东会上可以协商讨论，

是拿薪酬加分红，还是不拿薪酬，只参与分红。

③ 设备费用。创业公司开始创业后，可能需要购置一些生产设备、研发设备、检测仪器和工卡量具等，这些设备仪器费用支出较多，一定要想清楚哪些设备是必须购置的，哪些设备是可以借用别人的。对于初创公司，只要这些设备和仪器能满足科研生产，原则上能省就省，尽可能借助外面的资源，通过外协加工检测完成。

④ 材料费用。创业公司的研发和生产活动离不开原辅材料的采购，原辅材料的价格不仅与原材料的供应厂家生产的材料的规格、型号、性能、指标、质量有关，还与厂家供货物流方式、供货周期长短、供货包装等有关，同时，还与产品价格周期的涨跌有关。所以，原辅材料的费用需要全面考虑和估算。

⑤ 办公费用。一般来说，创业公司成立后就会产生办公费用。主要的办公费用会涉及电脑、电话、打印机、复印机、饮水机等办公设备的采购；办公桌、办公椅、会议桌、文件柜等办公家具的采购；办公文具、打印纸、墨盒、公文纸、公文袋、信封、公司宣传页的制作等。

⑥ 通信费用。创业公司开展业务，通信联络是必不可少的。通信费用主要包括电话费、手机费和网络费。目前，国内很多地区的办公场所都有宽带接入，宽带计费按照包年、包季、包月等不同的标准收费。创业公司可以根据公司人员数量、业务量及宽带使用情况估算通信费用。

⑦ 差旅交通费用。公司开展业务，少不了交通出行和差旅住宿，交通费和住宿费是一笔不小的开支。交通费涉及打出租车、乘地铁、乘火车、乘飞机、乘轮船等费用，公务出差还会涉及宾馆或酒店的住宿费和伙食补助费。创业公司需要根据每年的业务开展做好差旅费和交通费的预算。

⑧ 公关业务费用。创业公司从零开始做起，需要整合人脉，疏通渠道，作好客户关系，这就需要开展一些公关活动。请客吃饭、品茶喝咖啡、唱歌、钓鱼、打球锻炼、郊游、送礼等，都是公关常用的手段，一年下来，公关费用是一笔不小的开支。

⑨ 公司注册费。公司注册成立后，要建立单独的财务和税务账户，还要刻制公司公章和财务章，还要购买发票，还要提交上报很多资质文件资料，

这些都会涉及一定的费用。

⑩ 不可预见费。公司开展业务后，可能还会参加一些产品展览会、技术交流会、项目路演会、新产品发布会等不同主题的活动，可能有些工作自己干不了会委托第三方开展服务，为了扩大公司品牌影响可能还会联系媒体做一些广告活动，很多属于不可预见的费用会发生，故不可预见费也应该有个估算才好。

由于很多新成立的创业公司产品不成熟，还需要进一步开发和完善，可能会在 6 个月或 12 个月的时间里公司都没有资金收入，全部是资金投入而没有产出，所以创业资金估算还是要从更恶劣、更悲观的情景中去设想，尽可能估算多一些，留出一点富裕。

（2）创业资金筹措途径

近几年，随着国家在大力倡导"大众创业、万众创新"，随着创新创业的生态环境越来越好，大学生筹措创业资金的渠道也越来越多，初创公司筹措创业资金可以重点考虑以下几个途径。

① 创始人自筹资金。创业团队自筹创业资金是最常用的作法，也是最容易实现的融资途径。创业项目合伙人可以按照创业启动资金的总额，根据各自的出资能力进行出资，认购股份。寻找筹资的对象可以是父母、亲戚、老师、同学、朋友等。现在一般城里的大学生家庭条件都不错，学生平时自己积攒的零花钱，再加上父母支持孩子创业的钱，凑齐 2 万～ 5 万元不是什么太困难的问题。5 个创业合伙人每个人平均出资 2 万元，就可以凑齐 10 万元。

② 大学生创业信用贷款。现在学校和银行联合起来为有志创业的大学生设置了大学生创业信用贷款，大学生可以利用国家颁布的大学生创业信用贷款政策，向学校和银行提交相关创业资料，申请创业贷款，筹到第一笔创业资金。目前，大学生创业贷款根据地区的不同，贷款额度可以从 5

万元到 40 万元不等，中关村园区还成立了大学生贷款专项基金。目前，有些高校校友会联合已经毕业的校友，设立了高校大学生创业发展基金，用于支持在校学生和毕业 2 ～ 3 年内的同学自主创业。高校大学生创业发展基金也是大学生创业筹资的一个渠道。

③ 创新创业大赛奖金。目前，很多高校每年都组织大学生参加创新创业大赛，并对获奖的团队给予一定的奖金鼓励和支持，有志创业的大学生可以积极参加高校组织的"挑战杯"、"创青春"和"互联网＋"等创业大赛，争取比赛名次，获得大赛组委会和高校的奖金。一般奖励的金额从 5 千元到 25 万元不等。此外，社会上不同组织和机构举办的创新创业大赛也邀请大学生创业团队参赛，获奖的团队会获得大赛 5000 元至 15 万元的奖金。

④ 天使投资。这几年，随着"双创"的火爆开展，国内成立了很多天使投资机构。天使投资主要寻找早期的创业项目，对大学生的创业项目，不论是已经落地注册公司的创业项目，还是没有落地只是建立创业团队的优秀项目，天使投资都会关注，特别是投资种子轮和天使轮的天使投资，是大学生寻找创业投资的重要途径。一般来说，天使投资的种子期投资可以在 100 万元以内，天使轮投资可以在 2000 万元以内，创业公司和创业团队的创业项目都处于早期，可以重点接触和联系投资种子轮和天使轮的天使投资机构，争取得到他们的投资支持。为了争取到与投资人面对面的项目交流，创业公司一定要做好创业策划，制作一份高质量、高水准的创业计划书。一定要在创业计划书中描述清楚你的产品与服务、项目特点和竞争优势、核心竞争力、商业盈利模式、技术壁垒门槛、创业团队以及股权机构设置是否清晰合理、你的融资需求和资金使用计划等。

（3）天使投资的投资哲学

目前，我国天使投资机构倾向于投资早期项目。早期投资包括种子轮和天使轮阶段，这对于大学生创业获得天使投资是个机会，但是我们一定要清楚天使投资的投资风口在哪里，天使投资重点关注的投资领域在哪里，天使投资的投资哲学是什么。

天使投资界的投资人有个共识，就是再好的项目也要人来运营，如果创业团队能力不行，创业团队的领头人不行，那么再好的创业项目也可能做不好，也很难成长为独角兽的公司。因为，如果创业团队的创始人很厉害，很优秀，即使这个创业项目没有做好，经过创业指导和创业咨询后，创始人会及时转型调整产品机构和技术方案，研发出有竞争力的创新性产品和服务。所以，天使投资的投资哲学是投资创业团队，投资创业项目的创始人，投资的是精英创客。

6.2.12 项目财务分析模块

创业项目的财务分析在创业策划中属于十分重要的内容。资产负债表、利润表、现金流量表是三张重要的财务报表。

资产负债表也称财务状况表，表示企业在一定日期的财务状况，它反映的是企业资产、负债、所有者权益的总体规模和结构，可以让所有阅读者用最短的时间了解企业经营状况。资产负债表反映了公司在特定时点的财务状况，是公司的经营管理活动结果的集中体现。通过分析公司的资产负债表，能够揭示出公司偿还短期债务的能力、公司经营稳健与否或经营风险的大小以及公司经营管理总体水平的高低等。资产负债表利用会计平衡原则，将合乎会计原则的资产、负债、股东权益交易科目分为"资产"和"负债及股东权益"两大区块，在经过分录、转账、分类账、试算、调整等会计程序后，以特定日期的静态企业情况为基准，浓缩成一张报表。

利润表也称购销损益账或动态报表，它反映的是某一期间公司的盈利状况。利润表是反映一定会计期间的经营成果的报表。通过利润表，可以反映企业在一定会计期间收入、费用、利润的数额和构成情况，全面了解企业的经营成果，分析企业的获利能力及盈利增长趋势，为作出经济决策提供依据。

现金流量表也称账务状况变动表，所表达的是在一固定期间（通常是每月或每季）内，一家公司现金（包含现金等价物）的增减变动情形。现金流量表的主要作用是决定公司短期生存能力，特别是缴付账单的能力。它是反映一家公司在一定时期现金流入和现金流出动态状况的报表。其组成内容与资产负债表和损益表相一致。通过现金流量表,可以概括反映经营活动、投资活动和筹资活动对企业现金流入流出的影响,对于评价企业的利润实现、财务状况及财务管理,要比传统的损益表提供更好的基础。现金流量表提供了一家公司经营是否健康的证据。如果一家公司经营活动产生的现金流无法支付股利与保持股本的生产能力,它就得用借款的方式满足这些需要,那么这家公司从长期来看无法维持正常情况下的支出。现金流量表通过显示经营中产生的现金流量的不足和不得不用借款来支付无法永久支撑的股利水平,从而揭示了公司内在的发展问题。

很多创业者没学过财务专业知识,不懂得如何填写财务报表,最好能请懂财务的专业人士帮助完成填写。创业者在进行创业项目的财务分析时,要将公司未来三年主要的财务指标描述清楚,如项目的投资总额是多少,公司预计每年的产品销售额是多少,产品的年毛利率能达到多少、每年的净利润有多少,项目投资回收期需要多长时间,项目的内部收益率是多少等。

创业者通过开展项目的财务数据统计和分析,可以全面了解创业项目的财务指标情况,了解创业项目的经营状况,掌握创业项目的投入与产出效果如何,并且可以通过财务数据的分析结果,来指导完善产品研发和生产管理,控制各项费用成本支出,知道哪些钱该花,哪些钱不该花,哪些钱可以少花;通过财务数据分析,可以知道创业项目盈利性的好坏,附加值的高低,这个创业项目是否值得做;通过财务数据分析,可以看出公司经营业绩的发展情况,需要多长时间公司可以盈利,需要多长时间公司可以达到50万元、100万元甚至500万元的营业收入;通过财务数据分析,可以清楚地知道投资回收期是多长时间,知道何时可以收回投资;通过财务数据分析,按照设定的市盈率,就可以计算出未来公司的估值是多少,对于后面的项目融资也十分有帮助。

一个创业项目好不好,通过产生的现金流就可以看出来。如果公司能够持续地产生正现金流,并且增长率也很大,说明这个项目盈利能力较强;如果公司不能产生正现金流,一年甚至两三年都是负现金流,看到的全部是公司的资金投入而没有收入产出,那么这个创业项目就有点问题,就存在财务盈利风险,投资这个项目就要慎重。

所以，学会财务分析十分重要。资产负债表、利润表以及现金流表见表 6-2 ～表 6-4。

表 6-2　资产负债表

单位：万元

项目		第一年	第二年	第三年
流动资产	库存现金			
	银行存款			
	交易性金融资产			
	应收账款			
	流动资产合计			
非流动资产	固定资产			
	减：累计折旧			
	固定资产净值			
	无形资产			
	减：累计摊销			
	无形资产净值			
资产合计				
负债及权益				
流动负债				
应收账款				
短期借款				
负债合计				
所有者权益				
实收资本				
盈余公积				
未分配利润				
所有者权益合计				
负债及所有者权益合计				

表6-3　利润表

单位：万元

项目	第一年	第二年	第三年
一、主营业务收入			
减：营业成本			
减：营业税金及附加			
二、商品销售利润			
三、主营业务利润			
加：其他业务利润			
减：销售费用			
减：管理费用			
减：财务费用			
四、营业利润			
加：投资收益			
加：营业外收入			
减：营业外支出			
五、利润总额			
减：应交所得税			
六、税后利润			

表6-4 现金流表

单位：万元

项目		第一年	第二年	第三年
加：现金流入	期初余额			
	提供商品、提供劳务产生的现金流入			
	其他现金流入			
	投资活动产生的现金流入			
	现金流入合计			
减：现金流出	材料采购支出			
	直接人工支出			
	销售费用支出			
	管理费用支出			
	财务费用支出			
	购置设备支出			
	营业税金及附加			
	现金支出合计			
	所得税支出			
现金流量净额				
加：银行借款				
减：偿还银行借款				
期末余额				

6.2.13　团队股权结构模块

创业团队的股权结构包括公司的股东人数和每个股东的股权比例。大学生在组建创业项目团队时，股东人数和股权比例要提前考虑清楚。创业合伙人的选择十分重要，合伙人之间一定是在价值取向上达成一致，在专业能力上彼此互补，在资源配置上能合理优化，这样才能形成合伙人在一起做事的合力，才能实现 1 加 1 大于 2 的效果。一般来说，合伙人股东数量为 2～10 人，股东人数不易太多，以免在召开股东会时众说纷纭，各持己见，意见不统一，最后延误公司决策，影响公司的正常运营。

股权分配是公司稳定的基石。一般而言，创业初期股权分配比较明确，结构比较单一，几个投资人按照出资多少分得相应的股权。但是，当公司运作后，各种内部矛盾凸现，在矛盾中股东维护自身利益的依据就是股权比例和股东权利。股权比例关系到股东的决策权力和分配利益权利，随着公司的发展，必然会在公司决策方面和利益分配方面发生不同程度的冲突，这个时候，股权比例就发挥作用了，决策行权将按照股东的权重进行表决，分红也将按照股东的股权比例进行分成。所以，在创业初期，为了将创业事业做大做长久，创始人股东和联合创始人股东一定要共同设计好股权结构，以保证创业公司稳健发展。对于创业公司的建立，很多创始人都想控股，恨不能一股独大才好。但是一旦形成一股独大的格局，就变成所有人给你打工了，公司获取的大部分利益是你的，但是公司所承担的风险也全是你的。这种股权结构下，小股东没有什么利益和责任，会变得不上心和不关心公司的发展，达不到所有股东齐心协力的预期，实际上是为公司的发展埋下了一颗地雷。所以，我们不建议创业公司股东一股独大，最好成立董事会，公司决策按人头投票，股东之间形成一种权力的制衡，这样就容易形成民主集中制，走共同决策的道路，达到有责共担，有利共享，有难共扛的局面。

股权投资，包括有形资产和无形资产投资，用于公司的投资可以是现金，也可以是具有较高科技含量的专有技术，也可以是专利、软件著作权或版权等知识产权，也可以是房产、汽车、设备等资产，还可以是管理经验、销售渠道等特殊资源资产，合伙人股东在商谈投资划分股权比例时，可以协商确定。

为了公司的壮大和可持续发展，目前很多创业公司还留出 20% 左右的股权作为奖励池，拿出一定比例的股份奖励骨干人员以便留住人才，同时，也用来吸引和招募一些优秀的人才加盟。创业团队股权结构情况可按表 6-5 进行设计。

表 6-5　创业团队股权结构情况

股东姓名	投资金额 /（万元）	股权比例 /%
A		
B		
C		
D		
E		

6.3　创业计划书要突出的九个方面

现在很多创新创业大赛，都要求参赛选手提交创业计划书、创业项目PPT、创业项目介绍小视频（1～2分钟），以及创业项目相关资料。其中，创业计划书是创新创业大赛重要的项目评审资料，创业计划书编写质量的好坏直接影响到项目评审分数，笔者结合多年参加创新创业大赛评审的经验，建议参赛者在创业计划书中要重点突出规范性、创新性、盈利性、融资性、示范性、带动性、政策性、真实性和落地性这九个方面。

6.3.1　规范性

创业计划书是由很多模块内容组成的，每个模块都是创业计划书的重要组成部分。你在网上可以找到很多版本的创业计划书模板，但是有些模板的模块内容并不全面，如果使用这样的模板编写创业计划书参赛就会漏掉很多项目内容，在项目评审时就会丢分。本人结合多年的创业大赛评审、创业项目指导和创业项目融资服务经验，创建了一个比较完整的创业计划书模板，这个模板有十三个内容模块，每个模块都是大赛专家评委和投资人重点关注和评审的内容。创业计划书编写模板主要包括以下内容：

① 计划摘要；

② 公司介绍；

③ 产品与服务；

④ 管理团队；

⑤ 技术分析；

⑥ 市场分析；

⑦ 竞争分析；

⑧ 风险分析与控制；

⑨ 市场营销计划；

⑩ 三年发展规划；

⑪ 项目融资与筹划；

⑫ 项目财务分析；

⑬ 创业项目股权结构。

我们在参加创新创业大赛时，最重要的就是按照创业计划书的规范内容模块去陈述项目内容，千万不要丢三落四，导致项目内容描述不完整，编写不规范，重点内容看不到，项目亮点不突出。你在编写创业计划书时，一定要保证编写创业计划书的模块的完整性和规范性，并且按照每个模块对应的内容去详细描述。

6.3.2 创新性

现在的创业大赛已经不仅仅是针对创业，而是面向创新＋创业的大赛，这就要求我们在参赛时，一定要注意创业项目的创新性。由于创新这个词很抽象，很多参赛选手都没有做过科研工作，并不了解该从哪些地方描述项目的创新性，提炼出创新点。为了更好地介绍项目的创新性，建议参赛者可以先从以下五个维度去思考项目的创新性。

（1）技术创新

对于科技型技术类的参赛项目，往往都会用到专业技术。比如做网络的项目会用到 IT 技术，做机器人的项目会用到人工智能和深度学习技术，做大数据的项目会用到数据搜索引擎、计算算法和云计算技术，做装饰涂料的项目会用到诸如纳米材料的新材料技术，做精密制造的项目会用到精密加工与精密测量技术，做大健康的项目会用到新药、医疗和健康检测技术，做环保的项目会用到节能减排与环境监测技术等，那么围绕项目所采用的专业技术和关键技术，你就需要分析一下项目所采用的技术是否存在创新性，该项技术是否解决了以往的关键技术难题，实现了关键技术的突破，填补了某个技术领域的空白。如果项目在关键技术、关键工艺、关键配方、关键参数等方面有所突破和创新，那么该项目就存在技术创新。此时，你就要把项目中的创新点提炼出来，把创新性描述清楚。

（2）产品创新

对于研发制造类的参赛项目，一般都会有一个研制产品。这个研制出来的产品，如果在材料方面有所突破，研制出诸如新型的碳纤维材料、高分子复合材料、航空航天材料或高温合金材料；如果在产品性能上有所突破，能够满足更多更高标准的视听或环保等方面的产品性能；如果在产品质量、产品精度和产品寿命等方面实现较大突破，能为市场提供更高品质的产品，那么这个项目在创新性方面就存在产品创新。

（3）设计创新

对于制造类和文创类参赛项目，一般都有设计活动和设计行为，那么就要好好分析和研究一下在开展项目的过程中，是否有设计创新的地方。比如从平面设计、结构设计、外观设计、电路设计、服装设计、模具设计、功能设计、概念设计等不同的维度去分析，如果你的项目有设计活动且设计过程中使用了一些先进的技术和设计理念，实现了产品在功能、性能、外观、结构、颜色、风格、时尚和文化等方面的设计突破，那么这个项目在创新性方面就存在设计创新。

（4）应用创新

参赛项目研制出来的产品和服务都是为市场提供服务的，如果项目开发出来的是一种新的产品，新的服务模式，并成功的应用到市场服务中，为用户解决了痛点和需求，那么这个项目的创新性也在一定程度上存在应用创新。这种应用服务的创新需要你认真思考和仔细梳理，并加以提炼出来，特别是你所提供的产品和服务是以前市场上没有见到过的，是一种创新应用。

（5）组合创新

参赛项目如果同时存在技术创新、产品创新、设计创新和应用创新，那么这个项目就属于将这几种创新组合应用，在这个项目的创新性中就属于组合创新。这样的话，项目的创新性又多了一项。一个参赛项目如果具备上述 5 种创新，并在创业计划书中很完整地描述出来，可以极大提高项目的创新性，显著增强竞赛的实力。当然，对于不同的创业项目，可能还存在其他创新性，如服务模式创新、管理创新、集成创新、理论创新、金融创新等，如果有这方面的创新性，也请尽可能详细分析和描述。

6.3.3　盈利性

项目的盈利性是专家评委和投资人重点关注的内容，同创客在编写创业计划书时，一定要认真思考和分析，尽可能去突出项目的盈利性。项目的盈利性可以通过财务分析加以陈述，重点是把反映盈利性的重要财务指标描述清楚。比如说项目是否已经有销售，销售额是多少，利润额是多少，是否每个月或每季度可以产生稳定的正向现金流，项目的年销售额和净利润额的增长率是多少，项目的投资回报率是多少，投资回收周期是多少。

6.3.4　融资性

项目的融资性也是目前大赛组委会和投资人十分关注的要点，参赛项目一定要在创业计划书中呈现出具有一定的融资性。但是，很多参赛选手并不了解什么样的创业计划书具备融资性，不了解投资人的偏好。一般来说，投资人都喜欢投资少、见效快，附加值高的项目。在投资界里有个不成文的定律就是人比项目重要，再好的项目也需要人来运作和实施。你可以围绕以下六个维度去包装创业计划书，以突出项目的融资性。

（1）创业团队

什么样的创业团队才是投资人喜欢的团队呢？一般来说，投资人欣赏的团队应该具备专业性、互补性、创新力、执行力、协同力、学习力这几个特征。团队里一定要有一个带头人属于灵魂人物，这个人身上具备专业性、知识性、创新性、抗挫折性、组织能力、整合资源能力，同时还具有比较清晰的战略发展思路，比较大的格局，比较宽阔的胸怀和一颗能包容的心。所以，我们在编写创业计划书时，要针对投资人的偏好，从这些方面去加强描述团队成员的情况，尽可能突出创业团队的项目实施能力。

（2）技术水平

技术类项目的技术水平高低十分关键，投资人一般都十分看重技术水平高的创业项目。你的项目所用到的技术是否领先，是在国内领先还是在国际上领先；项目技术是否有自主知识产权，是发明专利还是实用新型专利，有几项专利；该项技术是否成熟，该项技术是否还会不断升级迭代，该项技术与竞争对手所用的技术对比是否领先，这些技术的情况你都要在创业计划书中描述清楚。越是好的技术，越是水平高的技术，越是有自主知识产权的技术，越容易获得投资人的青睐和关注。

（3）产品与服务

创业项目的产品与服务题材很重要，你的项目一定要处于投资的风口上。投资人一般比较喜欢有特色、有竞争优势的产品与服务。所以，我们在编写创业计划书时，一定要突出项目产品与服务的特色和优势，特别是在竞品分析方面，要能看出项目的竞争优势。

（4）财务指标

项目的财务数据是否理想，是否能够挣钱盈利，是否能够在短期投资中挣大钱、挣快钱是投资人重点考虑的内容。所以，我们在编写创业计划书时，一定要突出项目的盈利情况，要围绕投资少、投资周期短、投资收益大去描述。当然，财务数据的分析要真实可靠，不能是没有依据的推断。

（5）风险分析与控制

风控是投资人最关心的项目内容。一个创业项目，如果不能把风险分析清楚，不能把应对风险的措施和预案说清楚，那么投资人是不会投资的。所以，我们在编写创业计划书时，一定要完整、充分地分析和描述项目可能存在哪些风险，并针对性地提出应对措施和预案。

（6）项目估值

项目估值也是投资人十分关注的内容。如果项目的市场空间不大，估值不大，一般来说很难引起投资人的兴趣。所以，我们在编写创业计划书时，一定要合理地把项目的市场估值做大。

6.3.5 示范性

创业大赛评审时，项目是否具有示范性是大赛评委比较关注的地方。你的创业项目在实施后，是否具有示范推广效果，是否可以在高校推广，是否可以在行业内推广，是否可以在某个地区推广，这一点十分重要。所以，你在审视自己的创业计划书时，一定要看看自己的项目是否具有示范性，该如何围绕突出项目的示范性去描述。例如，你做的是一个利用无人机在高速公路上巡查路况拥堵的项目，其示范性既可以用来作为城市道路交通的检查，也可以作为景区游客密度分布状况的检查，对于海上渔船捕捞作业的监控勘察也具有一定的示范性；如你做的项目是一款英语教学机器人项目，其示范性既可以作为语文数学教学机器人项目，还可以作为少儿益智科普机器人项目；如你做的是一款3D打印台灯的项目，其示范性既可以作为3D打印礼品项目，也可以作为3D打印纪念品项目。

6.3.6　带动性

创业大赛评审时，项目的带动性也是大赛评委比较关注的地方。你的项目在实施后，是否能对周边的人起到带动效果，是否能够带动其他人一起创业就业，这一点十分重要，你需要好好审视自己的项目，突出项目的带动性。如我们做的是一个教学扶贫的公益项目，通过给偏远贫困山区的孩子进行电脑和互联网知识的培训，帮助他们学会利用互联网和物联网技术来搭建电子商务平台，通过开展电子商务将家乡的土特产销售到外面去。这种项目就会带动周边很多的同学和朋友一起做公益项目，为更多偏远贫困地区的孩子提供与电子商务有关的知识培训，带动更多贫困地区的孩子创业就业。如我们做的是一个兼职服务平台的项目，通过平台推荐的兼职信息服务，可以帮助其他同学实现社会兼职，那么这种项目就具有带动性，可以带动其他同学通过社会兼职实现就业和创业。

6.3.7　政策性

创业项目是否符合国家产业扶植政策十分重要，政策性是大赛评委重点关注的内容。如果你的创业项目不符合国家产业政策或地方政策扶持方向，即使你的项目很好，有很强的盈利性，也很难让评委打出高分。例如，你做的项目是一个有废气排放的冶金项目，而目前我们国家在加强环保建设，实施蓝天治理计划，各省市地区都在进行大气污染治理工作，那么该项目与国家产业和地方扶持政策方向明显相违背，这种参赛项目即使财务收益很高，也很难让评委给出高分。

6.3.8　真实性

创业项目数据是否真实可靠也是专家评委关注的重点。近年来很多参赛项目所使用的市场统计数据、调研数据和调查数据没有出处，数据来源不详，项目中涉及的财务数据也没有推算过程，从而导致项目资料中的数据真实性无法保证。如果你在做市场分析时，不能援引政府权威部门的统计数据或著名咨询机构的研究报告数据，项目给出的财务数据也没有合理推算和解释，那么，专家在评审时就会针对数据的真实性扣分，这一点一定要引起我们的高度重视。

6.3.9 落地性

创业项目的落地性是大赛组委会关注的重点。组委会领导都希望获奖的好项目可以落地注册公司，通过创业孵化后可以做大做强，成为带动其他人创新创业的典范。所以，大赛评委对项目的落地性也会十分关注。如果你的项目发展前景不错，发展潜力巨大，一定要尽可能围绕今后项目的落地发展去规划描述，争取让评委能给一个高分。

第7章
如何组建创业团队

　　在参加创业大赛时，创业团队的组建是很多同学比较困惑的问题。很多创业项目只是同学们自己的某个创意或创业想法，并不是很成熟，创业团队只有自己一个人，还没有和其他同学组成创业团队。好不容易厘清了项目思路，初步形成了一个创业项目，也只是和一两个同学商量组建创业团队，团队的数量达不到4人以上，更不要说满足团队的专业性和互补性了。但是，在创业大赛中，创业团队是创业项目能否顺利实施的关键，创业团队对于能否有效运营创业项目，实现创业成功至关重要。大赛评委在评审一个创业项目时，往往更看重创业团队运营项目的能力和实力，如果团队中只有一两个人，显然团队不具备项目实施能力。所以，在创业计划书中，创业团队的成员数量、专业性、创新性和互补性等方面的描述就显得十分重要。那么该如何组建一个比较理想的创业团队呢？

7.1 如何寻找创业团队伙伴

7.1.1 个人修养

当我们经过深度思考想到了一个不错的创业项目后，你就可以准备组建创业团队进行创业了。但是由于你的知识和能力及资源有限，不可能由你一个人完成这样一个创业任务，你需要寻找其他的创业合作伙伴。你作为项目创始人，在寻找创业团队伙伴也就是联合创始人时，千万不能随随便便找人加入你的创业团队，一定要找志同道合和的、个人素质修养较好的人共同创业，最好能找到在人生观、价值观和世界观都和你一致的人，"三观"一致可以为后期的创业事业奠定较好的团队基础，统一团队的思想和理念。协作和协同发展起到积极的助力作用。除了寻找那些在价值观、人生观和世界观和你一致的人外，最好在符合"三观"一致的这些人中，进一步筛选那些还具备一定的前瞻性和视野，有较大的格局和较好的心态的人，如果能找到符合集这几个方面于一身的创业合作伙伴，那这个人应该是不错的选择。

7.1.2 专业性

除了寻找符合志同道合的高素质人才外，创业合作伙伴在项目的专业性方面也要有较高的要求。如果创业项目涉及计算机网络技术的专业，那么创业团队中至少要有 1 ~ 2 人是学这个专业的，对这个领域有比较深刻的理解和认识，具备较强的计算机网络服务能力；如果创业项目涉及高端装备制造的，那么创业团队中至少要有 1 ~ 2 人懂精密制造和自动化制造等专业，具备较强的高端装备设计与研发能力；如果创业项目涉及互联网或物联网的，那么创业团队中至少要有1～2人是学互联网和计算机专业的，懂基本的软件编程与网络运维，具备较强的网络信息服务能力；如果创业项目涉及农业领域，那么创业团队中至少有1～2人要懂农业种植、农业防病虫害、农业深加工或现代农业的专业知识，具备较强的农业专业知识；如果创业项目是涉及产品设计或规划设计的，那么创业团队中至少有1～2人是学设计专业的，了解平面设计、结构设计、建筑设计、工业设计、服装设计或电路设计等某一项设计专业知识，具备较强的专业设计能力。也就是说，创业团队中一定要有至少1～2人在该项目的专业性方面具备较专业的知识背景和服务能力。

7.1.3 互补性

你要找的创业团队伙伴除了具备专业性外，最好在团队相互之间还能形成一定的互补性，以弥补每个人的短板和不足，提高团队的整体作战能力。首先，每个人要在专业知识和专业能力上形成互补。创业项目的运营涉及公司战略、项目策划、产品研发、市场运营、财务管理、公司宣传、人力资源等岗位，而创业团队的人不是每个人都是全才，什么专业都懂，这就需要寻找可以弥补项目运营中能胜任岗位的有能力的人，实现专业的互补。例如，你做的创业项目是服装服饰设计，你可能只懂服装设计，但是对生产加工、市场营销、项目管理、财务管理、企业融资都不太了解，就需要寻找一些可以胜任这些关键岗位的创业伙伴来弥补创业团队的专业不足。其次，你要找的创业团队伙伴除了在专业知识和专业能力形成互补性外，最好相互之间还能形成性格、经验和性别等方面的互补。例如，团队中的成员都是清一色的暴脾气和急脾气，这样的团队就不理想，团队成员在工作中容易吵架产生矛盾，如果团队中有些人属于好脾气慢性子的人，他们在一起工作就不太容易发生冲突，工作上的矛盾就会少一些；比如，团队中如果都是工作大大咧咧粗线条的人也不好，工作中容易忙中出错，如果团队中有些人属于细线条做事心细,那就可以弥补粗线条这些人的不足,减少工作中的出错;再比如,团队中有些人做事喜欢较真钻牛角尖,对一些小事斤斤计较,而有人属于比较大度包容有心胸的,这两类人在一起遇到事就容易让大事化小,小事化了,减少人与人之间的冲突。

7.1.4 执行力

你要找的创业团队伙伴除了具备专业性和互补性外,还要具备一定的工作能力和执行能力。

细节决定成败,执行力是创业成功的基础,没有执行力的团队是不可能把项目做好的,更不可能把项目做到极致的完美。团队的每个人如果都具有较强的工作能力和执行能力,那么整个团队的项目执行能力也会十分强,这样的团队才够优秀。那么我们需要找的创业伙伴要具备哪些工作能力呢?一个创业项目离不开项目策划、离不开项目研发、离不开团队组织、离不开团队沟通、离不开团队管理、离不开文案撰写、离不开市场营销、离不开公司宣传。所以你要寻找的创业伙伴在工作能力上是有一定要求的,最好在策划能力、研发能力、组织能力、沟通能力、管理能力、写作能力、市场运营能力等某一个方面或某几个方面具备一定的工作能力。如果这个人仅有工作能力而没有执行力也是不行的,执行力可以保证工作快速、高效和高质量地推进。

7.1.5 经营资源

创业公司的发展离不开经营资源,公司的经营资源越多,公司也越容易经营,公司发展也越顺利。所以,你除了寻找在专业性、互补性、工作能力和执行能力强的人外,还要注意寻找可以为公司带来经营资源的创业合作伙伴。经营资源一般包括:政府资源、渠道资源、研发资源、生产资源、人才资源、媒体资源、融资资源和法律资源等，如果你找的创业团队成员在人品素质上没问题的情况下，不仅具有专业性，还能弥补互补性，不仅具有执行力，还能为创业项目带来一定的经营资源，那这个人应该是创业合作伙伴比较不错的人选。

7.1.6　了解程度

创业团队最难的是团队磨合，很多创业团队由于每个人的做事方式不同，思考问题的习惯不同，为人处世的做法不同，自身的性格不同，再加上随着时间和环境的改变导致价值观和世界观的改变，结果在创业期间会经历漫长的磨合期，短的需要几个月，长的需要两三年。如果团队磨合不好、不顺利，就不能形成合力，团队的整体战斗力就不强，团队的执行力就弱。所以，为了减少创业团队的磨合期，一般找创业合作伙伴都首先考虑"四老"，即老同学、老朋友、老战友、老同事。由于符合"四老"的人在一起学习过、工作过和生活过，彼此的情况都比较熟悉，每个人的做事风格和思维习惯也都比较了解，每个人的性格和秉性也都比较熟悉，在工作中不会为某件事或某个议题产生较大的摩擦和冲突，比较容易快速渡过团队的磨合期。

7.2 如何包装创业团队能力

创业团队参加创业大赛和项目融资时，创业团队的能力高低是重点打分项。所以，我们一定要学会包装创业团队，不仅要给出每个创业团队成员的清晰画像，还要围绕创业团队的专业性、互补性、执行力、创新力、协作性和学习力等以下多个方面进行描述。

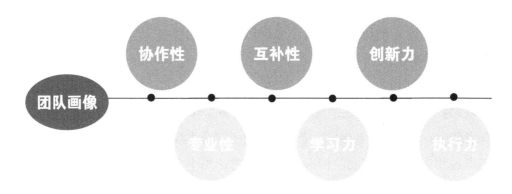

7.2.1 团队成员画像描述

为了全面地介绍创业团队，我们有必要从不同的维度给大赛评委勾画出创业团队成员的画像轮廓，成员画像可以参考以下 7 个方面进行描述。

团队成员**第一个画像维度**是要描述清楚每个团队成员所在学校的名称，团队成员攻读的专业，目前是正在上学还是已经毕业了，如果是还在上学的话，要描述清楚是几年级的学生。用个人头像配合描述会更直观感性。

团队成员**第二个画像维度**是要描述清楚每个团队成员的能力和特长都有哪些，不论是研发能力、编程能力、设计能力，还是体育运动竞技能力，都可以完整地描述，让专家评委尽可能了解清楚团队的画像。

团队成员**第三个画像维度**是要描述清楚每个团队成员都曾经获得过哪

些奖励和荣誉，不论是创新创业大赛的奖项，还是英语比赛的奖项，不论是优秀三好学生的荣誉，还是学习模范先进等荣誉，只要是曾经获得的荣誉和奖励，最好都介绍一下，以增强评委对团队画像的认识。

团队成员**第四个画像维度**是要描述清楚每个团队成员曾经参加社会实践和社团组织的活动经历。如果你曾经有过社会兼职经历，如果你在学校参加过社团并担任过某些职务，如果你参加过某些志愿者协会的活动，最好都详细加以描述清楚，进一步增强评委对团队画像的了解。

团队成员**第五个画像维度**是要描述清楚团队成员中是否有多次创业经历的队员。创业失败过没有关系，只是要把创业经历介绍清楚，以前创业时做过什么项目，创业结果如何，挣钱了还是赔钱了都要描述一下，以增强评委对团队创业经验的画像的认识。

团队成员**第六个画像维度**是要描述清楚每个团队成员都有较好的团队合作精神，团队协作能力强，每个人都满怀创业激情和创业梦想，全身充满创业的朝气。

团队成员**第七个画像维度**是要描述清楚团队成员中谁是团队的灵魂人物。谁是团队的领头人，这个人有哪些特点和特长，具备哪些能力，获得过哪些荣誉和奖励等。特别是要描述这个人的组织能力、协调能力、创新能力、策划能力和整合资源能力等方面。

7.2.2　专业性描述

为了突出创业团队的能力，团队专业性的描述十分重要。如果创业团队的成员都不懂创业项目的专业，那么这个项目会做得很累很辛苦，甚至没有任何市场竞争力，创业团队成员是否具有专业性直接影响到创业项目能否顺利实施。专业性一般要求创业团队中至少有 1～2 人是比较了解创业项目领域的，基本具备实施创业项目的专业知识和专业能力。专业性是评估创业团队能力的重要指标，也是大赛评委的重点打分项。例如，做属于服装设计类的文创项目，那么团队中至少要有 1～2 人是学服装设计专业的，要懂服装服饰设计的理论和设计软件的使用；如果做的项目是高分子材料的产品研发，那么团队成员中一定要有1～2人是学高分子材料专业的，要了解高分子材料的基本理论知识；如果做有关健康管理的大数据项目，那么创业团队中至少要有1～2人是学大健康和大数据专业的。专业性是创业项目成功的基础，创业项目只有专业性的保障，才有可能把项目做好。

7.2.3 互补性描述

为了突出创业团队的能力，团队的互补性描述十分重要。我们知道，团队中的每个人不可能什么专业都懂，什么能力都强，十全十美的全才微乎其微，创业团队如果只有专业性而没有互补性，这样的团队能力也还是不强，所以，创业团队需要具有互补性。一个创业团队或创业公司会有很多岗位，如公司战略、项目策划、产品研发、生产物流、人力资源、财务管理、市场营销等，一个人不可能什么岗位都胜任。擅长项目策划的不一定擅长产品研发，擅长产品研发的不一定不擅长市场营销，擅长市场营销的不一定不擅长财务管理。所以，一个创业团队需要团队成员在不同的专业岗位形成专业知识的互补和专业能力的互补。由于团队成员的工作年限和社会实践经验不同，对每个项目的理解和经验也不同，所以还需要成员之间在工作经验上形成互补。团队组建后马上就会面临成员之间的磨合问题，所以还需要团队成员在性格方面形成互补，以尽可能减少工作中的冲突。团队之间通过专业知识的互补、工作经验的互补、工作能力的互补、性格脾气的互补、做事风格的互补，从而可以显著提高团队的作战能力。

7.2.4 协作性描述

为了突出创业团队的能力，团队的协作性描述十分重要。一个创业团队的能力提升除了具有团队的专业性和互补性外，团队成员具有协作性也十分重要。我们经常会听到团队精神、团队协作、团队协同这些词，这是体现团队能力的基本要素。一个创业团队如果每个成员都具备了团队精神和团队协作能力，那么在项目实施过程中就会起到团队协同的效果，获得 1 加 1 大于 2 的效果。团队的协作性不仅仅是一种团队精神，也是一种工作态度，是团队成员的素质体现。为了更好地描述团队成员的协作性，可以结合具体例子进行描述，使内容描述更生动感性。

7.2.5　执行力描述

为了突出创业团队能力，团队的执行力描述十分重要。一个团队的运营能力是否强，关键在于团队成员的执行力。团队的执行力提升不仅需要团队中即时有效的沟通，还需要完整的策划、组织与协调；不仅需要做项目的专业性，还需要做事的专注性；不仅需要做事的快速敏捷与精准高质量高标准，还需要在做事中反复地总结与提炼，不断地提高与升华。执行力会体现在不同的项目实施过程中，如项目策划、产品研发、市场营销、财务管理等。

7.2.6　创新力描述

为了突出创业团队能力，团队的创新力描述十分重要。每个人是否有创新意识，是否曾经负责或参与过课题研究，是否申请过专利或软件著作权，是否申请过版权，是否已经有授权的专利、著作权或版权，是否有获奖证书或奖杯，这些证书和奖杯的内容尽可能描述清楚。团队中如果有成员编制过程序，开发过软件，参加过课题研究，研制过产品，申请或获得过知识产权，获得过一些竞赛的奖励荣誉，那么专家评委会认为这个团队具有一定的创新能力。反之，如果没有上述内容，就很难评判出这个团队的创新能力水平。

7.2.7　学习力描述

　　为了突出创业团队的能力，团队的学习力描述十分重要。现在已经进入了知识爆炸的时代，知识更新和技术创新的速度都十分快，有些知识半年或一年就会更新淘汰，有些技术一年或两年就会迭代升级，新知识、新技术、新模式、新管理、新业态层出不穷，让人眼花缭乱，如果不具备知识学习的能力很容易被社会淘汰。所以，创业团队的学习能力也需要稍加描述，以进一步突出创业团队接受新知识、新技术、新模式、新管理的能力，突出创业团队的学习能力，从侧面衬托出创业团队不会被社会涌现出的各种新知识、新技术、新模式所淘汰。

7.3　如何进一步突出团队能力

创业团队是创业大赛评审的重点，也是创业项目融资时投资人关注的重要评价指标，为了进一步突出创业团队的能力，我们在包装创业团队时，还要兼顾以下几个方面，检查一下团队是否可以满足以下八个保证。

7.3.1　价值观保证

现在学校里很多同学都愿意参加创业大赛，期望通过创业大赛学习创业知识，提高创业技能，认识创业导师，整合创业资源，获得创业大赛奖项荣誉，为进一步成为创新创业的复合型人才奠定基础。但是，不同的人有不同的人生观、价值观和社会观，组建创业团队时，需要寻找在价值观上能够达成一致的人，要能志同道合，这样在今后的创业项目研究和实施中，才能事往一处想，劲儿往一处使，一起努力推进创业项目。

7.3.2　数量上保证

创业团队绝不是一个人在战斗，而是几个人一起团结起来去奋斗。一般来说，创业团队人员数量不要低于4人，4～8人都可以。这些人就是创业团队，也就是创业项目的核心人员和骨干人员。这个团队承担着策划、组织和实施创业项目的重任，是创业项目成功的关键。所以，创业团队这几个人，无论性别，一定要选好、选对。

7.3.3　专业性保证

现在参加创业大赛的很多项目专业性都较强，创业团队的组建一定要保证专业性突出。例如，做互联网的创业项目，团队里面一定要有学计算机专业的，懂物联网技术，懂程序开发，懂网络应用的成员；做机器人的创业项目，团队里面一定要有学计算机专业的，懂计算机算法、懂大数据技术、懂传感器、懂语音或面部识别、懂编程的成员；做文创设计类的创业项目，团队里面一定要有设计专业的，如平面设计或工业设计；做现代农业的创业项目，团队里面一定要有学农业专业的，了解种植、土壤与化肥和农药。所以，组建团队时，就要围绕着创业项目的专业领域去寻找合适的成员加盟。

7.3.4　互补性保证

我们知道，创业项目的策划和实施离不开项目规划、技术开发、产品设计与生产、产品检验、包装物流、市场销售、产品宣传、财务管理等项目管控环节。因此，创业项目的实施不是仅有懂项目技术专业的成员可以独立完成的，需要团队成员在专业和技能方面形成互补，弥补每个人的短板。组建团队时，就要围绕项目实施的环节和流程从互补性的角度去考虑需要什么样专业能力的人加入团队，共同推进和实施创业项目。

7.3.5　创新性保证

现在创业失败的风险很高，很重要的一点是创业团队的创新能力不够强，很多创业项目千篇一律，产品没有特色，服务没有优势，商业模式也不够创新，在市场竞争中很难脱颖而出，这些归根结底还是人的问题，是团队创新力不够的问题。创业团队需要一批有创新能力的小伙伴，能够奇思妙想，研究出一款爆品，研发出一种创新性、颠覆性的商业服务模式。组建创业团队时，就是要找这种具有创新思维和创新能力的人才加盟。

7.3.6　协作性保证

创业团队的成员每个人都是精英，不在团队里面时可能每个人都是人中龙凤，但是放在一个团队里面，未必都能发挥出作用，这就需要每个团队成员具有团队合作精神。每个成员都能很好地合作，就会达到 1 加 1 大于 2 的结果，如果不能很好地合作，项目的开展就会十分费劲，在项目实施中，就会产生 1 加 1 小于 2 的结果。所以，组建项目团队时，要选择那些具有合作精神和团队精神的人加盟。

7.3.7　执行性保证

创业项目策划得再好，也需要按照项目计划实施。如果项目实施过程中执行力不强，实施效果不理想，就会对创业项目的结果带来很大的不确定性。所以，不论是技术开发的人，还是项目策划的人；不论是市场营销的人，还是项目管理的人，都需要在项目实施的流程和环节中，具有较强的执行力。所以，组建项目团队时，一定要围绕着项目流程对应的不同岗位，寻找适合的胜任力强的人加盟到团队中来。

7.3.8 创业激情保证

创业过程不是一帆风顺的，创业道路十分坎坷，创业的征途上布满荆棘，创业者每天都要面对困难、无助、孤独、寂寞和死亡，内心充满了巨大的工作和生活压力，如果没有创业的激情和创业梦想做支撑，很难坚持下去。所以，组建创业团队时，一定要慎重筛选创业合作伙伴，要寻找那些有创业激情、有创业梦想的人，和他们并肩携手，向着实现创业梦想的方向坚定地走下去，去争取属于你们的未来。

第8章

如何成为项目路演英雄

　　在创新创业大赛进入最后决赛环节时，一般都要进行项目路演汇报。谁能在项目路演中脱颖而出成为路演英雄，关键是要对专家评委最关心的项目内容了然于心，并在制作PPT时把握住关键内容进行展示和汇报，在有限的汇报时间里尽可能突出项目的亮点和优势，努力争取专家评委对汇报人本人及其项目的好评。

8.1 关注评审九大要点

　　参加创业大赛的团队如果能够进入终审，一般都要进行项目路演汇报，也就是进入了最后的冲刺环节，这个时候创业团队汇报的材料要求采用PPT文件。虽然很多同学在PPT的制作方面很熟悉，但是由于不了解项目汇报要点，不掌握项目汇报技巧，不知道评委最关注的问题，导致最后项目的汇报结果并不理想，最终与奖项失之交臂。由于创业计划书的内容很多，而我们做项目路演的时间很有限，大赛一般只给5～10分钟的汇报时间，这就要求我们要这么短的时间内把项目计划书的主要内容、关键内容陈述清楚，难度十分大。为了更好地做好项目路演，笔者建议在做PPT路演汇报时，要把专家评委最关注的以下九大要点汇报清楚。

8.1.1 创业团队

　　创业团队是创业项目实施能否成功的关键，所以每位专家评委都会关注项目路演时创业团队的能力情况。我们在项目路演时，要用1～2页PPT，将项目团队的专业性、互补性、协作性、创新力、执行力和学习力等陈述清楚。专业性代表团队有实施项目的专业技术能力，互补性代表团队成员间可以弥补专业知识方面、专业技术方面、业务能力方面、工作经验方面和性格方面等的不足。协作性是指团队具有项目的协作和协同能力，创新性代表团队具有创新精神和创新能力，执行力代表团队具有顺利实施和开展项目的能力，学习力代表团队成员都具有不断学习新知识的能力。在团队陈述时，还要注意将团队的带头人重点突出描述，要尽可能将这个人的策划能力、组织能力、管理能力、专业能力等综合能力呈现出来，将这个人的视野、格局和胸怀表述一下，尽可能突出他（她）的人格魅力。此外，在团队的陈述中，还要突出具有"四老"特征，即老同学、老朋友、老同事、老战友。如我们的创业团队是由本校的不同专业的同学组建的，或是由本校不同年级的师哥师姐、师弟师妹组建的，或是由上大学前的高中同学组建的，或是由一起踢球、旅游的不同学校的同学组建的，这样团队成员在今后的业务开展中磨合期会短一些。

例如，你想做一款会展机器人项目，这个项目属于科技类项目，技术含量较大，涉及计算机技术、网络技术、大数据技术、信息集成技术、智能硬件技术、传感器技术、人工智能技术等，这就需要你在组建项目团队时，寻找相应专业的人才参与产品设计与研发；项目产品研制出来后，还需要进行市场推广和销售，你又需要找到懂市场营销、市场策划、媒体宣传的人；公司运营中离不开财税管理，你可能还需要一个懂财务的人来帮你做好财税规划与财务管理；为了让创业团队在一起更加融洽，你可能要从你的老同学、老朋友、老同事中去寻找适合这些工作岗位的人，以便减少团队之间的冲突，缩短团队的磨合期。

8.1.2　产品与服务

项目的产品与服务是专家评委最关心的内容，也是项目路演时需要完整陈述清楚的内容。我在评审项目路演时，经常发现很多同学的项目内容汇报得不完整、项目产品汇报得不清楚。项目的产品与服务在 PPT 中一定要提到，而且要描述清楚项目具体的产品，提供的具体服务，这个产品有哪些技术含量，有多少知识产权，有没有技术壁垒、产品的研发采用了哪些学科知识，采用了什么原理，是通过什么途径研制出来的，产品具有哪些功能，能为什么样的用户群体提供什么样的增值服务。项目产品在技术方面、性能方面、成本方面、设计方面、应用方面等都具有哪些特色，项目为用户提供服务时在价格方面、效率方面、便利方面、安全方面等都具有哪些竞争优势。

仅仅介绍项目产品与服务还不够，还需要围绕产品与服务的特色和优势详细描述。产品与服务的特色与优势是汇报的重点。首先是项目特色方面的介绍，项目在技术方面有哪些特色，是否采用了一些新的技术和工艺；在性能方面有哪些特色，是否可以达到更高、更全面的性能；在生产成本方面有哪些特色，是否因为采用新工艺和低廉的人力而使制造成本下降很多；在节能环保方面有哪些特色，是否达到绿色减排要求等。其次是项目优势方面的介绍，项目较同类竞争对手相比，是否在技术方面有优势，是否在产品设计方面超越他们，是否在产品功能方面比他们更全，是否在产品质量方面比他们更优，是否在环保方面比他们做得更好，是否在团队方面比他们更强等。

例如，我们的创业项目做的是一款益智教育机器人，你要描述清楚这款机器人是否采用了人工智能、语音交互、人脸识别、远程视频、自我学习、大数据、云计算、地理位置信息、智能避障、拍照录像等技术；你要描述清楚这款机器人是否使用了功能材料；金属材料、陶瓷材料、复合材料、碳纤维材料、化工材料等材料；你要描述清楚这款机器人在产品性能、生产成本、使用的便利性、安全性和环保性方面是怎么样的；你要描述清楚在销售这款机器人时采用的是什么服务模式，线上销售是怎么做的，线下销售是怎么做的，体验销售又是怎么做的。

8.1.3　市场痛点

我们在进行项目路演汇报时，一定要将项目创意的来源和起因讲清楚，否则评委不知道你的创业项目是怎么想出来的，是依据什么来确定的。我们在 PPT 里面一定要介绍清楚目前市场的环境是怎么样的，存在哪些市场的痛点问题，有哪些市场服务需求，这些痛点是刚性的还是非刚性的，是紧迫的还是不紧迫的，这些痛点的强度有多大，是很痛还是一般的痛，或是隐隐的微微作痛，这些市场痛点能带来多大的市场服务需求，有多大的市场机会，我们能否围绕解决这个痛点来做这个创业项目。一般来说，我们可以围绕市场价格、产品质量、产品性能、产品安全、服务质量等角度来分析市场痛点。如住房售价很高，教育费用太贵，热水器保温效果不好，手机摄像头像素不高，眼镜镜片寿命短，墙体涂料使用后有异味排放，暖气片散热性不好，空调制冷效率不高，汽车清洗排长队，快递送货不及时，产品包装简陋，蔬菜和水果农残超标，鸡鸭鱼喂养都使用消炎药，空气净化器过滤层二次污染等。只要围绕着市场痛点去分析，就会发现有很多的服务需求，存在很多的市场机会。针对市场痛点的梳理和提炼，就可以让评委清晰地了解你的项目思路。

例如，你想做一个快速检测蔬菜和水果农药残留物的检测仪，那你就要描述清楚这个项目的市场痛点在哪里。我们知道现在很多蔬菜和水果的种植离不开农药和化肥，如果不打农药不施肥，蔬菜长得就不茂盛，水果生长得就不大，种植质量就不会理想。但是菜农是否用有机肥种植我们并不知道，他们用多少化肥和农药我们也不知道，目前市场上销售的大部分蔬菜和水果农残都超标，而现在人民群众生活水平提高后都很重视食品健康安全。所以，一款便携式的可以快速检测农残的小仪器应该有市场需求，且市场容量还不小。

8.1.4 市场空间

我们在进行项目路演汇报时，不能介绍了市场痛点而不提市场空间，一定要向评委汇报清楚我们调查和分析后的市场概况和市场容量情况。如果一个创业项目没有市场，或市场空间不大，那么这个项目就做不大，项目的估值就上不去，项目就很难拿到融资；而如果评委看到项目的市场容量较小后，这个项目的打分就会较低。所以，进行市场痛点的分析后，要从直接市场、间接市场、潜在市场和培育市场的角度去分析未来项目的市场空间有多大。市场容量是 5000 万元还是可以达到 1 亿元，是 5 亿元的市场容量还是可以达到 50 亿元甚至 100 亿元的容量。如果市场空间能超过 10亿元或达到 50 亿元，就有较大的市场机会，就算有 10 个竞争者同时在做类似的项目，每个公司年均也能有 1 亿元或 5 亿元的市场份额，也容易引来天使投资的关注。但是，如果你做的创业项目市场空间不大，只有 1000万元或 5000 万元，如果市场上有 10 家竞争对手，那么每个公司平均市场份额才有 100 万元或 500 万元，公司项目销售额做不大，估值上不去，很难获得天使投资。

例如，养老产业的保健品项目市场就十分大。目前，每个老年人都关心自己的身体，都关注健康，除了开展体育锻炼外，就是从饮食上保持身体健康。如果公司研发的产品是一款保健饮品，可以降血压、降血脂、降胆固醇，并且能预防糖尿病的发生，那么针对三高人群和糖尿病人群，将会有较大的市场。

例如，高校内的快递项目市场就不大。现在很多同学做学校内的食堂外卖项目和快递项目，这种项目只适合同学们的创业实践和创业体验，因为校园内就那么几千名学生，每份快递业务也就挣几元钱的劳务费，一方面项目的技术含量不高，另一方面项目的市场空间不大，市场容量很小，这样的项目销售额做不大，项目未来的发展前景也不乐观。

8.1.5 竞品分析

在项目路演时，竞品分析是所有评委都十分关注的内容，我们一定要把这部分内容放入 PPT 中。竞争对手分析一方面包括目前市场中已经存在的竞争对手的数量，另一方面包括行业中排在前 10 名的竞争对手的产品、技术、服务、成本、品牌、资金等方面的情况。竞品分析时，要找出对标的竞争者，围绕一些涉及项目产品与服务的具体内容去对比分析，评估一下我们和竞争者之间的优劣情况。例如，我们在产品技术方面、在生产工艺方面、在制造成本方面、在技术壁垒方面、在知识产权方面、在销售渠道方面、在市场占有率方面、在产品售价方面、在公司品牌方面、在生产能力方面等与竞争对手进行对比分析，从而可以评判出我们做这个项目是否有优势。

例如，我们想研制一款智能手机，市场上同类产品排名前几位的有苹果、华为、小米、OPPO、三星、魅族、中兴、海尔、联想等，那我们做竞品分析时，就要围绕一些关键问题进行对比分析，看看我们是否有机会在市场上分一杯羹。如在手机设计方面、手机芯片方面、手机摄影方面、手机内存方面、手机显示器方面、手机驱动方面、手机外壳材料方面、手机人工智能方面、手机音响方面、手机专利方面、手机生产能力方面、手机生产成本方面、手机售价方面、手机销售渠道方面等，进行有针对性的定性和定量的对比分析。

8.1.6　商业模式

我们在进行项目路演时，项目的商业模式一定要说清楚。评委们最关心项目是如何挣钱的，是靠什么手段和方法挣钱的，这种商业盈利模式是否很新颖，是否很独特，是否很创新，是否具有颠覆性。这种商业模式与传统的商业模式有什么不同，其构思和规划的精巧之处在哪里。所以，我们在 PPT 中，要清晰地描述项目是采用什么样的技术手段和方法，通过什么样的具有创新性的商业模式，来实现盈利的。

例如，滴滴打车，通过一个约车软件系统就把闲置的家用汽车资源整合到滴滴打车平台上，实现了共享打车，并通过在线支付解决了打车交易难题，实现了滴滴打车共享用车的商业服务模式；共享单车，通过一个骑车 APP，就把想用车的人引流到这个共享单车平台上，在提供金融租赁服务的同时，不仅沉淀了一大笔注册资金，还能获取用户骑车的使用费，其商业模式的延伸性十分强，既可以从户外广告及大数据挖掘上挣钱，也可以从金融理财的角度挣钱，还可以用大笔的资金进行投资与股权收购。

8.1.7　市场策略

我们在项目路演时，市场策略的描述也十分重要，在汇报 PPT 时，要向专家评委介绍清楚项目的公司战略和市场策略。公司战略一般比较容易介绍，作为创业公司，大多采用差异化战略，走蓝海战略的道路，躲避激烈的市场竞争，在市场的空隙中寻找机会。市场策略可能没有时间详细介绍，但是最起码也要介绍清楚你的产品策略、价格策略、渠道策略、促销策略和宣传策略是怎么做的。当然，在互联网社会的今天，你还要为销售策略加上互联网的翅膀，以便使公司运营得更好，传统营销＋互联网也是需要你完整汇报的。对于不同的创业项目，如技术研发类、产品设计类、技术服务类、技术咨询类、专题培训类、会议会展类等，可能运用的市场策略会有所不同，最好能针对创业项目采用适合的市场策略。

例如，你做的项目是一款手工定制的意大利皮包，你不仅在网上开店做宣传，还在线下做 DIY 的体验店。一方面可以通过线下培训教学，给学员提供制作皮包的材料和工具，让学员体验 DIY 制作，并将学员亲手制作的产品卖给学员；另一方面，还可以网上直播、录播培训过程进行宣传，并在网上销售培训课程和定制的皮具产品。

8.1.8　风险分析

我们在进行项目路演时，风险分析与控制的内容一定要有。现在很多创业大赛的评委都是投资人，他们对项目的风控内容最为关心。你要在 PPT 中围绕项目的政策风险、市场风险、技术风险、管理风险、人才风险和资金风险等可能存在的风险进行分析，并提出风险应对措施，给出防范风险的预案。由于我们是创业公司，技术风险、市场风险、管理风险和资金风险肯定存在，所以千万不要回避风险分析。如果项目方向与国家产业政策方向一致，不存在政策风险，那也要说清楚。有时候风险分析得全面并非坏事，而是使我们更加清楚地了解项目可能存在哪些风险。只要我们提前制定预防风险的措施，可以防控风险的发生，评委就会更认可我们对风控全面的分析，会更加看好我们这个创业团队。

例如，我们做的项目是中水处理回收利用的项目，你就要围绕我国环保的政策、中水处理的技术、市场空间与竞争的态势、公司的管理现状、团队人员的情况和资金管理等方面的风险进行风控分析

8.1.9　投资回报

我们在进行项目路演时，一定要介绍项目的财务分析，介绍项目的投资回报情况。作为创业计划和创业实践项目，一定是要有收益的，项目能够创造多少收益，直接决定着该项目的好坏。一般来说，我们在 PPT 中，要将项目的年销售额、年利润额、年毛利率、年销售额增长率、年利润额增长率、投资回收期、投资回报率等关键财务指标说清楚。由于是创业公司，创业第一年的财务指标普遍不理想，所以可以将创业第二年、第三年的预期财务指标写在 PPT 中，这样就可以将每年的财务指标动态变化情况清楚地呈现给专家评委。

例如，你做的项目是一款大棚种植的现代农业项目，你要描述清楚项目的财务指标，包括每年的项目支出，每年的项目收入销售额、利润额、利润率、年销售增长率、年利润增长率、年投资回收期、年投资回报率等。

8.2 突出商业计划书的九个方面

一般创业大赛项目路演的时间都比较短，汇报时间从 5 分钟到 10 分钟不等，而创业计划书的内容又十分多，要在这么短的时间内完整地表述清楚项目内容，对于路演者十分不易。为了做好项目路演，我们在项目汇报时，要能突出以下九个方面。

8.2.1 规范性

我们知道，创业计划书是由很多内容模块组成的，虽然网上有很多创业计划书的编写模板，但是模块内容都不完全一样。一般来说，创业计划书的模块应该包括：计划摘要、公司介绍、产品与服务、创业团队、技术分析、市场分析、竞争分析、财务分析、市场策略、项目融资与筹划、风险分析与控制、三年发展规划、创业团队股权结构等内容。我们在做项目路演汇报时，要能按照模块的完整性和规范性去陈述，围绕每个模块，提炼重点内容。对于一些关键的模块内容，在 PPT 中一定要有描述，以保证创业计划汇报的完整性和规范性。例如，在项目产品描述时，就要把和产品有关的材料、技术、性能、质量、价格、专利、生产、工艺、检测、设计、重量、尺寸等介绍清楚，要把产品在科技性、适用性、成本性、功能性、安全性、便捷性、环保性、廉价性等方面的特色介绍清楚，要把产品在技术、质量、安全、价格和知识产权等方面的优势介绍清楚。

8.2.2　创新性

现在的创业大赛都加上了"创新"一词，创业项目要突出创新性。所以创业大赛中，创业项目的创新性的就显得尤为重要。如何在项目的创新性方面深入挖掘亮点，是我们参赛获胜的关键。创新性有很多表现形式，如：技术创新、产品创新、设计创新、应用创新和集成创新等，你需要针对自己的项目，好好挖掘一下项目的创新点。在技术创新方面，你要关注项目是否采用了新的先进技术，是否解决了关键技术问题，是否采用了新的技术工艺，是否研制出一个新的配方，是否研究确定了一个新的参数，从而实现了技术创新；在产品创新方面，你要关注项目是否研制出一款新产品，是否具有新功能，从而实现了产品创新；在设计创新方面，你要关注项目是否采用了工业设计、平面设计、结构设计、外观设计、虚拟现实设计、概念设计等手段，从而实现了产品的设计创新；在应用创新方面，你要关注项目是否在新的领域、新的人群、新的地域、新的学科里开展新的应用，从而实现了应用创新；在集成创新方面，你要关注项目是否由很多技术组成，由很多功能模块组成，从而实现了产品的集成创新。

如果你做的项目是一款银行理财机器人，这个机器人采用了人工智能、语音交互、智能蔽障等许多先进技术，可以和顾客进行语音交互，解答顾客提出的的问题，具有技术创新；研发出来的机器人与市面上的机器人在功能和外观上都不一样，不仅能蔽障实现自由行走，还会主动接近顾客介绍理财产品和银行服务，具有产品创新；这款机器人外壳采用功能塑料和复合材料制作，产品外形仿真，能说能笑，外型可爱，具有设计创新；机器人应用在银行营业厅，为客人提供理财问答服务，属于应用创新；机器人内部由很多智能硬件和功能模块组成，属于集成创新。

如果你做的项目是一个农村危房改造的公益性项目，创新性可能更多的要在产品创新、设计创新与服务模式创新上进行挖掘。危房改造产品是如何设计的，这里是否有设计创新；危房是如何搭建的，采用了什么房屋固定技术和材料，这里是否具有产品应用创新；公益服务是如何开展的，是否采用了线下与线上服务相结合的方式，这里面是否具有服务模式的创新。

8.2.3　盈利性

创业项目要想持久生存下去，就要有良性的现金流，就要有利润，这就要求项目能盈利。好的创业项目一定是盈利性高的项目，那么如何呈现出项目的盈利性呢？可以通过一些常用的财务指标来表述。如项目每个月、每季度或每年的现金流有多少，收入和支出相抵是正值还是负值，项目的年销售额是多少，形成的利润额是多少，每年的销售额递增率是多少，每年的利润增长率是多少。

例如，你做的项目是一款培训课程，一年可以招生 10 个班，每个班培训费收入 10 万元，扣除所有培训费用支出剩余 4 万元，也就是说每个班盈利可以达到 4 万元。如果培训班招生比较稳定，每个月都有培训费进账，年收入可以达到 100 万元，利润可以达到 40 万元，利润率达到 40%。这就说明该项目的现金流不错，利润收入也很高。

8.2.4　融资性

现在的创业大赛评审，组委会领导都希望获奖的项目可以拿到融资，获得天使投资的资金支持。这就要求我们的参赛项目要具有融资性，能否获得投资机构的投资是项目获奖的基本条件或必要条件。那么，如何衬托出这个项目具有融资性呢？我们可以从投资人的角度去思考。一般的天使投资最关心创业团队、核心技术、产品特色、服务优势、商业服务模式、财务指标，以及项目估值等重要内容。这就要求我们在包装项目时，重点把这些方面的内容写清楚，写出亮点，写出特色。

例如，你做的创业项目是一款可以戴在手上的健康管理手表，该产品能实时动态监控人体脉搏、体温、血压、血糖、血脂，并能即时传送给云端与标准值进行对比，同时在线给用户反馈有关健康值，具有智能测量和智能报告的功能；团队成员来自曾经在 BATJ 负责技术研发的技术工程师，项目拥有 10 项专利，其中 6 项为已经授权的发明专利；目前已经研制出 5 个规格型号的样机，并已经小批量生产；项目销售采用线上线下加体验的销售模式，实现年销售收入 300 万元，年利润达到 200 万元，项目估值 2000 万元。

8.2.5 示范性

现在创业大赛获奖的项目一般都要求具有示范性。这就要求我们在包装项目时，要从示范性的角度去思考，突出项目的示范作用。那么如何判断项目是否具有示范推广效果呢？这就要看项目实施后能否在高校、在地区、在行业内推广，不仅仅是一般性推广，而且还能大面积推广。通过支持该项目立项获奖，作为示范，供别人去思考和复制。

例如，我们的创业项目是做亲子音乐培训＋旅游的，针对亲子培训可以有很多内容，如培训孩子学习剪纸、学子书法、学习画画、学习钢琴、学习打鼓、学习舞蹈等，再让家长参与到培训活动中，打造培训＋旅游的内容服务。这种项目示范性极强，容易启发很多人进行创业思考，并在高校、地区和行业内大面积推广。这种亲子培训＋旅游的创业形式难度不大，促进就业的机会多，示范性强。

8.2.6　带动性

获奖的项目还应该具有带动性的效果，通过立项支持，可以带动学校其他同学、身边朋友等一起创业，可以带动本社区的人一起创业，可以带动某个领域的创业活动积极开展。

例如，我们的创业项目是做一个农业电商，通过搭建电商平台来帮助农民销售种植的水果和土特产，帮助农品脱贫致富。现在很多同学都会开网店、开微店，熟练掌握利用互联网手段开展电子商务的技能，我们通过支持一家采用线上销售＋线下体验＋网络直播平台的商业服务模式项目，就可以让很多同学了解这种农业电商的销售服务模式，可以引导带动他们创业，为很多交通落后的偏远山区的农民提供精准扶贫服务，并复制这种电商扶贫模式。很多的大学生都是来自农村的优秀生，通过支持这个项目，让他们看到利用农业电商可以帮助农民脱贫致富，这样就会产生很多不同主题的农业电商项目，显著地带动电子商务的发展，甚至是跨境电商的发展。

8.2.7　政策性

能够获奖的项目一定是符合国家产业政策的项目，一定是在政策的风口里。所以，我们参赛的项目，最好选择属于国家产业政策支持方向的项目，选择地方政策和产业政策支持的项目，这些项目一定要和政策的扶持方向相一致。

例如，你做的项目是节能环保的锅炉项目，那么国家和地方对于节能环保出台了很多政策，这个项目属于政策支持方向，不存在政策风险，并且在政策的资金支持下容易获得成功。但是，如果你做的项目是一个高排放、高耗能的冶金项目，项目方向与国家和产业扶植政策方向相违背，就算项目的盈利性十分强，由于政策性不符合，这个项目要想获奖也十分难。

8.2.8　真实性

在项目描述中会有很多市场调研数据和财务数据，这些数据必须真实可靠，不能想当然随便说。凡是市场调研数据一定要有数据的来源说明，否则就没有根据，这点十分重要。对于统计数据也要有依据，尽可能引用权威机构统计的数据。描述的财务数据一定要有数据推理过程，不能直接给数据结果。

例如，你做的项目是一款可以预防阿尔茨海默病的食品，在描述我国阿尔茨海默病市场时，不能凭空说我国有多少患者，要援引政府部门或权威行业调研报告的年度统计数据。项目产品生产成本是多少，销售价格是多少，年销售额是多少，销售利润是多少，项目计划书中所提供的这些财物数据一定要有依据，要真实可靠。未来三年的财务数据，也要通过数据分析得出，不能胡说。

8.2.9　落地性

现在，大赛组委会都希望获奖的项目可以落地，可以注册为一家实体公司，可以通过辅导和被孵化后做大做强，甚至能成为未来的独角兽公司。这就要求我们参赛的项目，不能仅仅是为了参赛，而是为了更好地创新创业，落地实践。

例如，参赛的项目在项目书里描述时，就要注明未来的项目创业设想，要落地注册实体公司，要有选址的规划设想，要有注册公司的打算。千万不要提这个项目只是为了参赛，体验一下参赛过程。特别是在项目路演时，很多项目都不错，评委经常会问到你是否有成立实体公司的打算，一定要回答未来想注册实体公司，一般可选择校内大学生创业基地或校外的众创空间和科技孵化器去注册。

8.3 项目路演十大忌讳与 PPT 制作技巧

我们在做创业项目路演汇报时，一般常用的形式是 PPT，PPT 制作质量的好坏与汇报者临场发挥的效果，直接影响到项目汇报的结果，对能否获得好的成绩至关重要。通过总结这些年来参加创业项目路演评审的经验，笔者梳理归纳出我们在进行项目路演时应该重点避免的十大忌讳与 PPT 制作技巧。

PPT 背景颜色昏暗	PPT 字体太小	PPT 文字描述太多	PPT 插图太多	PPT 页数太多
PPT 内容不全	PPT 亮点不突出	汇报没有激情	汇报没有自信	汇报语速太快

8.3.1 忌讳一：PPT 背景颜色昏暗

我们在项目路演评审时经常看到很多项目汇报的 PPT 背景颜色昏暗，路演时这种 PPT 是很忌讳的。我们知道，参加项目路演汇报时很多评委都是上了年纪的人，眼力不太好。如果你用于项目汇报的 PPT 背景制作得很昏暗，字体和背景颜色很接近，字体不突出，评委看 PPT 时就会看不清楚，看几页 PPT 后就会觉得很累。这样的话，评委对你的印象分就不好。一方面，评委由于看不清楚项目内容难于完全了解你的项目情况，另一方面评委由于看 PPT 很累容易引起心里的烦躁。在这种情况下让评委给你打出一个高分就比较难了。比如你制作的 PPT 采用的是浅绿色或浅黄色的背景，而你 PPT 的文字使用白色字体，文字内容就会十分模糊，看不清楚；比如你制作的 PPT 采用的是灰色的背景，而你使用的是黑色字体，字体颜色与背景颜色太接近，距离 PPT 远一点的评委根本看不清楚 PPT 内容。所以，我们在制作 PPT 时，第一个要注意的地方就是要让 PPT 文字与背景对比鲜明，让评委看得很舒服，很清楚，很真切。

8.3.2　忌讳二：PPT 字体太小

我们在项目路演评审时经常看到很多项目汇报的 PPT 字体很小，这种路演的 PPT 也是很忌讳的。我们知道，一般项目路演时 PPT 距离评委有一定的距离，而 PPT 汇报是给评委看的，要让评委看得清楚，看得明白，看得舒服。如果你的 PPT 里面的文字很小，评委就不容易看清楚 PPT 里面的文字内容（图 8-1）。如果你在项目文字内容描述时使用的字号大小一致，看不到醒目的标题；如果你在文字描述时不仅字号大小一致还使用同一种颜色，就更不容易一眼看清楚哪里是重点内容。所以，我们在制作 PPT 时，一定要用黑体字或大号字来突出标题，用颜色来突出重点部分。总之就是要让评委瞬间能捕捉到内容的重点和亮点，让评委在最短的时间内了解 PPT 所介绍的项目内容。

图 8-1　PPT 中字体太小看不清

8.3.3　忌讳三：PPT 文字描述太多

我们在项目路演评审时经常看到很多项目汇报的 PPT 文字太多，整页都是文字描述，有的 PPT 一页有几十行文字，把 PPT 的空间填充得满满的，项目内容描述十分啰唆，看不到项目的重点，也看不出项目的亮点，这种路演的 PPT 也是很忌讳的（图 8-2）。有些汇报者在路演汇报时从头到尾开始逐字念，再加上语气很平淡，音调没有起伏，让评委看得发晕，听得没心情。项目路演汇报都是有时间限制的，如果 PPT 文字太多，汇报时一个字一个字去念，汇报时间肯定是不够的。为了避免这类现象，建议在制作项目路演 PPT 时，每一页项目内容的文字千万不要写太多，文字表述千万不要啰唆，要尽可能凝练出项目亮点，突出项目的重点，最好能用关键词、提示符号和一些图标来表述清楚项目的重点内容，要让评委在最短的时间内就了解项目内容的重点和亮点。

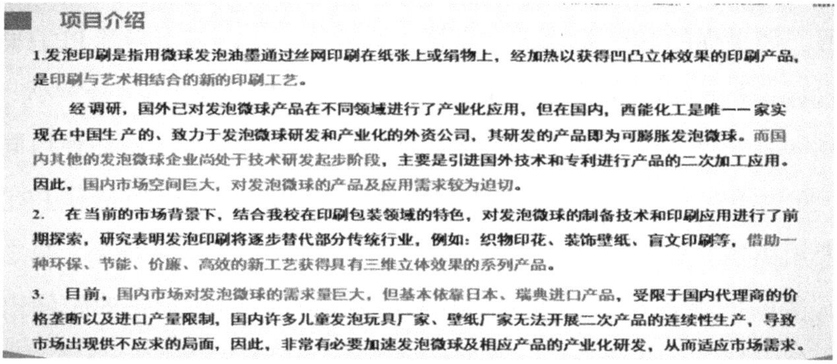

图 8-2　PPT 上文字描述太多是路演大忌

8.3.4　忌讳四：PPT 插图太多

我们在项目路演评审时经常看到很多项目汇报的 PPT 插图太多，有些 PPT 不仅插图多还排布凌乱（图 8-3），再加上项目内容的文字与插图配合得不协调，PPT 汇报效果十分不好，这种路演的 PPT 也是很忌讳的。由于 PPT 页面空间有限，为了更好地突出项目汇报效果，我们是可以采用一些插图来提高 PPT 汇报的生动性和展示性的，但是切记不要弄巧成拙，要由繁至简、由多至精，通过有限的插图和图标，尽可能完美地展示 PPT，突出想要介绍的项目重点内容，特别是项目的亮点之处。有的项目在路演

PPT 汇报时，把 10 多个专利证书的影印件全部插入 PPT 中，不仅十分乱，专利名称和专利号还看不清楚，并没有达到汇报的预期效果；有的项目在路演 PPT 汇报时，把很多开展项目服务活动的照片插入 PPT 中，显的汇报内容啰唆，不仅 PPT 篇幅增加了很多，还占用了更多的汇报时间；还有的项目 PPT 在汇报时插图多，文字少（图 8-4），项目内容描述不清晰、不完整，汇报效果也不好。

图 8-3　PPT 插图太多

图 8-4　PPT 插图多文字少

8.3.5　忌讳五：PPT 页数太多

我们知道，大赛组委会对于项目路演的时间要求一般是 8+7、8+5、

10+3 或 10+5，也就是说项目汇报时间最多是 8 分钟或 10 分钟，回答评委提问时间最多是 3 分钟、5 分钟或 7 分钟，因此项目路演的汇报时间十分有限。在项目路演评审时经常看到很多项目汇报的 PPT 页数太多，有的 PPT 页数达到 20 多页，有的 PPT 页数甚至达到 40 多页，项目路演时根本汇报不完，从而导致由于项目汇报不完整而被评委扣分，十分可惜。项目路演的汇报人要在 8 ～ 10 分钟的时间里，完整、清晰、全面地把项目汇报好，难度十分大，再好的项目如果汇报内容不完整，汇报重点不突出，汇报亮点不鲜明，汇报结果不理想，都不可能拿到高分。所以，用于项目路演的 PPT 如果页数太多往往是很忌讳的。为了能够控制好汇报时间，完整的汇报项目，一定要控制好 PPT 的汇报页数，如果是汇报 8 分钟，建议 PPT 的页数在 14 页左右，如果是汇报 10 分钟，建议 PPT 的页数控制在 18 页以内，路演汇报时重点介绍项目的主要内容和核心技术，突出项目亮点。

8.3.6　忌讳六：PPT 内容不全

在项目路演时，项目的 PPT 汇报内容不全也是比较常见的现象，PPT 内容不全是路演中比较忌讳的。参加项目路演的目的就是汇报项目内容，而你在好不容易争取到的项目路演机会中，不能完整地介绍项目是十分可惜的。目前，很多参赛者并不清楚应该如何编写 PPT 的汇报内容，不清楚应该如何突出 PPT 汇报中的项目重点，从而使本来还不错的项目由于没有汇报好而与大奖擦肩而过。由于项目路演的时间十分有限，我们不可能将创业计划书的内容全部复制进 PPT，这就要求我们要把创业计划书中主要的模块尽可能呈现在 PPT 里面，一方面通过 PPT 的展示来介绍项目，另一方面通过口述来补充介绍 PPT 上面没有提到的内容。一般来说，我们做项目路演用的 PPT，最起码要包括以下的项目模块内容，如创业团队、产品与服务、市场痛点、市场空间、竞品分析、商业模式、市场策略、发展规划、资金筹措、财务分析、风控分析、创新点、知识产权等，最好能用 SWOT 或 PEST 工具来做竞争态势分析。这么多模块内容可能不能完全写入 PPT，有些内容最好用关键词或提示符来提示解说汇报。

8.3.7　忌讳七：PPT 亮点不突出

　　我们在项目路演评审时经常看到很多项目汇报的 PPT 亮点不突出，项目没什么特色，这种路演的 PPT 是比较忌讳的。在参加创业大赛项目路演时，比的就是项目特色、项目优势、项目创新性、项目盈利性和项目成长性。如果在项目路演时不能说出项目亮点和项目优势，不能突出项目创新性、项目成长性和项目特色，那么这种项目一般不会获得评委的青睐，不太容易获得高分。所以，我们在制作 PPT 时，一定要围绕创业计划书的主要模块内容，梳理和提炼出有项目亮点的东西，在 PPT 中展示，并尽可能有条理性、完整地汇报清楚项目的特色与优势，无论是产品的特色与优势，还是团队的特色与优势；无论是市场的竞争策略，还是项目的发展规划；无论是市场空间，还是融资计划，都要尽可能地表述完整，汇报清楚，突出重点。

8.3.8　忌讳八：汇报没有激情

　　我们在项目路演评审时经常看到很多项目汇报人在汇报项目时，语气平淡无生气，音调没有起伏，这种形式的路演也是很忌讳的。路演的舞台是为参加创业大赛的创业者准备的，而创业本身就需要有激情，如果你汇报自己的项目都不能表露出激情，不能打动台下的评委，不能与评委形成一个激情互动的气场，这样的路演汇报就是失败的，这种项目汇报的状态很难让评委打出高分。所以，我们在项目路演汇报时，一上场就要充满创业的激情，语气要抑扬顿挫，最好还能增加一些肢体语言来提高汇报的效果，尽快与专家评委形成互动，增加评审现场的气场能量，以争取评委对你的好感。曾经评审过一个中国戏曲学院的文创项目，做项目汇报的同学一上场亮相就给评委深刻的印象，从个人形象、项目陈述和现场礼仪等方面，很快就拉近了汇报者与评委的距离，形成了良好的气场，汇报的同学还不时地加入一些戏曲的肢体语言和唱腔演示技巧，较好地呈现出创业的激情，使汇报的气氛十分热烈，获得所有评委的青睐与好评。

8.3.9　忌讳九：汇报没有自信

我们在项目路演评审时经常看到很多项目汇报人在汇报项目时声音很小，表情不够自然，不敢正视评委，充满了不自信，这种形式的路演也是十分忌讳的。既然来参加创业大赛，参赛者就要保持高度的自信，千万不能表露出对自己的项目没有自信，如果你对自己都没有自信，凭什么让评委给你打高分。所以，我们在项目路演时，一上台就要充满自信，要正视评委，放松身心，把你自己项目最好的东西、最有亮点的内容告诉评委，要通过路演汇报告诉评委你的团队是最优秀的，你的项目是最有创新性、竞争力和发展潜力的，你的项目是最好的、最棒的。

8.3.10　忌讳十：汇报语速太快

我们在项目路演评审时经常看到很多项目汇报人在汇报项目时，语速太快，听不清楚，汇报时中间没有停顿，汇报的重点内容也不突出，这种形式的路演也是十分忌讳的。我们汇报项目时一定要清楚我们是要将项目说给评委听的，一定要让评委听清楚听明白，如果评委听不清楚听不明白，即使项目很好，那评委给出的评分也不可能太高。所以，我们在项目路演汇报时，一定不要紧张，要有自信，要完整清楚地向评委介绍你自己的创业项目，语速千万不能过快，咬字要清晰，要能让评委听清楚，听明白，要让评委尽可能地了解你的项目。在汇报项目时，还要注意在项目重点内容和亮点内容的地方，尽可能地放慢语速，增加音量和语气，以期给评委加深印象。

第9章
创业计划书案例与点评

本章我们将通过介绍两个典型的创业项目案例，看看别的创业团队是如何编写创业计划书的，并结合本书前面介绍的内容，对比分析一下这些计划书存在哪些问题和不足，需要如何完善和修改。

1 摘要

据统计，中国有超过九千万的残疾人和老年人都需要不同形式不同程度的长期护理，但目前市场上针对我国老龄化服务和针对残疾人服务的数量和质量远远不能满足需要，这就导致残疾人（老年人）护理设备与残疾人（老年人）护理设备市场形成了产品供不应求、当下产品科技水平远低于实际需求的科技水平的状态。

目前中国医疗器械市场规模共 4435 亿元，并且这个数字将以 20% 的增长速度增长到 2030 年，至 2020 年，医疗器械市场规模将达万亿元。从战略角度上看，未来医疗器械市场必然有智能护理设备的一席之地，我团队自主研发了此款智能护理机器人。本款产品采用创新式设计，在充分考虑了人体力学的情况下，采用新型塑钢材料，革命性地提出了"多元拼接模块""轮椅 - 床一体"等全新的概念，既减轻了产品因自重原因对使用者的负担，也降低了生产成本。同时我团队为用户量身定制了深度学习型 AI、专家系统等专业设计，"床 - 椅一键转换"更是本产品最大的革命性特点，且本产品各模块通过工业化生产，既实现了根据用户需求定制，又降低了生产成本，与现阶段同类产品相比本产品无疑展现出了绝大的优势。

本项目风险投资退出方式多样，主要通过上市、并购、管理层收购三个方式，让投资者无后顾之忧。

2 正文

2.1 项目描述

2.1.1 市场背景

（1）残疾人市场

目前在国外，残疾人用品在日常生活、办公、娱乐、交流、运动等方面，各种商品达六七百种之多，涵盖了残疾人生活和工作的每一个细节，相比之下，国内残疾人用品的市场还是一片"肥沃"的、未经"开垦"的土壤。截止 2014 年，我国残疾人数量已增长至 8500 万人以上，其中 74.53% 的患者在农村，平均每五个家庭便有一个家庭有残疾人，且每个残疾人不同程度上需要外力帮助他们恢复一定的自理能力。但是建立在如此庞大的基数之上的国内残疾人辅助设备市场却面临着用品总类少、档次低、功能性单一、缺乏创新、产品老化等问题。虽然国外厂家的辅助器材性能高，种类多，但其高昂的价格以及后期维护的费用让一般的家庭难以承受。此时国内急需一款成本较低、功能多、针对性强，且创新意识与人性化并重的产品。且国家对于此类行业大力支持，出台了许多相关优惠政策，如"两票制"。由于市场基数大，产品种类少，形成了一种"供"远小于"求"的关系，这正是做此类创新产品的好时机。

（2）老年人市场

据统计数据分析，目前我国 60 岁的以上老年人共有 1.74 亿人，约占总人口数的 12.78%，其中 80 岁以上高龄老年人将占老年人人口总数的 12.25%。另据预测，我国人口老龄化高峰期将在 2030 年到来，距离 2019 年仅仅 11 年之遥。全国老龄办常务副主任李本公先生曾表示，据推算我国约有 3250 万名老年人需要不同形式的长期护理。目前 5% 的老年人有入住养老机构的愿望，且将逐步增加。据了解，发达国家养老床位数为老年人口总数的 3%~5%，而我国目前养老机构床位占老年人口的比例仅为 0.84%，养老服务缺口甚大。

据调查，日本护理设备的水平十分发达，至少领先中国 30 年，所以根据日本以及中国现在的状态，得出中国日后所需要的必然是具有相当的技术水平且符合中国广大群众价值观的设备，而中国人口基数大，正处于逐渐步入人口老龄化的阶段，护理设备的市场必然是一片广阔的市场。

2.1.2　项目介绍

本团队自主研发的智能"轮椅－床"设备具有使用方便、灵敏度高、模块化组装等特点，整套产品分为 I-CAN1 床上智能交互设备以及 I-CAN2

轮椅智能交互设备以及配套用 APP。本产品支持残疾人身体信息信号控制、残疾人主动释放控制、监护人主动释放控制以及 APP 远程控制等四种控制方式。整套产品使用一件"Resberry Pi"作为中央处理器，仅需要单核便能操作两个装置，设备配有声音传感器、压力传感器、喉麦、光学传感器等基本信息采集工具，结合配套 APP 进行远程的信息交流与 APP 远程操控，使得此产品的耐用能力大大增加。深度学习 AI 和专家系统的设计使得人机交互、智能医生成为了触手可及的黑科技。且本产品采用目前世界上技术最成熟、工业生产适应性最好的熔融还原和连续无头轧制工艺，本产品还采用 22 道复式喷涂（电泳＋粉末喷涂）的喷漆工艺，这种喷漆工艺甚至可应用于汽车生产，它可以防酸、防碱、防水、防菌、抗氧化，这在世界上是非常少见的。

2.1.3 配套设施

本产品主要针对残疾人在床上以及在轮椅上的使用，主要设施如案例表 1-1。

案例表 1-1 "轮椅－床"设备的主要设施

设备名称	主要功能	应用部位	使用寿命
Raspberry Pi	中央处理器	设备内部	5 年
咪头、TL082CM、AD070P	声音接收模块	用户附近	3～5 年
CC2500	无线收发模块	设备内部	3～5 年
LCD12864	液晶显示模块	设备内部	3～5 年
光控三极管	光控模块	用户附近	3～5 年
按键	接收指令	设备内部及用户附近	3～5 年
压力传感器	接收用户指令	用户附近	3～5 年
150 行程电动推杆	接收用户指令	用户附近	3～5 年

2.1.4　管理队伍

李某含

CEO，XX大学2014级自动化专业本科学生，多次获得国家级、省级、校级比赛奖项，曾参与"辽宁创业训练营""第4届中国高校青年领袖峰会""第20届中国国际健康博览会"，XX大学生创业联盟理事。擅长机械设计，团队管理。主要负责团队管理、项目方向把控、硬件设计。

马某林

CTO，XX大学2014级软件开发专业本科学生，CAAI学生会员，XX大学计算机博弈协会会长，曾获得全国数学建模大赛国家二等奖，全国计算机博弈大赛一等奖，辽宁省ACM-ICPC三等奖以及多项校级比赛一等奖。擅长软件设计开发、算法设计分析。主要负责软件开发、算法设计、AI设计。

孙某霖

COO，XX大学2014级自动化专业本科学生，多次获得国家级、省级、校级比赛奖项。擅长沟通协调，团队管理。主要负责人事管理。

张某辉

CFO，XX大学经法学院2014级经济贸易系本科学生，经法学院学生党支部委员，曾获全国大学生金融精英挑战赛二等奖，"挑战杯"辽宁省大学生课外学术作品竞赛特等奖，"创青春"辽宁省大学生创业大赛银奖，多次获"国家励志奖学金"，拥有专利两项，擅长财务分析管理。主要负责项目融资及财务预测分析。

张某焱

CMO，XX大学管理学院市场营销专业2015级本科学生，精通市场有关知识，对数字敏感。多次参加国家级创新创业类比赛，大学期间多次组织大型活动，有组织管理经验。擅长市场调研。主要负责市场调研，市场销售。

周某亮

CIO，XX医科大学第一临床学院2014级本科生，大学期间连续获得校奖学金，国家三级心理咨询师。校生物实验技能精英。擅长医学相关知识，了解人体构造。主要负责把控产品日后的设计方向，建立I-CAN专家系统。

2.2 产品与服务

2.2.1　产品品种规划

产品主要分为 I-CAN-A 床上设备与 I-CAN-B 轮椅上设备以及配套 APP。

2.2.2　研究与开发

研究现状：硬件建模已符合工业生产标准、APP 当前版本为 V1.0.4、专家系统已建立正在完善、AI 正在培训中。

2.2.3　未来产品与优势

产品具有基本的信息采集功能，可以得到用户的基本身体状况信息，包括：心律、各部位身体湿度、血压等数据。若病人有一只手或是几个手指可以自由支配，可通过连接在手指上的压力传感器进行命令，这样既可以很大程度上减少通过按键直接控制设备的误差，也可以方便病人使用。本产品可以实现护理床与轮椅之间的自由转换，从成本上来说，可以节约近一套设备的成本，且可以节省请专业看护人士的经费；从人性化的角度考虑，产品充分照顾了病人的感受，能有效地减少病人的心理负担。"I-CAN 轮椅－床"具有如下功能：

"床－椅"一键转换、智能翻身（可定时）、起背防下滑、正坐、温度与湿度测量、坐便、护理床整体升降、坐姿洗脚、八大健康姿势、防褥疮、压力实时监测、一键关闭系统、尿湿报警、点段式控制、系统紧急关闭、辅助矫正腿部、远程控制及监护等十七个主要的功能。

未来产品基于 I-CAN 基础设施的功能将得到极大的扩展，中央处理器将可以连接智能家居，功能将增至喝水进食、翻书阅读、开关家用电器、开关电灯、打电话、开门关门、拉窗帘、操作计算机等。

未来准备开发 I-DO 系列辅助轻度病人运动的贴身机械骨骼产品，主要原理有：

① 电刺激缝匠肌 —— 屈髋关节、膝关节，使已屈关节旋内；

② 电刺激肌回头肌 —— 伸膝关节；

③ 电刺激阔筋膜张肌 —— 屈大腿；

④ 电刺激股二头肌 —— 使小腿旋外；

⑤ 电刺激半腱肌、半膜肌 —— 使小腿旋内；

⑥ 电刺激趾长屈肌、拇长屈肌 —— 控制足部运动；

⑦ 电刺激肱二头肌、肱三头肌 —— 前臂的运动。

2.2.4　服务与支持

本产品支持残疾人身体信息信号控制、残疾人主动释放控制、监护人主动释放控制以及 APP 远程控制等四种控制方式。

严格履行督导安装、保修义务，全程为公司产品及体系的安装、调试、运行护航；对产品及服务质量实行终身跟踪服务，让业主"全程无忧"；成立由总经理挂帅的售后服务组 24 小时提供服务，保证 12 小时内到达维修现场，排解故障。"沟通、及时、有效"是我们开展售后服务的工作准则。

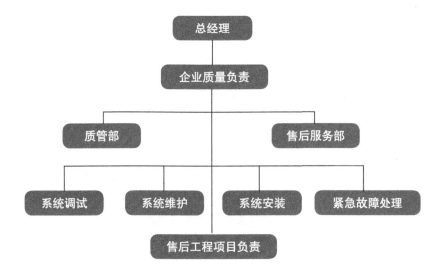

2.3 行业与市场分析

2.3.1　市场介绍

中国现今有着约 4445 万名残疾人和约 3250 万名老年人需要不同程度、不同形式上的长期护理，而中国现在市场所销售的有关产品无论是从功能上还是从价格上都存在与中国国民购买能力与购买期望严重脱节的现象，此类产品价格居高不下且功能过于单一，无法满足中国现今护理设备市场的需求。我们有着约 7695 万人的客户群，且国外进口设备现今还没有占据中国市场。

2.3.2　市场趋势预测（针对老年人护理设备市场）

第一阶段 2 ～ 13 年	此时间段为国家早期计划生育政策施行下的第一代独生子女普遍进入壮年的时间，家庭的普遍情况是一对夫妻要赡养至少 4 位老人还有至少一位子女，生活压力异常的大，此时对护理设备的需求量乃是 10 年来的最高峰，但是受中国经济发展的约束，国民购买设备的能力以及购买意愿欠缺，此时可通过前期 5 年的广泛宣传让国民对本设备有一个普遍的认识。虽然此时购买能力不足，但基于庞大的需求总数，只要前期宣传得当，仍然具有相当可观的市场。
第二阶段 14 ～ 23 年	同样受国家早期计划生育政策实施的影响，此阶段是国家独生子女数目最多的十年。同理，该代独生子女照顾家庭的压力也是空前的大，对设备的需求量也将达到未来 30 年的最高峰，且国民购买能力较前 10 年相比大大增强，两项相结合推论得出此阶段正是护理设备的黄金时期。但此时期国外相关产品必然会进入国内市场，此时本公司就需要依靠更加适应中国市场规律的产品以及前期在国内市场的口碑来取得此阶段应具有的效益。
第三阶段 24 ～ 33 年	受国家二胎生育政策影响，此时子女照顾老人压力大大降低，设备需求能力减弱，但设备需求总量依旧会保持在一个颇高的水平。此时正是同类中高端产品发展的好时机，我公司应在第一阶段就着手中高端产品的研发，此时正可以大量正式进军中高端护理设备市场，为将来的百年品牌夯实基础。

2.3.3　目标市场

残疾人以及老年人看护设备市场，未来进军外骨骼等高端设备市场。

2.3.4 顾客购买准则

以更低廉的价格、更优质的服务吸引顾客的眼球，不定期举办促销活动，吸引顾客，同时也可以提高产品知名度，致力于打造一个百年品牌。

2.3.5 竞争对手分析

与国内市场的竞争对手相比公司产品有五个优势：

（1）技术优势

改变了传统的机械操作，通过传感器感知病人的生理需求来完成对产品的操控，使操控更为简单，对使用者的要求降低，能让一些重度瘫痪的病人也能完成一些基本的生理活动。我们设计有人工智能以及专家系统，数据判断更为精准，监测用户更加专业。

（2）功能优势

改变了传统医疗器械单一功能的缺点，集多种功能于一体。

（3）成本优势

考虑到使用人群的经济能力，本产品虽然功能较多，但采取高性价比原则，成本可自由控制在 1.6 万 ~ 4.5 万元之间，且设计为一个中央处理模块，多个操控模块，病人可根据自己的需要购买所需的操控板，降低购买者的经济负担。据统计，一个需要长期看护的病人每年所需雇佣专业护理人员的费用至少为 60000 元，因病人本人或看护的家人不能创造的经济价值为：每人 120000 元/年，而一套具有完整功能的设备价格大约在 4.5 万元，设备可使用 5 年，每三年维护费用在 5000 元之内，这能够节约大量的金钱。

（4）互联网优势

此款产品将开发属于自己的 APP，让护理者可以通过客户端方便地了解病人的状况，实行远程操控。

（5）人工智能

我团队自主设计了深度学习型 AI 及专家系统，可以实现人机交互及智能私人医生的功能。

2.4 市场与销售

2.4.1 市场计划

公司产品应以长远发展为目的，力求扎根北方地区。2020年以建立完善的销售网络和样板工程为主，销售目标为1000万元。跻身于一流的残疾人护理产品供应商，成为快速成长的成功品牌，以护理产品带动整个医疗产品的销售和发展为目的。

市场销售近期目标：在很短的时间内使营销业绩快速增长，2~3年使自身产品成为行业内知名品牌，取代东三省省内同水平产品的部分市场。致力于发展分销市场，到2020年底发展到50家分销业务合作伙伴。

2.4.2 市场定位

产品定位：创新、创造、实用。

企业定位：为客户提供最好的使用体验，打造百年品牌。

竞争定位：初期打开东北市场，中期打开、巩固华东地区市场，后期进军国内市场。

消费者定位：所有卧病在床需要长期护理的残疾人士以及老年人。

2.4.3 商业模式

第一步：扩大知名度，增加品牌渗透率；建立圈子——针对40岁左右中年人（主要是家庭妇女）。

第二步：针对国家政策及有关医疗健康的节日进行小规模体验式售卖。

第三步：整理信息迭代后正式大规模量产和预售；扩大圈子——主要是医学行业工作者和潜在用户群。

第四步：建立论坛等社群，扩大业内权威程度；转换盈利方式，通过APP平台及设备配件等端口实现联结功能。

第五步：扩展和利用人工智能、专家系统形成的大数据，为用户和小型智能护理设备提供服务。

2.4.4 销售策略

如果残疾人护理产品要快速增长，且还要取得竞争优势，最佳的选择必然是"目标集中"的总体竞争战略。随着辽宁经济的不断快速发展、城市化规模的不断扩大，残疾人护理产品市场的消费潜力很大，目标集中战略对我们来说是明智的竞争策略选择。围绕"目标集中"总体竞争战略，我们可以采取的具体战术策略包括：市场集中策略、产品带集中策略、经销商集中策略以及其他为目标集中而配套的策略四个方面。为此，我们需要将市场划分为以下四种：

① 战略核心型市场（沈阳，大连）；

② 重点发展型市场（北京，天津）；

③ 培育型市场（辽宁省，河北省）；

④ 等待开发型市场（江浙沪地区）。

总的营销策略：采用全员营销与直销和渠道营销相结合的营销策略。

2.4.5 渠道销售与伙伴

渠道的建立模式：

① 采取逐步深入的方式，先草签协议，再做销售预测表，然后正式签订协议，订购第一批货。如不进货则不能签订代理协议；

② 采取寻找重要客户的办法，通过谈判将货压到分销商手中，然后我们的销售和市场支持跟上；

③ 在代理之间挑起竞争心态，在谈判中因有潜在客户而使我们掌握主动权和保持高姿态，不能以低姿态进入市场；

④ 草签协议后，在我们的广告中就可以出现草签代理商的名字，挑起分销商和原厂商的矛盾，我们乘机进入市场；

⑤ 在当地的区域市场上，随时保证有可以成为一级代理的二级代理客户，以对一级代理起到威胁和促进作用。

分销合作伙伴分为两类：一是分销客户，是我们的重点合作伙伴；二是工程商客户，是我们的基础客户。

如何赢得
创新创业大赛 /

2.4.6 定价策略

采取撇脂定价策略与渗透定价策略相结合的方式，既抓住市场当前技术并未出现的有利时机，前期在某个核心市场范围内进行有目的的提高价格，同时在消费能力不强但上升潜力很大的市场以较前者低的价格售卖，这样既能在短时间内获取尽可能多的利润又能起到快速渗透市场、立即提高市场营销量与市场占有率，并快速而有效地占据市场空间的作用。

2.5 财务计划

2.5.1 会计政策与会计规章

（1）公司会计政策

① 所得税政策：依国家规定大学生创业第一年至第三年免征所得税，第三年至第六年减半征收（公司为一般纳税人）。

② 摊销制度：专利技术按照 10 年摊销，期满无残值，采用平均年限法摊销。

③ 固定资产折旧制度：汽车电脑折旧年限为 6 年，房屋折旧年限为 20 年，机器折旧年限为 15 年，期末无残值。

④ 留存收益的构成：按照净利润的 10% 提取法定盈余公积，5% 提取任意盈余公积，加未分配利润额。

⑤ 存货流转假设为采用先进先出法。

⑥ 预计应收账款以本期销售收入的 30% 计算，应付账款为本期采购款的 10%。

⑦ 公司成立后，前三年不分红。

（2）公司会计规章

① 认真贯彻执行国家有关的财务管理制度和税收制度，执行公司统一的财务制度。

② 积极为经营管理服务，通过财务监督发现问题，提出改进意见促进公司取得较好的经济效益。

250

③ 厉行节约，合理使用资金。

④ 会计人员在会计工作中应当遵守职业道德，严守工作纪律，努力提高工作效率和工作质量。

⑤ 会计人员应当熟悉本单位的经营和业务管理情况，保守本单位的商业秘密。

⑥ 会计员和出纳员责任分明，钱账分开，不得一人监管。

⑦ 银行票据和银行存款账户的预留印鉴由主管会计和出纳分开保管，不得一人监管。

⑧ 企业的各项支出及临时借款需经领导签字后方可支付。

⑨ 严格审核原始凭证，对不真实、不合法的原始凭证不予受理，对手续不健全、不正确的凭证予以退回或补充更正。

⑩ 不准公款私存，不得私自借用公款。

⑪ 及时记账、对账，做到日清月结，账款相符。会计档案按年度归档分类，整理立卷，做到存放有序、查找方便。

2.5.2 销售预计表

公司销售预计表见案例表 1-2。

案例表 1-2 公司销售预计表

年份	第一年	第二年	第三年	第四年	第五年
销售个数 / 个	1000	1200	1500	1800	2500
售价 / （万元）	3.5	3.5	3.2	3.2	3
费用合计 / （万元）	3500	4200	4800	5760	7500

2.5.3 直接费用表

公司直接费用表见案例表 1-3。

案例表 1-3　公司直接费用表

单位：万元

年度	第一年	第二年	第三年	第四年	第五年
直接材料	500.00	600.00	750.00	900.00	1250.00
制造费用	2.20	2.60	3.00	3.30	3.70
直接人工	80.00	85.00	92.00	87.00	92.00
合计	582.20	687.60	845.00	990.30	1345.70

2.5.4　损益预估表

公司损益预估表见案例表 1-4。

案例表 1-4　公司损益预估表

单位：万元

项目	第一年	第二年	第三年	第四年	第五年
一：毛收入	3500	4200	4800	5760	7500
减：产品成本	582.20	687.60	845.00	990.30	1345.70
减：营业费用	36.12	40.46	55.08	50.39	55.08
二：产品销售利润	581.68	711.94	744.92	759.61	1099.22
减：管理费用	369.15	407.40	421.40	427.00	460.40
减：财务费用	0	0	0	0	0
三：利润总额	212.53	304.54	323.52	332.61	638.82
减：所得税	0	0	0	41.58	79.85
四：净利润	212.53	304.54	323.52	291.03	558.97

注：表中数据计算有误（编者注）。

2.5.5　现金流预测表

公司现金流预测表见案例表 1-5。

案例表 1-5　公司现金流预测表

单位：万元

项目	第一年	第二年	第三年	第四年	第五年
一：经营活动产生的现金流量					
销售商品提供劳务收到的现金	1200.00	1440.00	1645.00	1800.00	2500.00
现金流入小计					
购买商品接受劳务支付的现金	500.00	600.00	750.00	900.00	1250.00
经营租赁所支付的现金	50.40	50.40	50.40	50.40	50.40
支付给职工的现金	87.20	87.20	87.20	87.20	87.20
支付的所得税	0	0	0	41.58	79.85
支付其他与经营活动有关的现金	90.00	93.20	96.70	103.04	112.10
现金流出小计	727.60	830.80	984.30	1182.22	1579.55
经营活动产生的现金流量净额	472.40	609.20	660.70	617.78	920.45
二：投资活动产生的现金流量					
购建固定资产所支付的现金					
投资活动产生的现金流量净额					
三：筹资活动产生的现金流量					
吸收权益性投资所收到的现金					
借款所收到的现金					
现金流入小计					
偿还借款所支付的现金					
分配股利所支付的现金	100.00	100.00	135.00	135.00	200.00
偿付利息所支付的现金	100.00	100.00	135.00	135.00	200.00
现金流出小计					
筹资活动产生的现金流量净额					
四：现金及等价物净增加额	372.40	509.20	525.70	482.78	720.45

2.5.6　资产负债预估表

公司资产负债预估表见案例表 1-6。

单位：万元

案例表 1-6　资产负债预估表

资产	第一年	第二年	第三年	第四年	第五年
流动资产：					
货币资金	100.30	223.40	496.42	653.42	828.92
应收账款	212.50	238.00	324.00	296.40	324.00
减：坏账准备					
应收账款净额	212.50	238.00	324.00	296.40	324.00
原材料	176.93	238.791	252.633	377.58	393.658
流动资产合计	489.73	700.191	1073.053	1327.40	1546.58
固定资产：					
固定资产原价	30.00	30.00	97.00	157.00	157.00
减：累计折旧	5.00	5.00	8.35	12.35	12.35
固定资产净值	25.00	25.00	78.65	144.65	144.65
无形资产：					
无形资产原价	45.00	40.50	36.00	31.50	27.00
减：年均摊销额	4.50	4.50	4.50	4.50	4.50
无形资产净值	40.50	36.00	31.50	27.00	22.50
资产合计	555.23	761.19	1183.20	1499.05	1713.73

负债及权益	第一年	第二年	第三年	第四年	第五年
流动负债					
预收账款	54.00	61.20	81.00	70.20	69.50
长期借款					
负债合计	54.00	61.20	81.00	70.20	69.50
所有者权益：					
实收资本	300.00	300.00	300.00	300.00	300.00
盈余公积	30.18	33.59	66.12	67.50	57.86
未分配利润	171.045	361.40	736.08	983.00	1195.72
所有者权益合计	501.23	694.99	1102.20	1350.50	1553.58
负债及所有者权益	555.23	756.19	1183.20	1420.70	1623.08

2.6　风险控制

2.6.1　风险分析

任何项目都存在风险，如何能够有效地预防并规避各种风险是项目讨论之初就应该多方讨论的问题，作为管理者应采取各种措施以减小风险事件发生的可能性，或者把可能的损失控制在一定的范围内，以避免在风险事件发生时带来难以承担的损失。综合本项目来看，可能存在风险因素如下：

（1）对货源的控制

为了达到一定的销售规模，我们必须要拥有一定的产品货源。我们面向的对象是少数的伤残人士，非常分散而且难以控制，如果我们的产品出现非消费者原因的质量问题，那么我们需要对产品回收做出承诺，假如市场到时候未达到预期的要求，那么损失只能我方来承担。如果我们不做出承诺，那么我们的控制无从谈起。

（2）产品运输过程的损失

对于偏远地区的消费者，本公司提供无偿的配送工作，虽然可以扩大市场，提高知名度，但是运输过程中产品的破损风险是由我方承担的，如果数量过于庞大，所造成的损失本公司独自承担。

（3）对产品制作过程的监控

由于是新型产业，公司的产品还没有太多的制作经验，所以需要必要的专业人员进行监控，因为我们的品牌形象是很重要的，所以我们所销售的产品一定要完全符合我们对外宣传的标准，否则公司的形象将大打折扣，也会危及公司的生存。因此我们必须安排人员对全部生产过程进行有效的监控，这个完全实现是个难题，而且如果有对公司形象有损的报道，也将会大大影响公司的生存。

2.6.2　资金退出机制

（1）上市

如果企业发展到一定规模，可以考虑 IPO 上市，投资资金可以撤离。

（2）并购

如果企业发展暂时不能达到预期的要求，那么可以考虑被别的公司并购。

（3）管理层收购

如果公司运营一段时间后，公司管理层能够将公司收购，那么其他投资资本也可以及时退出。

（4）股份转让

在新一轮融资时择机退出。

（5）股转债

如果项目不能取得预期回报，并无法转让，可以转为发起人个人债务。

（6）发起人股份减持

如项目不能取得预期回报，发起人减其所持股份，以保证投资人的利益。

智能医疗护理机器人项目点评

本项目围绕我国残疾人和老年人健康护理市场做了初步的市场分析，介绍了项目的创业团队、产品特色、市场策略、发展规划、财务分析和风险分析等内容，但是在以下方面还存在明显的不足。

1. 市场分析方面

项目资料中数据的真实性无法确定。本项目在做市场分析时引用了一些数据，但是这些数据的出处没有说清楚，数据的真实性不得而知。如"截止2014年，我国残疾人数量已增长至8500万人以上，其中74.53%的患者在农村"，如"据统计数据分析，目前我国60岁以上老年人共有1.74亿人，约占总人口数的12.78%，其中80岁以上高龄老年人将占老年人人口总数的12.25%"。

项目的竞品分析不全面。本项目在做市场分析时，没有介绍清楚目前国内同类产品的竞争态势如何，竞争对手都有哪些，排在前5名的竞争对手都是谁，竞品都有哪些，竞品分析是什么样的，如产品功能、产品性能质量、产品价格、产品使用的便利性、产品的使用寿命、产品的售后服务、产品的品牌等。

2.产品与服务方面

从创业计划书描述来看，本项目产品主要分为I-CAN-A床上设备与I-CAN-B轮椅上设备以及配套APP。但是每个产品的画像介绍都不是很清晰。例如：

I-CAN-A床上设备产品。这款产品的外形是如何设计的，采用了哪些材料，使用了哪些关键技术，具有哪些功能，产品性能与质量如何，如何能实现帮助残疾人或半自理和不能自理的老人提高生活质量，这款产品都能做哪些动作，为残疾人或老年人提供什么服务，是帮助递送热水，还是帮助喂饭；是帮助翻身还是帮助用热毛巾擦身；是帮助按摩肌肉还是帮助如厕；是帮助残疾人或老年人起床还是下地行走；是能实时监测残疾人或老年人的诸如血压、脉搏、体温、血糖等生理特征还是具有监控报警功能等。这款产品占地多大面积，多大尺寸，多高多宽，产品操作难易如何，使用中的安全性和寿命如何，如果遇到故障售后维修怎么办；这款产品与用户的智能交互的效果如何，是否具有读书、唱歌、聊天、放电影的功能。计划书中提到的产品使用了声音传感器、压力传感器、光学传感器、温度传感器、湿度传感器等多种传感器，传感器的灵敏度如何，每款产品使用的传感器数量是多少；远程监控与监护是如何实现的，护理床整体起降是如何实现的，是手动操作还是遥控操作；生产成本是多少，生产周期有多长等。

I-CAN-B轮椅上设备。这款轮椅设备外形结构是怎样的，与一般的轮椅有什么不同，都有哪些功能，围绕帮助残疾人和老年人的护理功能都有哪些，性能与质量如何，产品的特色和亮点是什么，生产成本多高，生产周期多长。这款产品与I-CAN-A床上设备产品如何一起使用，单独使用有什么要求，一起使用又有什么要求，"床-椅"一键转换是什么意思，使用场景是什么样的。

I-DO系列辅助轻度病人运动的贴身机械骨骼，这是一款什么产品，有哪些功能，性能与质量如何，使用什么材料，会用到哪些技术，如何为残疾人和老年人提供服务。生产成本如何，生产难度如何，生产周期如何，能否达到使用预期使用效果等。

3. 创新性方面

本项目产品围绕残疾人和老年人的健康护理集成使用了很多关键技术，设计开发出了护理床及智能轮椅，具有技术创新、设计创新、产品创新、集成创新与应用创新等许多的创新性，应该分别详细加以描述，如果有专利或软件著作权的知识产权更好，应该进一步补充内容。

4. 特色与优势方面

本项目产品围绕残疾人和老年人的健康护理应用，从产品功能、性能质量、制造成本、外观设计、专有技术，以及使用的便利性、安全性和环保性等方面应该可以挖掘出项目的特色、特点与优势，但是由于项目产品描述的不全面、不完整，产品特色与优势深度挖掘和提炼不够。

5. 产品研发策略

本项目产品主要面对的是残疾人和半自理及不能自理的老年人，产品的研发可以根据不同的产品功能、性能指标与生产成本分步研发，按照第一代、第二代、第三代的产品迭代研发去推进，一方面可以抢占和培育市场，另一方面也可以尽快形成自己的品牌。随着技术的升级和产品的迭代，将公司产品形成系列化、标准化、规范化和品牌化。

6. 市场策略方面

本项目的服务对象是残疾人和半自理及不能自理的老年人，在产品策略、价格策略、渠道策略和促销策略方面应该进一步完善和细化，在互联网＋营销策略方面还可以进一步完善线上和线下的营销内容，并结合体验营销、情感营销、衍生营销、会员营销等不同的市场营销策略进行组合应用，实施组合营销策略。

7. 风险分析与控制方面

本项目对风险分析与控制的描述过于简单，应该围绕政策风险、市场风险、技术风险、管理风险、资金风险和人才风险等方面详细分析和描述，并提出应对风险的具体措施。特别是本项目产品在研发时涉及的关键技术较多，市场竞品也有不少，项目持续发展需要较多的资金，所以，在技术风险、市场风险和资金风险的风控方面需要深入的分析。

8. 项目资金用途与筹措方面

本项目是面向残疾人和半自理及不能自理的老年人研发的护理床和智能轮椅产品，待研发的产品结构复杂、功能较多并且性能要求很高，需要的资金应该不少。但是本项目没有说清楚资金主要用途，预算是多少，项目启动经费是多少，项目启动资本的筹措途径与方式是什么。

9. 股权设置与融资计划方面

本项目产品研发难度较大，从产品设计、技术路线规划、技术方案制定、样机加工生产制造、产品性能应用测试都需要一定的时间周期，设计、研发与生产的资金缺口会较大，会存在融资需求。那么项目的融资计划是什么样的，需要融资多少万元，拟出让多少股权，团队的股权结构是怎样的，这些内容都需要说清楚。

10. 财务分析方面

本项目进行了财务分析，但是有些财务数据给出得不科学、不真实，统计分析计算不准确，还需要进一步认真完善修改。

案例2 北京 XX 生物农药有限公司创业计划书

1 总体概述

1.1 项目简介

北京 XX 生物农药有限公司是集生物农药研发、销售及服务于一体，以绿色科技产品为核心，服务于现代生态农业的高新技术企业。

随着人们生活水平的提高，食品安全、环境保护渐受关注，而化学农药滥用带来的环境及食品安全等问题日益突出，绿色、高效、无残留的生物农药的开发和生物防控技术的推广使用日显重要。

公司依托北京某高校的重点实验室和研发团队，以已有的关于小檗碱等多项发明专利为基础，以北京平谷有机桃种植示范基地为辅助，建立杀菌剂、杀虫剂等植源型生物农药研发、销售公司，为绿色果蔬、有机果蔬的种植贡献自己的微薄之力。

1.2 公司概况

【公司名称】北京 XX 生物农药有限公司

【经营理念】绿色环保、诚实守信、开拓创新、顾客至上

【经营范围】研究、销售绿色无毒的植物源型杀菌剂和杀虫剂等生物农药，用于大桃、草莓、黄瓜等多种作物的多种病虫害的防治。公司产品的生产采用 OEM 商业模式。

【公司管理】公司管理实行董事会下的总经理负责制，总经理下有负责各部分的部长及普通职员。总经理主要统筹公司的整体发展，制定公司大的政策方针，负责整体发展决策。下属部长各司其职，具体负责公司的市场、产品研发、财务、人事等方面的事宜，并配合总经理管理公司和执行公司的计划。普通职员主要负责一些公司产品的生产、销售、宣传等事项。

1.3 产品概况

以天然植物活性成分为原料，使用环保型溶剂，以环境友好型剂型为主要剂型，公司产品具有无毒、绿色、零农残、不产生抗性、高效、价格低廉、抗菌谱广等特点及优势，目前公司已有三种产品，另外还有部分产品已在研发当中。

产品主要运用于大桃、草莓、黄瓜等作物的多种病害的防治，目前生产工艺均已通过中试阶段，大田试验也取得了成功。

产品目标客户：大小型的菜农和果农。

1.4 市场概况

自古以来我国是农业大国，大桃、草莓、黄瓜等各种水果蔬菜种植面积广泛，但绿色、有机果蔬在市面上仍有空缺，且国家发布"农药零增长"号令，而用于有机果蔬病害防治的生物农药却依然空缺。在这样的生物农药市场份额低且生物农药需求不断增加的饥饿市场前面，我公司高效、低价的生物农药产品市场前景非常广阔。

1.5 生产与销售

公司拥有自主知识产权，采取OEM的商业模式，把产品的生产交付合作企业自行加工，并可提供技术上的保证。

在产品导入期将以京津冀、山东、上海、广东等这些相对发达的、对绿色发展更为注重的、大桃草莓黄瓜等果蔬种植面积广的地区作为产品推广的重点区域。

公司利用传统的4ps营销策略，再加上"互联网＋销售"营销手段推进农药产品的销售。

为了促进产品的销售，基于公司产品，公司采取"产品＋服务"的模式，免费为顾客提供有机桃、草莓、黄瓜等作物的生物集成防控技术的培训、派技术人员驻扎种植地全程对作物进行病虫害防控等服务；同时利用"互联网＋服务"思维，拟开发APP和创建微信公众平台，提供线上技术指导服务。

1.6 财务预测

公司动态回收期为 0.95 年，利润空间大，资金回收时间短，具有较高的投资价值。净现值（NPV）约 2931 万元。该项目净现值（NPV）为正数，表明项目可行，另外，其正数较高，说明投资效益较好。

2 产品／服务介绍

2.1 项目背景概况

2.1.1 产品研发背景

我国自古以来是农业大国，农业生产对我国具有重要意义。近年来，化学用药滥用带来的高毒、高残留，对生态环境的破坏以及对食品安全的影响等问题日益显突。中国的农药行业走势低迷。随着人们对食品安全和环境保护越来越重视，人们对于水果蔬菜中的残留农药等有害物谈之色变，对化学农药替代品等绿色农药的需求和呼声大增。"绿色农药"开发和使用迫在眉睫，对果蔬病害的生物集成防控的需求正在增加。目前，国家对农药产品生产的增值税为 13%，而对高效、安全、经济的新农药开发使用更是给予高度重视。可以预测，未来我国农药行业的主流将是低毒、安全、高效、低残留的产品。绿色农药的市场前景非常广阔。农药行业的市场走势为本公司的建立和产品推广提供了一个有利的条件和宽松的环境。水果蔬菜种植的生物集成防控绝大部分没有形成或停留在试验阶段，绿色种植的果蔬在市面上仍有空缺。本公司生产的绿色植源农药和提供的有机桃、草莓和黄瓜等作物的生物集成防控服务顺应主流趋势，在绿色农药发展的初级阶段，利用政策的支持，公司抓住机遇迅速占领国内市场。

2.1.2 政策支持

2015 年 12 月李克强总理作出重要批示：要针对性地加大政策扶持力度，大力发展政府支持的融资担保和再担保机构，扩大小微企业和'三农'担保业务规模，把更多金融"活水"引向小微企业和"三农"企业。另外近几年三农税收优惠政策相继推出，小微企业所得税可减半；可以免征、减征从事农技推广、病虫害防治等农业项目的企业所得税以及获得营业税专项减免。

2015 年产业结构调整目录鼓励农业生物技术的开发与运用、中低产田综合治理与稳产高产基本农田建设。

2016 年中央一号文件提出供给侧结构性改革，强调从提高供给质量出发，以人民为中心思想，从生产领域加强优质供给，提高供给结构对需求变化的适应性和灵活性。

《全国农业可持续发展规划（2015～2030 年）》中提出要防治农田污染、改善农村环境，到 2020 年实现化肥农药施用量零增长等。就此，农业农村部制定了《到 2020 年化肥使用量零增长行动方案》和《到 2020 年农药使用量零增长行动方案》。农业农村部部长韩长赋组织召开部务会议，会议提出要确保实现"一控两减三基本"，特别是减少化肥、农药施用。

农业农村部召开全国农作物病虫害专业化统防统治工作会议。会议明确要求，各级农业农村部门要切实加强组织领导，把专业化统防统治作为转变农业发展方式和植保工作的重点。近几年的中央一号文件和"十二五"规划纲要均提出要"大力推进农作物病虫害专业化统防统治"。农业农村部于 2008 年下发了《关于推进农作物病虫害专业化防治的意见》，明确专业化统防统治应坚持"预防为主、综合防治"的植保方针和"公共植保、绿色植保"的理念，并在 2008 年全国农作物病虫害统防统治会议上确定了"政府支持、市场运作、农民自愿、因地制宜"的推进原则。国家对重要作物害虫控制技术的基础和应用基础研究加强了立项强度，同时还对生物防治技术的应用增设项目。

另外，国家大力宣传"大众创业、万众创新"，并通过实行优质高效便捷的准入服务、补助和奖励等各种优惠措施对大学生创业进行大力支持。

2.1.3　产品／服务开发意义

经济效益：经绿色种植的有机果蔬可以提高果农和菜农的销售利润。

社会效益：

① 植源农药绿色环保，易降解，无毒，从食物链基端维护食品安全，有利于人体健康。

② 植物源农药的使用使得化学农药使用减少，有利于减少空气污染和对土壤的破坏，保护自然环境和土壤，维护生态平衡。

③ 植源型生物农药的推广与使用有利于实现农业的绿色发展，可持续发展。

2.1.4 项目可行性与可续性

（1）项目可行性

公司研发部门主要依托于北京联合大学生物化学工程学院实验室，实验室以植物源农药等生物农药为研究方向。实验室有各种基础与先进的实验设备与仪器，有专业的指导老师以及踏实认真、勤于思考的大学生和研究生团队。实验基地拥有中试生产设备，可进行小批量用药生产，提供田间试验所需药物。目前，实验室在植物源农药研究方面取得一定成效。

实验室就黄连、厚朴、大黄、虎杖、细辛等提取成分进行研究，不断开发植源杀菌剂和杀虫剂等生物农药，研究成果突出，已形成多种产品制剂制备工艺，其可用于桃、草莓和黄瓜等多种作物的多种病害的防治。

实验室与一些生物农药公司及种植户合作，多次对有机桃、草莓、黄瓜等作物病害的生物防控工作进行了试验田的实验探索，取得了巨大成功，对有机桃、草莓、黄瓜的病虫害防治已经形成了一套成熟的集药物防治、物理防治措施于一体的防控技术体系；其中也已经建立了有机桃的生物集成防控先进示范基地。

（2）项目可续性

实验室将针对一些作物常见的病原菌（细菌、真菌等），选用多达100种价格低廉、易得的植物原料，用其活性成分进行抑菌作用筛选实验以筛出优良的抑菌植物成分。公司将在原有产品的基础上，继续研究开发更多的新的杀菌剂和杀虫剂，并优化改善已有的作物防控技术；探究其他作物的生物防控方案，从对大桃、草莓和黄瓜等生物防控扩展到更多品种的农作物的生物防控上。综上所述，此发展项目具有战略高度和长远性；

公司拥有巨大的、无限的发展空间。

2.2 公司产品

2.2.1 产品系列

公司研究、销售植物源农药，公司现阶段主要以黄连、厚朴、虎杖、大黄和细辛等植物为开发重点，研究以这些植物提取物作为活性成分的植源型生物农药的单方与复方制剂，目前已有了小檗碱、厚朴和大黄等植源农药，可用于以大桃、草莓和黄瓜等多种作物的多种病虫害的防治。公司将加强后续产品的开发。

拟打造植源农药系列"绿之达"（商品名正在审批中），用于以大桃、草莓和黄瓜等多种作物的多种病虫害的防治。目前公司农药序列有：

绿之达一号——为厚朴大黄水悬浮剂，主要用于灰霉病、白粉病、立枯病、叶斑病、番茄灰、青枯病菌等；可用于果树枝干病害：腐烂病、流胶病、轮纹病、溃疡病、树脂病等。还可用于蚜虫、小麦赤霉菌等；

绿之达二号——为5%小檗碱水悬浮剂，主要用于立枯病、炭疽病、细菌穿孔病、缩叶病、疮痂病、番茄早疫，还可用于蚜虫的防治；

绿之达三号——为10%小檗碱可湿性粉剂，主要用于褐腐病、白粉病、炭疽病、细菌穿孔病、缩叶病、疮痂病以及蚜虫等的防治。

2.2.2 产品特点

使用公司农药产品防治病虫害，主要有以下特点：

① 防控过程中全程绿色，对环境无污染，果蔬绿色、无农残。公司产品易降解，零农残。无公害、对产品和环境无污染，健康安全。

② 不产生抗性。化学农药的长期使用使得植物产生了抗性，导致农药使用量越来越大。生物农药易降解、同时不易产生抗性。相对于化学农药来说，生物农药作用机制相对复杂，类似于利用中药治疗人体疾病，长期使用不容易产生抗性。

③ 有一定营养作用。植物源农药来源于自然，富含 N、P、I 等元素，

能为植物提供相应的植物源功能营养物，并通过影响植物自身代谢起到传统肥料所不及的作用。

④ 利于提高产量和品质。由于作物病害防治中采用植物源农药，且实行生物集成防控，病虫害得到有效控制，作物生长趋势强，产量可比以往增产。开展病虫害生物集成防控，推迟病虫为害时期，减少施药次数，实现零农残，杜绝了高毒、高残留农药的使用，果形、果色和口味都比以往好。

⑤ 保护环境，有利于土壤的保护与修复等。相比化学农药，生物农药有利于保护土壤，同时保护生态平衡，为果蔬种植业的可持续发展奠定基础。

2.2.3 药物施用方式

施药形式主要是：溶解或稀释成一定倍数后喷洒于土壤、果实、叶面等；还可用于拌种等。

2.2.4 产品使用效果

产品防治对象广、范围广、防治作用高效。

在有机桃的病害防治方面：对病害的防治效果达 87% 以上；若在植源农药的使用基础上结合其他生物集成技术等，每亩施药次数相对化学农药减少 3 次，防治的总投入平均降低 13%，桃果售价高，每公斤可比普通桃子至少增加 6 元。

在黄瓜的病害防治方面：防治效果达 80% 以上。

在草莓的病害防治方面：防治效果达 85% 以上。

2.2.5 应用范围

目前我公司的农药产品，可进行不同倍数的稀释，用于以大桃、草莓、黄瓜为主的多种果蔬的多种病害：

大桃的褐腐病、蚜虫、细菌穿孔病、炭疽病、缩叶病、疮痂病等。

草莓的白粉病、灰霉病、叶斑病、蚜虫等。

黄瓜的立枯病、白粉病、叶斑病、青枯病等。

果树枝干病害：腐烂病、流胶病、轮纹病、溃疡病、树脂病等。

还可用于番茄灰病害、小麦赤霉等，以及用于多种果蔬的根腐病害：立枯病和青枯病。

2.3 公司服务

为了促进产品的销售，基于公司农药产品，公司将为顾客提供有机桃、草莓、黄瓜等作物的生物集成防控技术的培训、派技术人员驻扎种植地使用公司农药全程对作物进行病虫害防控等免费服务；同时利用"互联网+"思维，拟开发APP和创建微信公众号，打造信息和交易平台，提供季节性病害发布、用药技术指导、用户上传作物实时病情与交流、病害生物集成防控案例参考和在线咨询等线上的技术指导服务。

2.3.1 APP/微信公众平台线上服务

公司拟开发APP"绿色种植助手"和创建公司微信公众平台，同时提供线上信息服务和交易服务。

信息服务：通过APP和微信公众平台的信息服务模块，我们拟实现以下这些功能。

（1）季节性病害信息发布

应时提醒农户某一时期属于何种病害多发期，应该如何预防该类病害；应时传播该时期的病害知识，从病害特征、适合选用我公司的哪些产品及产品稀释倍数以及应该怎么喷药等方面进行介绍。

内容以文本形式为主，将辅以一定的视频介绍以使用户更好地理解病害知识、用药方法和防治方法。

可开启手机绑定功能，手机号绑定APP账号的用户可接收平台发布的相关实时信息。

（2）生物集成防治方案示例

提供生物集成防控的示例，以供农户参考。

（3）实时病情上传与相互交流

用户可以以图片或文字等形式上传自家作物的实时病情，提醒其他用户要注意防治，同时可与其他用户进行交流。

（4）其他信息推送

定时推送关于大桃、草莓和黄瓜等多种作物病害防治和绿色种植等各方面的信息。

（5）在线咨询

农户可在线咨询，我们提供在线答疑服务。

交易服务：通过APP和微信公众平台的信息服务模块，我们拟实现以下这些功能。

（1）产品详解

对我们的产品序列的适用病症、作用机理、使用方法进行一一介绍。

（2）在线购买

提供产品的购买服务和在线支付。

（3）活动推广

适时、定期地办一些农药产品购买的优惠活动。如在桃褐腐病多发季举行定时折扣或者产品抢购活动。

2.3.2　线下服务

（1）"上门"服务模式

可与大型的种植户或与农业合作社进行合作，派遣专业人员携带防治过程中需要的多种药物驻地，服务时长为一个作物周期。专业人员每天监测作物的生长情况，坚持"预防为主，综合防治"的原则，对作物进行全程监察，指导农户通过我公司的植源农药，并借助一定的物理手段等来对大桃、草莓和黄瓜等进行病虫害预防；专业人员在对作物监测中发现某种病害先兆症状或者发现已出现某种病害，应该指导农民立即采取相应的措施以减轻、消灭病害。

（2）咨询与培训模式

客户到公司报名咨询，公司向他提供关于防控技术的专业培训。

3　技术分析

3.1　发明专利

发明专利主要包括：

一种防治果蔬褐腐病、蚜虫的可湿性粉剂及其制备方法（发明专利号：ZL201410168667.2 已授权）。

一种用于防治锈腐病的悬浮剂及其制备方法（正在申请中）。

一种厚朴、大黄复配水悬浮剂及其制备方法（正在申请中）。

3.2　技术发展现状

一些产品制备工艺已经进入中试阶段，并且已经在大桃、草莓和黄瓜等种植地进行试验，都取得了突出成效。

3.3　生产工艺介绍

3.3.1　原料选择

① 取材天然：原料取自天然植物，通过提取获得有效成分，绿色环保。目前主要用到的植物是中药材大黄、厚朴、虎杖和黄连等。

② 原料资源丰富易得：许多植物体含有各种各样可用于作物菌害虫害防治的有效成分；同种有效成分可在多种植物中获得。以小檗碱为例，其又称黄连素，是一种生物碱，可从小檗科等四个科十个属的多种植物中，如从黄连、黄柏等中提取获得。另外，我国地大物博，植被面积广，植物物种丰富。其中，黄连、厚朴、大黄、虎杖等植物在广大地区有种植。植物源农药有望成为我国农药特色自主创新突破口，作为"绿色农药"有助于提高农作物品质。

③ 原料价格优势：我公司生物农药的开发均采用资源丰富易得的植物药材，价格低廉，具有一定的价格优势，成本低。

④ 原料的活性成分防治对象广：公司所选用的植物活性成分抗菌谱较广，抗菌作用高效，对虫害也有一定的作用。以小檗碱和厚朴的抑菌效果为例。

小檗碱，又称黄连素，是一种生物碱，可从小檗科等四个科十个属的许多植物中，如黄连、黄柏中提取获得，对多种细菌、真菌、霉菌、病毒、原虫、线虫具有抑制或杀灭作用，在作物病害中有着广大的运用前景。例如，我们研制的小檗碱制剂尤对褐腐菌、细菌穿孔病和炭疽病等各种病害作用显著；另外 0.5% 小檗碱水剂对立枯病、白粉病等菌害和蚜虫等虫害也有很好的防治效果。

厚朴，为木兰科木兰属乔木，其皮、叶和根中的活性物质具有广谱的抗细菌、真菌作用，含有和厚朴酚、厚朴酚等厚朴总酚，有开发成为生物杀菌剂的潜能。其提取液对立枯菌、褐腐菌、灰霉病、青霉菌、青枯菌等多种病菌和蚜虫和螨虫等虫害有抑制作用。

本公司同时研制多种活性成分复配制剂，例如，厚朴、大黄复配水悬浮剂在原有抑菌作用基础上，将单方制剂变成复方制剂，药物抗菌谱更广，且对某些菌的作用效果加强。

3.3.2 溶剂环保

使用乙醇等溶剂，对环境安全，而且可回收循环再使用；同时节约成本。

3.3.3 剂型环保

使用环境相容性好的水基型农药制剂。例如水悬浮剂、水乳剂、微乳剂、水剂等，其环境相容性好、无粉尘污染，易混合，可节约有机溶剂且药效高。运输和使用过程中安全、环保。

3.3.4 生产工艺简单、设备成本低

公司产品工艺简单，易进行放大化生产，且工艺设备成本低。

3.4 实验工艺设备

不同剂型的制备过程中用到了不同的实验设备，本公司采用的设备包括研磨机、流化床干燥机、制粒机等。在药物研制过程中，我们使用一些稍大规模的设备对药物生产工艺进行中试及小批量生产药物，以满足田间实验的需要。

3.5 水悬浮剂工艺示例

以某一植源杀菌剂的水悬浮剂为例，其制备工艺和过程如下：

（1）水悬浮剂主要配方

药物有效成分（大黄、厚朴、虎杖等提取物）、润湿分散剂、增稠剂、防冻剂、水、pH调试剂、消泡剂各一定比例。工艺简单，可进行放大化生产。

水悬浮体系界于交替分散体系和粗分散体系之间，粒子表面积大，表面自由能也大，粒子运动速度较快，容易因范德华引力而互相合并发生聚集。由于表面活性剂和水溶性高分子物质独特的分子结构，可做药物润湿分散剂，提高水悬浮剂的抗聚集稳定性。

农药水悬浮剂属于动力学不稳定的体系，在农药水悬浮剂中添加增稠剂调整提高分散体系的黏度。

（2）剂型特点

该剂型可与水任意比例混合分散，几乎不受水质和水温影响，使用方便。

环境相容性好，无粉尘污染，易混合，生物活性高，节约有机溶剂、药效高、属于水基型。可用于多种病菌害的防治。

（3）制作工艺

相关产品的水悬浮剂制备工艺如案例图2-1所示。

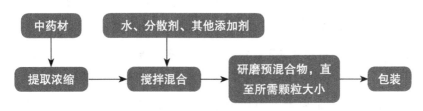

案例图2-1 水悬浮剂制备工艺图

3.6 药物杀菌机理

药物的活性成分对病菌的杀害作用机理如下：

小檗碱的杀菌机理：一是该药迅速渗透到植物体和病斑内部，产生药物作用，通过干扰病原体代谢而抑制其生长和繁殖；二是该制剂能增强植物细胞活性，提高对病原菌的抵抗力，从而达到控制病情发展和杀灭病菌的作用。

大黄中的活性成分主要是大黄素甲醚和大黄。大黄素甲醚可影响真菌丝发育和吸器形成，对瓜类有一定的诱导抗病作用。大黄抑制菌体的呼吸代谢途径，破坏细胞壁和细胞膜的完整性，抑制蛋白质和核酸的合成途径。

厚朴中的活性成分总酚可通过线粒体细胞凋亡途径诱导细胞凋亡；另外，药物在低浓度时对立枯等菌起到抑制；当药物浓度高达一定浓度时可起到杀菌作用，在形态上表现为菌丝褶皱、孢子褶皱、细胞膜被破坏；同时多糖含量降低、蛋白质含量降低。

4 市场分析

4.1 市场定位

在公司发展初期，农药主要针对以有机桃、黄瓜、草莓为主等的多种果蔬的病虫害防治。

这三种果蔬在我国种植面积非常广泛，具有广大的市场。其中，桃子的主要经济栽培地区在华北、华东各省，较为集中的地区有北京海淀区、平谷区，天津蓟州区，山东蒙阴、肥城、益都、青岛，河南商水、开封，河北抚宁、遵化、深州市、临漳，陕西宝鸡、西安，甘肃天水，四川成都，辽宁大连，浙江奉化，上海南汇，江苏徐州和安徽等地。据 2007 年资料统计全国桃培面积已超过 1069 万亩，生产桃 803 万吨，占世界的 47%，居世界第一位。仅山东蒙阴县即种植桃树 50 万亩。北京大桃种植面积超过 47 万亩，平谷占 22 万亩左右。而中国草莓栽培面积和产量居世界首位，中国各省（市、区）均有草莓栽培，但主要集中在河北、山东、辽宁、江苏等地。另外，黄瓜在全国各地被广泛种植，是温室种植的主要品种。这些种植情况对我们公司产品初期导入市场具有很大的优势，具有很好的发展前景。

据数据统计，在农业不发达地区，使用传统农药的比例高达 97%，而在东部沿海发达地区、环渤海经济圈、长江三角洲经济圈和珠三角地区，使用传统农药的比例下降到 80%。特别是在首都经济圈的郊区注重推广使用生物农药。所以，本公司产品早期主要是在农业发达地区推广使用，特别是在首都经济圈的郊区及天津、河北、上海、山东等相对发达的地区推广使用。

4.2 果蔬病害

果蔬病害主要是由真菌、病毒、细菌等病原物引起，这类病害称侵染性病害或寄生性病害。还有部分病害是作物受气候、土壤、栽培条件和其他有害物质等不良环境因素影响出现的无传染能力的病害，称非侵染性病害或生理性病害。两种病害密切相关，相互加剧，因此要共同预防。目前对于这些病害的防治很多地方绝大部分使用化学农药，生物农药的使用还有很大的空缺。生物源农药有待开发，并且有很大的发展空间。

4.3 生物农药市场现状分析

4.3.1 生物农药市场份额低

近几年随着国内农资市场向外开放，一些欧美企业将成熟的生物源农药带进中国市场。另外，据刊载，截至2015年，我国目前有260多家生物农药生产企业，仅仅约占全国农药生产企业的10%，生物农药制剂年产量近13万吨，年产值约30亿元人民币，也是仅占整个农药市场总产量和总产值的9%左右。据资料显示，截至2014年年底，生物源农药登记品种占整个登记农药品种数量的17%。

4.3.2 生物农药需求不断增加

据学者分析，我国生物农药的使用量每年同比增长70%。其中生物农药中的植物源农药占全球农药市场的1%，并以每年10%～15%的速度增长。我国绿色食品原料标准化生产基地数目也呈上升趋势，年同比增长可达20%，绿色农业需求结构正在改变。生物农药的发展是时代所趋，生物农药的开发具有广大的前景。本公司的植物源型农药产品以及生物集成防控技术服务顺应农业发展趋势，具有广阔的市场和前景。

4.4 专业防控发展现状

农业农村部会议明确要求各级农业农村部要切实加强组织领导，把专业化统防统治作为转变农业发展方式、推进现代农业发展的重要措施，作为植保工作的重中之重，创新工作思路，开展农企对接，引领科学施药，确保取得实效。各省市各地方农作物病虫害专业化统防统治工作正在不断落实，坚持"政府支持、市场运作、农民自愿、因地制宜"的原则，以植保专业合作社、基层农技部门、植保服务公司为主体，种植大户、村级防治组织等为补充的多元化发展格局正在形成，各地农作物的种植往承包方向发展，各县、镇、乡等呼吁并组织建立农业合作社，需要植保科技服务公司的加入，防治专业指导服务兴起，这给我们的公司提供了发展机遇。

以北京桃种植业为例，政府先后出台《关于严禁经销和使用剧毒、高毒、高残留农药的规定》《关于推进食用农产品安全体系建设的意见》等文件，北京市植物保护站和平谷区植物保护站自 2009 年开始，便派果树技术人员深入到各村桃农中指导他们合理采用生物农药、生物治虫等技术，督促实施绿色食品规范化生产。顺应这一趋势，我们为农民提供专业的病害防控指导，有利于促进公司的产品销售。

5 营销战略

5.1 市场定位

产品导入：公司发展前期，鉴于经济发达地区相对于经济落后的地区更加重视环境保护、绿色农药的发展。公司将选择北京、天津、河北、上海、广东、湖南、福建、山东、四川等相对发达的地区作为产品推广、销售地区。将产品销售与服务宣传进行有机结合。

发展成熟期：公司发展成熟后，将向全国市场进军，建立遍及全国的销售网络。

目标客户：大小型的菜农和果农（接受直接批量订制）。

5.2 营销策略组合

公司初进市场,但没有很高的知名度和认可度,所以公司从"产品""价格""渠道""促销方式"等几个方面进行有效的4ps营销策略组合,从而迅速打开市场,并满足市场需求,获取最大利润。

5.2.1 产品策略(product)

公司生物农药产品不但具有绿色无污染、安全无残留等质量特点而且还有防治高效、使用方便等功能特点。如果初期加以宣传,便会逐渐形成品牌效应,逐步打开市场,提升品牌口碑,增加产品销量。

5.2.2 价格策略(price)

合适定价,在产品不同的生命周期制定相应的价格。初次定价采用成本导向法和竞争导向法定价。

(1)低价策略

在公司的发展初期阶段和以后的销售低谷期将权衡成本,降低利润,确定折扣率,采取低价促销策略。

① 对于初次试用产品的种植专业大户,其可免费试用一定量产品。

② 农药产品在不同季节有不同的需求量,在非作物季节并不需要太多的农药来进行防治,农药的价格采用低价策略。

(2)地区定价策略

地区的消费水平不同,会造成地区产品销售数量不同、购买力的不同,采用不同价格的销售手段,不但可以增大产品销量,还可以提升公司的知名度与口碑。

5.2.3 销售渠道(place)

(1)实体店销售

进行分销点建设——在各地农贸市场建立专卖店;使产品入驻各地的农药店。

（2）网络销售

① 将产品入驻中国农药批发商城进行销售。

② 对于瓶装药和袋装药产品，可以在京东、淘宝上进行销售；加盟农村淘宝。

③ 在公司的手机 APP、微信公众平台及官网均提供线上购买通道。

（3）加入农业合作社

与农作物种植业发达地区的政府相关部门进行交流合作，加入到政府专业化统防统治工作中，提供有机桃种植服务。各地农作物的种植往承包方向发展，各县、镇、乡等呼吁并组织建立农业合作社。我们可以与政府合作，加入农业合作社，为果蔬绿色种植进行生物农药和生物集成防控服务。

（4）与植保站合作推广

与植保站等部门合作举行技术推广会和交流会等，进行产品推广。

5.2.4 促销方式（promotion）

① 制作广告，在电视广播尤其各省市区电视台的农业频道、农业报纸期刊进行我们植源农药、公司服务、网站、微信公众号、APP 平台的宣传。

② 在腾讯新闻、腾讯 QQ、微信、中国农药信息网、中国植保信息网等网页以及与有机生物农药、生物农药与生物产业联盟等知名微信公众号合作推广公司的农药产品、公司服务、网站、APP 平台和微信公众号。

③ 制作大幅广告并置于农贸市场显目的地方以吸引购买者眼球。

④ 到各城镇作物种植面积广的农村举行产品推介会和技术推广会，宣传产品优势和举行促销活动，推广 APP 的使用，推广会目的之一是提高农户病虫害的识别能力并向其介绍产品使用方法及特点。技术推广会可融洽我们公司和产品消费者的关系，加强信任，同时有利于产品推广和长期销售。

⑤ 买赠促销：对购货量达到一定程度的，赠送一部分产品，能够充分调动客户的积极性。

⑥ 分享即优惠：对关注并分享公司微信公众号的客户即进行第一份 9

折优惠。这也是公司快速打开市场并聚集粉丝客户的有效策略。

5.3 "互联网+销售" 促销推广

5.3.1 APP、微信公众号的宣传推广

拟建微信公众号、APP平台并推广使用。

通过APP和微信公众平台，用户均可以获得各种在线指导服务（包括季节性病害信息发布、生物集成防治方案示例 、其他信息推送、在线咨询和实时病情上传与相互交流等等）。因此，前期APP及微信公众平台的推广工作对产品的促销很重要。

拟建微信公众号并设置三个服务通道。

① 信息服务：主要是往期推送的用户实用信息的查看通道，包含有产品使用指导、产品优惠活动及新产品研发动向等实用信息。

② 顾客服务：包含常见问题解答、人工服务平台及顾客信息反馈三个细分入口。

③ 产品服务：产品服务主要包含产品选购入口及产品导购服务。

手机APP的拟建主要包括以下功能：

① 生物防治线上指导。

② 信息服务：季节性病害信息推送。

③ 生物集成防治方案示例及公司示范基地展示。

④ 关于使用公司产品防治有机作物的小游戏。

⑤ 用户相互交流平台。

我们在宣传产品的同时将加强对APP和微信公众号的宣传。另外，我们也将通过其他方式来宣传我们的APP和微信公众号。例如，通过去农资市场、在产品推介会上举办"下载APP即可免费获赠农药""扫码添加公众号即可获赠农药产品"等活动。

5.3.2 网站建设

公司已经建立了网站，公司官网是企业在互联网上进行网络建设和形象宣传的一个平台。我们已经可实现：发布企业信息、介绍公司产品、提

供顾客服务，以及在线销售等功能，进而宣传企业的核心品牌形象或者主要产品（服务）。

5.4 加强售后服务能力

公司设立了专门的售后服务机构，抽调专业人士来负责，以确保解决售后服务问题。保证为客户提供最专业的解答，保证售出的农药能够得到正确使用等，确保农药使用安全；完善电话、网络在线等售前咨询、售后服务途径。

5.5 营销团队的建设

为了更好地推销公司的产品，公司将努力建设一支综合能力强、具有高度专业素质的销售队伍。定期对他们进行销售、农药、病症识别等多方面培训，并让成员寻找目标客户（大型种植户和进驻目标农药店）。同时将我们的示范基地图片、防控画面、防控结果等做成宣传手册和VCD等有说服力的宣传资料，向种植户推广与销售我们的农药产品和技术服务。

6 竞争态势

6.1 竞争局面和竞争者分析

6.1.1 本公司产品与传统农药竞争分析

我公司初期产品作用对象主要是以桃树、草莓和黄瓜等作物为主。桃树的主要病害以褐腐病为主，另外还有缩叶病、细菌性穿孔病、果实炭疽病、疮痂病及枝干流胶病等；主要害虫有桃蚜、梨小食心虫、蛀螟和刺蛾等。目前传统防治过程常用到的是杀灭菊酯、氯酚钠加石硫合剂、波尔多液、菌清可湿性粉剂、甲基硫菌灵可湿性粉剂、异菌脲可湿性粉剂、多菌灵可湿性粉剂、戊唑醇水乳剂或腈苯唑悬浮剂等等。在草莓褐斑病、叶斑病、白粉病、灰霉病、炭疽病、根腐病菌害防治中主要用到的是百泰、凯泽、使百攻、苯醚甲环唑等传统农药；在草莓夜蛾、二斑叶螨、蚜虫等虫害防治中主要用到的是蚜克星；在黄瓜立枯病、白粉病、叶斑病中主要用到的是雷多米尔锰锌、敌克松、含硫制剂（百菌清和达科宁悬浮剂等）、百菌清、托布津、多菌灵等；在黄瓜的白粉虱和蚜虫等病害中主要用到的是吡虫啉、噻虫嗪、氟啶虫胺等。

由于农民的使用习惯和农药价格因素影响，这些传统农业还在大量使用。

6.1.2 本公司产品与生物农药等同质产品的竞争分析

我国目前已有200来家生物农药企业，主要有山东潍坊奥丰、山东鲁抗生物农药公司等。目前，北京只有三四家生物农药企业：北京顺意生物农药公司、北京中农瑞华生物农药有限公司、北京青源保等。我们与同行业在一些产品上将会存在竞争关系。其中主要竞争者山东潍坊奥丰生产多种生物源农药，其农药靓果安、溃腐灵可防治桃树的流胶病和其他真菌和细菌害，如炭疽病、疮痂病、细菌穿孔病、黑星病等；其农药速净（主要成分黄芪多糖）对白粉病、叶斑病、灰霉病和褐斑病等均有作用，其公司的青枯立枯对立枯病和根腐病均有效，其农药霉止对白粉病均有效。另外还有其他多家公司都生产的阿维菌素（可用于杀虫杀螨）和鱼藤酮、苦参碱（可用于蚜虫防治）、微元－复合木霉菌（可用于灰霉病防治）等。这些产品都是公司产品的竞争对手。以北京为例，目前平谷在大桃种植方面推广植物源生物农药10余种，如杀虫剂苦参碱等。另外，国外一些传统化学农药公司不断发展改革与转型，加快生物农药的研究与生产，向我国出口生物农药，侵入我国农药市场，这些同质产品给公司带来了竞争压力。

公司竞争者如案例表2-1所示。

案例表 2-1　国内外农药企业竞争者

竞争者类型		中国主要农药公司	外国主要农药公司
传统农药	化学农药	四川乐山市福华通达	巴斯夫 / 德国
		山东滨农	纽发姆 / 澳大利亚
		江苏扬农化工	住友化工 / 日本
		中化农化	富美实 / 美国
		南通江山	联合磷化 / 印度
		江苏辉丰农化	麦农 / 丹麦
		深圳诺普信	日本组合化学 / 日本
		江苏常隆农化	
	生化农药	浙江金帆达	先正达 / 瑞士
		华邦颖泰	陶氏益农 / 美国
		南京红太阳	拜耳作物科学 / 德国
			孟山都 / 美国
			杜邦 / 美国
			利思达 / 日本
生物农药		山东潍坊奥丰	
		浙江新安化工集团	
		北京青源保（备注：北京地区）	
		北京顺意生物农药公司（备注：北京地区）	
		北京中农瑞华生物农药有限公司（备注：北京地区）	

6.2　竞争优势

6.2.1　与传统农药企业相比的竞争优势

与传统农药企业相比，我们的优势在于：

① 防控过程绿色环保、零农残、无毒、高效，可提高产品品质。传统的化学农药绝大部分具有高毒性、高残留的特点，还有少部分即使低毒仍然会有一定程度的农药残留。本公司产品绿色、零农残、无毒、无公害。使用本公司产品和生物集成服务，在整个作物周期内，没用使用到高残留、高污染的化学农药，营造健康安全的种植环境，易于被农户接受；种植无污染、无公害的有机水果和蔬菜，容易受到消费者的倾爱；对当地环境破坏微乎其微，容易受到政府的支持。

② 有机果蔬可提高农户销售水平和利润。人们对食品安全日益重视，绿色果蔬需求增加。由于杜绝传统农药的使用，果农种植出的是有机果蔬，符合现代消费者绿色食品、安全食品的追求，从食物原料把关，农户可以通过有机果蔬的国内外销售获得更大的利润。以大桃为例，每斤有机桃可至少买到8元，有机桃零农残，有利于国内销售和出口。桃园农户可通过提高市场价格，获得更大利润。

③ 生物农药的使用可改善和保护种植环境、保护土质，利于种植业可持续发展。

④ 生物农药属于新兴产业。国家对传统的化学农药采取的是限制、打击的政策，而对生物科技企业采取鼓励支持态度。生物农药和生物防控技术顺应民众需求，属于朝阳产业，正处于兴起时期，而化学农药发展逐渐走向低迷与衰退。

⑤ 传统农药企业转型遇难题。传统的化学农药企业的转型与改革，需要耗费很大的成本，且需要经历抉择期、调整期和滞后期，在现阶段他们暂时处于不利地位。我们捷足先登，占据有利地位，有利于未来迅速占领市场，走在市场前端。

6.2.2 与生物农药企业相比的竞争优势

（1）产品特色：

① 成本低，价格低。与主要竞争者山东潍坊奥丰的靓果安、溃腐灵、青枯立克这些产品相比，我们存在着价格优势（原计划书列出了与主要竞争者间的价格比较列表，为保护商业信息，此处省略）。

② 抗菌谱广。与多数生物农药比，我们的产品抗菌谱广，示例如案例表 2-2 所示。

案例表 2-2　本公司与其他公司生物农药抗菌谱的对比

生物农药种类	抗菌谱	抗菌谱广度	公司
青枯立克	专治青枯病，根腐病，茎基腐病，枯黄萎病，芽枯病等根部病害	相对窄	其他公司
厚朴大黄水悬浮剂	主要用于灰霉病、白粉病害、立枯病、叶斑病、青枯病菌害等；可用于果树枝干病害：腐烂病、流胶病、轮纹病、溃疡病、树脂病等。还可用于蚜虫、小麦赤霉菌、番茄灰病害以及多种根腐病害等	相对较广	本公司
霉止	灰霉病、叶霉病和菌核病等病害	相对较窄	其他公司
10% 小檗碱可湿性粉剂	主要用于褐腐病、白粉病、炭疽病、细菌穿孔病、缩叶病、疮痂病以及蚜虫等的防治	相对较广	本公司

③ 作用范围广。与其他一些生物农药比，本公司产品作用对象相对较广，可以适用于桃树、草莓和黄瓜等多种果树和蔬菜作物（此处省略该公司与其他公司生物农药作用范围的比较）。

④ 有营养作用。对果实、树叶和枝干等等起到一定的营养作用，同时诱导抵抗力的增强。

⑤ 剂型优势。公司产品采用的剂型是水基型的环境相容性好的剂型，如水悬浮剂等。

（2）服务特色

① 通过技术服务推进产品销售。公司使产品与技术服务结合，提供线上线下服务，具有优势。

② 通过"互联网＋销售"的模式，既直接实现了产品交易，又通过提

供线上指导等各种服务促进产品的销售。

③ 未来服务特色。公司计划在发展成熟后，提供生物全程防控药物供应和技术服务。靠少数品种的生物农药并不能实现最佳、最大限度的生物全程防控的作用，我公司提供多种产品，可用于作物的多种病虫害防治。我公司产品以植源杀菌剂和杀虫剂为主，同时与上海某生物科技公司有合作关系，多种生物农药和生物技术相互汇集使用，为我公司在病虫害的全程防治服务中提供一定的支持。

6.2.3　与国外企业相比的优势

国外虽然在生物农药方面取得不错的发展，但我国对国外农药的进口有一定限制，他们与我们竞争不具有强的优势。

6.3 公司生物农药产品的 SWOT 分析

公司生物农药产品的 SWOT 分析见案例表 2-3。

案例表 2-3　公司生物农药产品的 SWOT 分析

优势（strengths）	劣势（weaknesses）
完善的理论基础和技术优势 生产技术简单 剂型环保优势 绿色、无毒、高效，对人体无害 有利于生态环境保护 价格低廉 抗菌谱广、作用范围广 运用"互联网＋销售"模式促进产品销售 通过技术服务带动产品销售	公司新成立，知名度低 我国生物农药产品市场较新，世面流通不畅

续表

机会（opportunities）	威胁（threats）
生物农药企业属于朝阳产业、新兴产业 国家对生物农药企业采取支持和过滤政策，对化学农药企业采取限制和打击政策 农药市场需求大 新型绿色农药前景广阔 生物农药企业逐渐形成系统的营销布局 传统化学农药的转型需要经历抉择期、滞后期、调整期等	农药受传统用药观念限制 农药使用者的用药水平低，使用绿色农药环保意识较弱 国内外一些农药企业实力雄厚，竞争增强

7 公司与团队介绍

7.1 团队介绍

学生团队成员如下：

成员 1：制药工程专业，多次获得校级二等奖学金、国家励志奖学金、校级三好学生及其他各类奖项。获得全国大学生英语能力竞赛国家一等奖；曾参加学校"启明星"大赛并获得市级立项。有很好的基础知识，并积极参加社会实践活动，提高自身素质和动手能力，创新能力突出，并能够带领团队进行良好的团队协作，对本项目了解。

成员 2：制药工程专业，大一学年获得校级三等奖学金，大二学年获得校级二等奖学金，获得 2014 年对外交流奖学金，在 2014 年北京联合大学物理竞赛中获得三等奖。曾参加我校"启明星"大赛并获得国家级立项。思维敏捷，善于表达与交际，有很好的创新能力和团队协作意识，对本项目了解。

成员 3：制药工程专业，参加学校的"启明星"大赛，有一个项目成功立项，学习刻苦，专业知识扎实，积极参与老师的科研课题，有很好的实验能力和科研能力，对本项目有很好的了解，具备管理和科研能力。

成员 4：会计学专业，曾荣获校级二等奖学金和校级三好学生，大一期间获得数学竞赛校级三等奖，曾积极参加过"启明星"立项申报。在校期间认真学习专业知识。具有一定管理方面的知识和市场分析能力。具有创新精神和团队合作精神，并具有一定的统筹管理能力，对本项目了解。

成员5：市场营销专业，获得过校级三等奖学金，参加过"启明星"立项申报。动手能力强，性格开朗，乐于助人，有较好的沟通能力，集体意识强烈，具备突出的创新能力。对所学市场营销专业的知识能够较准确地掌握与运用。做事仔细认真，有责任心，适合管理岗位。

成员6：大众传媒专业，荣获校级三等奖学金，大三上学期参加启明星立项申报，对传媒学知识有强烈的爱好，并兼修过人力资源相关课程，拥有非凡的创新能力和团队协作意识。

成员7：多媒体与网络技术专业，参加学校的"启明星"大赛，有一个项目成功立项，曾获得国家励志奖学金，校二等奖学金，有扎实的网络知识基础，对于本项目的网站建设提出不少创新建议。

成员8：电子与信息技术专业，积极参加学校组织活动，勤于思考，有良好的沟通能力，爱好信息技术，掌握电子信息技术和软件制作技术，有一定的编程技能，并能进行良好的团队合作。

成员9：广告传媒学专业，曾获校级二、三等奖学金及国家励志奖学金，参加学校的"启明星"大赛，并成功立项。担任班长一职，具有一定的组织能力及管理能力。学习刻苦，对于广告学和传媒学均有独特的见解，沟通协调能力突出，善于与人交流，具备突出的创新能力和团队协作意识。

教师团队介绍如下：

教师1：男，硕士研究生，会计学专业，1995年参加工作，副教授，主要从事审计学等课程的教学。

社会兼职：现任某会计师事务所国际顾问。长期为企事业单位进行账务知识方面的培训。曾为中石油、中国移动、中粮储、昆钢集团、卫生部等大型企事业单位进行财务审计工作等方面的知识讲座。具有丰富的会计与审计实践经验。

教师2：女，职称：副教授。企业职称：副主任药师。

研究方向：天然药物的提取、分离、药物制剂与分析。长期与企业进行技术合作，指导大学生进行国家级、市级等科技立项多项；指导学生获2014"创青春"首都大学生创业大赛铜奖，校级一等奖，获得优秀指导教师奖等。

教师3：女，博士，生物医药系教授，制药工程专业。

研究方向：微生物制药，包括生物转化与生物合成、代谢调控与分析；天然产物活性评价及剂型研究。先后主持河北省科委、省自然科学基金、北京市教委、北京市人才引进项目等10余项。主编教材2部，参编学术专著2部，申请国家发明专利3项。

7.2 公司介绍

7.2.1 基本信息

【公司名称】北京XX生物农药有限公司

【公司类型】有限责任公司

【公司选址】公司计划选址北京科技园区，既可享受国家对园区的相关优惠政策，还有利于公司及时了解市场新动态。

【经营理念】绿色环保、诚实守信、开拓创新、顾客至上

【公司图标】商标以绿色为主色调，以桃果、瓜苗为载体，象征着果蔬绿色安全，表明公司为绿色果蔬的种植提供绿色、无毒生物农药的决心。

7.2.2 经营范围

北京XX生物农药有限公司以"绿色环保、诚实守信、开拓创新、顾客至上"为经营理念，以天然植物活性成分为原料，以环境友好型剂型为主要剂型，研究开发绿色无毒新型植物杀菌剂和杀虫剂，用于大桃、草莓和黄瓜等多种作物的病虫害防治。同时为顾客提供有机桃、草莓和黄瓜的生物集成防控培训、派技术人员驻扎种植地全程对桃树进行整个作物周期内的病虫害防控等线下服务；同时利用"互联网+"的思维，拟开发APP和创建微信公众号等，提供线上技术指导服务和产品销售。

7.2.3　企业文化

公司尊崇"踏实、拼搏、责任、合作"的企业精神，创造良好的企业环境，以尊重人才，培养人才为己任。与时俱进，力求将公司建设成为具有高度的社会责任感、具有高度环保意识的绿色科技公司，为农业的绿色发展和绿色食品发展贡献自己的力量。

7.2.4　公司部门与人员

（1）公司部门

公司部门主要有董事会，总经理，人力资源部、财务部、行政管理部、研发与技术部、市场营销部、质量保障部、广告宣传部。其中：公司部门结构图见案例图2-2，公司职员表见案例表2-4。

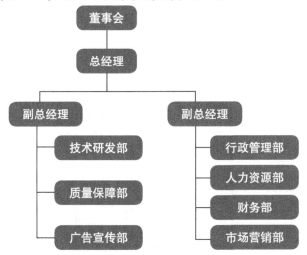

案例图2-2 公司部门结构图

总经理：主持公司日常各项经营管理工作，协调部门关系；提请聘任或者解聘公司各部门主管；负责处理公司重大突发事件；负责对各部门经理工作进行布置、指导、检查监督、评价和考核管理工作。

副总经理：负责监督和管理相应部门的工作，协助总经理办理事务。

市场营销部：部门负责开发新客户，负责杀菌剂等植源农药的推广与销售。部门拥有经过专业培训的销售团队。

技术研发部：负责开发新产品、研究生产工艺、探究并优化病害的防治方案。

质量保障部门：负责包括产品的生产、产品质检等工作。

广告宣传部：负责公司各项广告和商品包装图标等设计，公司产品宣传与促销活动，APP、微信公众号与网站的管理工作。

财务部：负责公司的财务管理工作。负责项目部会计核算管理，财务管理、成本核算管理、其他财务会计行为的管理工作；负责依法纳税、办理项目部各税的申报与缴纳工作；负责债权债务的清理清收工作；做好保密工作。

人力资源部：负责公司员工的招聘、培训、监督和考核等各个环节的工作。

行政管理部：负责行政事务和办公事务。包括相关制度的制定和执行推动、会议、活动组织、日常办公事务管理、安全保卫、办公物品管理、文书资料管理和设备管理等工作。

（2）人员设置

主要技术人员和管理人员由本团队成员担任。此外，还需要一些销售人员，公司现阶段计划招收销售人员9人。公司职员表见案例表2-4。

案例表2-4　公司职员表

职位	专业（第一专业）	学历
总经理	制药工程	博士
副总经理	制药工程	博士
副总经理	会计学	硕士
技术研发部部长	制药工程	本科在读
质量保障部部长	制药工程	本科在读
人力资源部部长	制药工程	本科在读
财务部部长	会计学	本科在读
市场营销部部长	大众传媒	本科在读
广告宣传部部长	广告传媒学	本科在读
行政管理部部长	电子与信息技术	本科在读

7.2.5 公司相关制度

施行销售量提成制度，提高服务人员工作积极性。

销售代表和技术服务队员工资为底薪＋提成与奖励。底薪加提成制可以有效地刺激营销队员的工作积极性，促进他们履行新产品推广、渠道服务、宣传、技术指导、售后服务等职能，做好本职工作。

8 三年规划

8.1 产品销售战略目标

三年内产品销售战略目标如下。

第一年：产品导入市场

第二年：扩宽渠道

第三年：形成品牌效应

8.2 销售渠道扩展三年规划

销售渠道扩展三年规划见案例表2-5。

案例表2-5 销售渠道扩展三年规划表

销售渠道	2016年	2017年	2018年
互联网	APP、微信公众号	APP、微信公众号	APP、微信公众号
	公司网站	公司网站	公司网站
	京东、淘宝等	京东、淘宝等	京东、淘宝等
加盟的实体店	32	75	150
合作的植保站	2	5	8
农民合作社	2	4	6

8.3 生物集成防控示范基地体系建设规划

公司计划建立并完善更多的示范基地建设体系，不断扩大市场、向全国其他各地提供公司的技术服务，与越来越多的农户建立合作关系。与农户合作，不断在全国各个地区建立大桃、草莓和黄瓜等作物的生物集成防控示范基地，并大力宣传示范成果，定期邀请农民和专业种植户来园观摩。生物集成防控示范基地建设面积三年规划如案例表2-6所示。

案例表2-6　生物集成防控示范基地建设面积三年规划

品种	2016年（目前已经建立的）	2017年	2018年
大桃	北京50亩	河北5亩 山东10亩	河北10亩 山东20亩
草莓	0亩	北京5亩 广东4亩	北京10亩 广东10亩
黄瓜	0亩	北京5亩 广东4亩	北京10亩 广东10亩

8.4　产品开发品种三年规划

产品开发品种三年规划见案例表2-7。

案例表2-7　产品开发品种三年规划表

项目	2016年	2017年	2018年	备注
产品个数（个）	3（此为已经可以直接投入生产的产品）	—	5	目前，除了现有的三种产品外，公司还在研究2种植物源农药
防治方案	不断完善黄瓜、草莓和大桃的实验方案，探究正在研发的两种植物源农药对作物的防治方案			

9　财务分析

9.1　融资与退出

9.1.1　项目融资与筹措

创业初期，筹措能力有限：目前已分别获得种子投资40万元和50万元，合计90万元。学生每人将自筹5万元，共45万元。共合计135万元。

后期逐步扩大企业筹资规模，申请银行借款。公司成立后，拟再申请在校大学生创业贷款若干。逐步扩大企业规模，增加资本公积。

创业初期资金主要用途见案例表2-8。

案例表2-8 创业初期资金主要用途

项目	资金/（万元）
APP和微信管理费	0.03
办公室及硬件设施	6
销售及管理层人员工资	10
广告宣传费	5
合计	21.03

9.1.2 资金循环计划

前两年公司的盈利用于扩大生产规模和建设销售渠道，第三年开始加大研发资金的投入，生产新型技术产品，公司进行产业化经营，增加销售渠道，从而获取更大的市场份额，更好地抢占国内市场。

假定销售收入为零时，正常运转，需人员工资5.5万元/月，其他琐碎开支0.65万元/月，共计6.15万元/月。

9.1.3 投资者的退出

企业只要进行生产就会存在风险，所以我们必须要正视和应对生产经营中可能遇到的各种风险，保持企业持续、稳定、健康地发展。但不可否认的是，任何一家处于开放市场中的企业都要正视激烈竞争、优胜劣汰的现实。在此，我们制订了在企业经营不善，无以为继时的应对方案。

（1）公开上市

公开上市，是指将风险企业改组为上市公司，风险投资的股份通过资本市场第一次向公众发行，从而实现投资回收和资本增值。

（2）并购退出

并购退出是指通过其他企业兼并或收购风险企业从而使风险资本退出。由于股票上市及股票升值需要一定的时间或者风险企业难以达到首次公开上市的标准，许多风险资本家就会采用股权转让的方式退出投资。

（3）回购退出

回购退出是指通过风险企业家或风险企业的管理层购回风险资本家手中的股份，使风险资本退出。依照商业计划及事先与投资者签订的协议，经过一定的时期（具体时间依协议规定），我企业将会实施股权回购计划使原投资者安全退出。

（4）清算退出

清算退出是针对投资失败项目的一种退出方式。风险投资是一种风险很高的投资行为，失败率相当高。尽管采用清算退出损失是不可避免的（一般只能收回原投资的64%），但是毕竟还能收回一部分投资，以用于下一个投资循环。

9.2 项目财务分析

项目财务分析包括人员工资预支付、销售预算、成本费用预算、预计利润及其分配、预计资产负债和现金流状况等内容（为避免泄露商业秘密，此处略去原计划书中涉及的相关表格）。

9.3 创业项目股权结构

本创业项目的股权结构见案例表 2-9。

案例表 2-9　创业项目股权结构

序号	投资人	投资金额	投资占比
1	种子投资 A	40 万元	29.63%
2	种子投资 B	50 万元	37.04%
3	学生投资	45 万元	33.33%

10　风险与控制

10.1　技术风险

(1) 风险

① 公司产品在中国为首次研发、生产。其他厂家在专利期有可能采取不合法的方式获得和使用本公司的生产技术，或仿冒本公司的产品，可能会导致本公司受专利保护的技术在全行业扩散，导致自己的利益损失。

② 技术支持部门能否及时解决公司技术和服务上出现的各种问题。

(2) 解决方案

① 对于专利侵权行为，我公司将通过法律武器维护权益，管理专利工作的部门有权责令侵权行为人停止侵权行为、责令改正、罚款等，管理专利工作的部门应当事人的请求，还可以就侵犯专利权的赔偿数额进行调解。

② 加强对员工的培训，公司要努力营造学习的氛围，员工加强学习；并加强与同行业企业的优势互补和技术吸收。

10.2　市场风险

(1) 风险

生物农药企业不断兴起，同质产品不断增加，同时传统的化学农药还在使用，行业内竞争激烈。人们受使用传统农药观念的制约，这些可能造成产品流通不畅与滞销。

(2) 解决方案

① 在产品销售过程中，组合各种行销策略，合理定价，加大宣传力度，加强促销，加大服务力度等。

② 保证产品的卓越品质，不断提升服务水平，加大宣传力度，树立良好的企业形象，并努力形成品牌效应，打造自己的品牌。

③ 加大研发力度，不断开发新产品、优化现有产品和探索有效的新防治方案。了解行业需求，有针对性地开发新产品，并加强与行业优秀企业的优势互补和技术吸收。

④ 建立一支熟悉农药知识与营销专业知识的销售队伍，逐步建立完善

的市场网络，针对市场形势有策略地进行调整。

10.3 政策风险

(1) 风险

国家可能出台相关政策停止生物农药行业的优惠政策条件，或免征进口环节生物农药的增值税。增大经营成本和竞争力度，带来一定的风险。

(2) 解决方案

① 建立一支把握生物农药行业政策走向和最新动态的专项小组，把握生物农药行业的政策走向和最新动态，积极参与正确的舆论引导。在广大群众面前塑造积极向上的形象。

② 加大研发力度，不断开发新产品、优化现有产品和探索有效的新防治方案，宣传自己产品优势；努力创新，形成自己的特色品牌，增强与国外产品的竞争力。

10.4 OEM 风险

(1) 风险

① 被委托企业有可能因为企业自身的生产任务多而一蹴而就，以次充好。被委托 OEM 的企业有可能为了自己眼前的利益，利用合同中不完善的条款，用低质的原材料和配件来生产对方的产品。在产品上出现以次充好问题，不严格按照工艺技术生产；或者不能按时完成生产任务，以及出现甩单、毁约等不负责任的行为。

② 从生产、付款到交货，从检验到验收等过程中，有可能会出现一些纠纷和矛盾。

③ OEM 厂商未经委托方同意擅自在市场上销售 OEM 产品。

④ 生产所耗用的能源如电力、蒸汽方面的市场供求关系及其价格的变化，原材料市场价格提升、供应量不足、供货渠道的变动以及交通运输费的变动等，将直接影响 OEM 供应商，进而影响我们的产品的生产成本和售价。

(2) 解决方案

① 选择生产商的时候要特别慎重，要选择那些有实力、守信用、形象

好的伙伴，才能保证产品的质量，才能增强产品在市场上的竞争力。

② 以"双赢"为原则，巩固合作关系。我方尽可能合理地评估对方的分销能力，避免厂家出现原材料囤积、生产量不足以及产品过剩等问题；双方需诚恳以待，共同遵守规则，建立共赢关系。

③ 公司接收产品时注意进行质检，避免不合格的产品出现在市面上。

④ 在确定合作关系时，双方对对方的各项要求要仔细斟酌，合作企业间的OEM合同制订尽可能地细致、完善、严格。在条款中注明当事人的责任和补救义务。被侵权时，公司将通过合适的法律手段维护公司的权益。

⑤ 学会利用合法途径维护公司权益。

⑥ 关注市场动态，出现上述风险预警时注意积极应对并做出相应的调整。

⑦ 注重供应链：形成以生物农药技术产品为主的同心多元化供应链，分散经营风险，加强市场渗透。

10.5 人才风险

(1) 风险

人才跳槽和外流；公司工作人员技能、素质等跟不上公司发展的需要。

(2) 解决方案

① 建立合理的员工制度，包括薪酬福利制度、员工奖励与发展机制、工作制度等，营造优秀的企业文化，使员工劳有所得、发挥自己所能等，能从工作中获得幸福感。

② 吸引招揽优秀人才，重视人才，并加强对公司已有员工专业能力和综合素质的培养，加强专业化培训，使员工与时俱进，让员工形成终身学习的意识。

10.6 财务风险

(1) 风险

① 产品价格风险。产品价格完全由市场决定，市场供求的变化、商品竞争的加剧以及国外同类产品的进入，都会影响公司产品价格，从而影响公司的销售收入。

② 运输成本风险。交通部门的运输行业增值税税率增加、原油价格的提升、公路收费的增加、铁路运价的提高等，会间接增加公司产品的成本，对公司经营产生一定影响。

③ 产品结构相对集中的风险。以一业为主，即使主营业务突出，但收入、利润来源相对单一，产品结构相对集中，如果该产品的市场情况发生变化，将对公司经营业绩产生较大影响。

④ 融资能力约束风险。公司现有的融资渠道主要是银行贷款、商业信用和股本融资等。本公司守法经营，业绩稳健，有良好的商业信誉，与有关商业银行有着长期、友好的合作关系，并具备通过资本市场融资的能力。但在企业发展过程中，对资金的需求量较大，有可能出现局部的、临时的融资不足的情况，从而对公司经营产生一定影响。

⑤ 汇率变化风险。如果部分产品出口国外，随着市场经济的发展，人民币汇率必然会随着国际金融市场的动荡而出现波动，从而对公司的经营业绩带来一定的影响。

(2) 解决方案

① 注重供应链：形成以生物农药技术产品为主的同心多元化供应链，分散经营风险，加强市场渗透。

② 加强财务管理：通过优良的财务管理方法让整个公司的财务状况变得更加好，现金流和利润在限定的时间里回流。

北京 XX 生物农药有限公司项目点评

本项目是依托北京某高校的创业团队，依托高校重点实验室的科技成果，以已有的关于小檗碱等多项发明专利为基础，建立杀菌剂、杀虫剂等植源型生物农药研发与销售，为绿色果蔬和有机果蔬的种植提供服务。该创业计划书模块内容清晰完整，每部分内容都介绍得比较清楚，总体编写质量不错，但是创业计划书的名称最好以项目的名字来命名，而不要以公司的名称命名。

1. 市场机会分析

随着人们生活水平的提高，食品安全、环境保护渐受关注，而化学农药滥用带来的环境及食品安全等问题日益突出，根据国家出台的《全国农业可持续发展规划（2015～2030年）》《到2020年化肥使用量零增长行动方案》和《到2020年农药使用量零增长行动方案》等政策，绿色、高效、无残留的生物农药的开发和生物防控技术的推广使用日显重要。本项目针对市场需求和国家政策，研究、生产和销售绿色无毒的植物源型杀菌剂和杀虫剂等生物农药，用于大桃、草莓、黄瓜等多种作物的多种病虫害的防治，应该说创业项目的筛选方向没有错。

2. 项目特色分析

本项目产品在特色描述方面比较清晰，属于一种易降解，无农残，不产生抗性，对环境无污染，利于提高产量和品质，对人体健康安全的生物农药。该生物农药可以用于以大桃、草莓、黄瓜为主的多种果蔬的多种病害，如可以防治大桃的褐腐病、蚜虫、细菌穿孔病、炭疽病、缩叶病、疮痂病，可以防治草莓的白粉病、灰霉病、叶斑病、蚜虫，可以防治黄瓜的立枯病、白粉病、叶斑病、青枯病等。此外，还可以防治番茄灰病害、小麦赤霉，可以防治果树枝腐烂病、流胶病、轮纹病、溃疡病、树脂病，可以防治多种果蔬的立枯病和青枯病等根腐病害，适用范围很广。

3. 项目的创新性

本项目拥有三项发明专利，其中1项已经授权，2项还在申请中，并已经授权给创业团队使用，开展科技成果转化推广应用，项目的创新性较强。

4. 创业团队分析

本项目创业团队成员由制药工程专业、会计学专业、市场营销专业、大众传媒专业、多媒体与网络技术专业、电子与信息技术专业和广告传媒学专业等具有专业知识和专业能力的大学生组成，其中有些成员获得过创业大赛等奖项，承担过课题研究，参加过社会实践，具备专业性、互补性与协作性，团队还有资深的生物医药方面的教师做技术顾问，具有较强的团队能力。

5. 项目优势分析

本项目是基于高校的科技成果和学校的重点实验室，展开科技成果转化推广使用。本项目有 3 项发明专利（其中有 1 项已经授权），拥有自主知识产权，技术壁垒较高；本项目产品已经实验成功，应用效果较为明显，且有资深专业教师作为技术顾问，在产品的技术升级与产品迭代上有了进一步保证；本项目团队人员来自生物农药、市场营销、信息技术、项目管理、市场宣传等与项目相关的专业，在专业性和互补性方面较强，具有较为明显的项目优势。

6. 竞品分析

本项目与其他公司生产的同类生物农药抗菌谱进行了比较，围绕抗菌谱、抗菌谱广度、生产成本和作用范围等指标进行了对比分析，得出的结论是项目产品具有较为明显的优势。

7. 竞争态势分析

本项目使用 SWOT 工具，围绕项目的优势、劣势、机会和挑战，进行了项目的竞争态势分析。分析得出项目优势大于劣势，机会大于挑战，做这个项目还是可行的。

8. 三年发展规划分析

本项目围绕今后项目的销售渠道发展从互联网应用、加盟的实体店、合作的植保、农民合作社做了三年发展规划，但是规划的内容过于单一，不够全面，还应该围绕每一年的产品系列和规格型号的研发、生物农药的生产能力、产品的销售额、服务的地区数量、市场覆盖率、知识产权申报类型和数量等进行规划。

9. 市场策略分析

本项目在市场策略方面的分析不详细，应该补充介绍项目的实施拟采用什么样的市场策略，产品策略是什么，价格策略是什么，渠道策略是什么，促销策略是什么，互联网＋营销策略是什么，品牌策略是什么。

10. 项目财务分析

本项目提出了项目启动资本额及募资方向，介绍了项目主要的成本费用与销售费用情况，给出了未来三年的利润表、现金流量表和资产负债表，财务数据比较完整。

11. 风控分析

本项目围绕政策风险、技术风险、市场风险、OEM 风险、人才风险、财务风险进行了分析，并提出了应对风险的解决方案，如果再能补充管理风险的分析就会对风控做得更加全面。

12. 股权结构分析

本项目的股权结构设计得不太合理，引入 2 家天使投资融资 90 万元出让股权约 67%，这将失去公司的控股权，对于公司今后的发展十分不利。

附 录

我国创新创业相关政策

附录1　国务院关于大力推进大众创业万众创新若干政策措施的意见（国发〔2015〕32号）

各省、自治区、直辖市人民政府，国务院各部委、各直属机构：

推进大众创业、万众创新，是发展的动力之源，也是富民之道、公平之计、强国之策，对于推动经济结构调整、打造发展新引擎、增强发展新动力、走创新驱动发展道路具有重要意义，是稳增长、扩就业、激发亿万群众智慧和创造力，促进社会纵向流动、公平正义的重大举措。根据 2015 年《政府工作报告》部署，为改革完善相关体制机制，构建普惠性政策扶持体系，推动资金链引导创业创新链、创业创新链支持产业链、产业链带动就业链，现提出以下意见。

一、充分认识推进大众创业、万众创新的重要意义

——推进大众创业、万众创新，是培育和催生经济社会发展新动力的必然选择。随着我国资源环境约束日益强化，要素的规模驱动力逐步减弱，传统的高投入、高消耗、粗放式发展方式难以为继，经济发展进入新常态，需要从要素驱动、投资驱动转向创新驱动。推进大众创业、万众创新，就是要通过结构性改革、体制机制创新，消除不利于创业创新发展的各种制度束缚和桎梏，支持各类市场主体不断开办新企业、开发新产品、开拓新市场，培育新兴产业，形成小企业"铺天盖地"、大企业"顶天立地"的发展格局，实现创新驱动发展，打造新引擎、形成新动力。

——推进大众创业、万众创新，是扩大就业、实现富民之道的根本举措。我国有13亿多人口、9亿多劳动力，每年高校毕业生、农村转移劳动力、城镇困难人员、退役军人数量较大，人力资源转化为人力资本的潜力巨大，但就业总量压力较大，结构性矛盾凸显。推进大众创业、万众创新，就是要通过转变政府职能、建设服务型政府，营造公平竞争的创业环境，使有梦想、有意愿、有能力的科技人员、高校毕业生、农民工、退役军人、失业人员等各类市场创业主体"如鱼得水"，通过创业增加收入，让更多的人富起来，促进收入分配结构调整，实现创新支持创业、创业带动就业的良性互动发展。

——推进大众创业、万众创新，是激发全社会创新潜能和创业活力的有效途径。目前，我国创业创新理念还没有深入人心，创业教育培训体系还不健全，善于创造、勇于创业的能力不足，鼓励创新、宽容失败的良好环境尚未形成。推进大众创业、万众创新，就是要通过加强全社会以创新为核心的创业教育，弘扬"敢为人先、追求创新、百折不挠"的创业精神，厚植创新文化，不断增强创业创新意识，使创业创新成为全社会共同的价值追求和行为习惯。

二、总体思路

按照"四个全面"战略布局，坚持改革推动，加快实施创新驱动发展战略，充分发挥市场在资源配置中的决定性作用和更好发挥政府作用，加大简政放权力度，放宽政策、放开市场、放活主体，形成有利于创业创新的良好氛围，让千千万万创业者活跃起来，汇聚成经济社会发展的巨大动能。不断完善体制机制、健全普惠性政策措施，加强统筹协调，构建有利于大众创业、万众创新蓬勃发展的政策环境、制度环境和公共服务体系，以创业带动就业、创新促进发展。

——坚持深化改革，营造创业环境。通过结构性改革和创新，进一步简政放权、放管结合、优化服务，增强创业创新制度供给，完善相关法律法规、扶持政策和激励措施，营造均等普惠环境，推动社会纵向流动。

——坚持需求导向，释放创业活力。尊重创业创新规律，坚持以人为本，切实解决创业者面临的资金需求、市场信息、政策扶持、技术支撑、公共服务等瓶颈问题，最大限度释放各类市场主体创业创新活力，开辟就业新空间，拓展发展新天地，解放和发展生产力。

——坚持政策协同，实现落地生根。加强创业、创新、就业等各类政策统筹，部门与地方政策联动，确保创业扶持政策可操作、能落地。鼓励有条件的地区先行先试，探索形成可复制、可推广的创业创新经验。

——坚持开放共享，推动模式创新。加强创业创新公共服务资源开放共享，整合利用全球创业创新资源，实现人才等创业创新要素跨地区、跨行业自由流动。依托"互联网+"、大数据等，推动各行业创新商业模式，建立和完善线上与线下、境内与境外、政府与市场开放合作等创业创新机制。

三、创新体制机制，实现创业便利化

（一）完善公平竞争市场环境。进一步转变政府职能，增加公共产品和服务供给，为创业者提供更多机会。逐步清理并废除妨碍创业发展的制度和规定，打破地方保护主义。加快出台公平竞争审查制度，建立统一透明、有序规范的市场环境。依法反垄断和反不正当竞争，消除不利于创业创新发展的垄断协议和滥用市场支配地位以及其他不正当竞争行为。清理规范涉企收费项目，完善收费目录管理制度，制定事中事后监管办法。建立和规范企业信用信息发布制度，制定严重违法企业名单管理办法，把创业主体信用与市场准入、享受优惠政策挂钩，完善以信用管理为基础的创业创新监管模式。

（二）深化商事制度改革。加快实施工商营业执照、组织机构代码证、税务登记证"三证合一""一照一码"，落实"先照后证"改革，推进全程电子化登记和电子营业执照应用。支持各地结合实际放宽新注册企业场所登记条件限制，推动"一址多照"、集群注册等住所登记改革，为创业创新提供便利的工商登记服务。建立市场准入等负面清单，破除不合理的行业准入限制。开展企业简易注销试点，建立便捷的市场退出机制。依托企业信用信息公示系统建立小微企业名录，增强创业企业信息透明度。

（三）加强创业知识产权保护。研究商业模式等新形态创新成果的知识产权保护办法。积极推进知识产权交易，加快建立全国知识产权运营公共服务平台。完善知识产权快速维权与维权援助机制，缩短确权审查、侵权处理周期。集中查处一批侵犯知识产权的大案要案，加大对反复侵权、恶意侵权等行为的处罚力度，探索实施惩罚性赔偿制度。完善权利人维权机制，合理划分权利人举证责任，完善行政调解等非诉讼纠纷解决途径。

（四）健全创业人才培养与流动机制。把创业精神培育和创业素质教育纳入国民教育体系，实现全社会创业教育和培训制度化、体系化。加快完善创业课程设置，加强创业实训体系建设。加强创业创新知识普及教育，使大众创业、万众创新深入人心。加强创业导师队伍建设，提高创业服务水平。加快推进社会保障制度改革，破除人才自由流动制度障碍，实现党政机关、企事业单位、社会各方面人才顺畅流动。加快建立创业创新绩效评价机制，让一批富有创业精神、勇于承担风险的人才脱颖而出。

四、优化财税政策，强化创业扶持

（五）加大财政资金支持和统筹力度。各级财政要根据创业创新需要，统筹安排各类支持小微企业和创业创新的资金，加大对创业创新支持力度，强化资金预算执行和监管，加强资金使用绩效评价。支持有条件的地方政府设立创业基金，扶持创业创新发展。在确保公平竞争前提下，鼓励对众创空间等孵化机构的办公用房、用水、用能、网络等软硬件设施给予适当优惠，减轻创业者负担。

（六）完善普惠性税收措施。落实扶持小微企业发展的各项税收优惠政策。落实科技企业孵化器、大学科技园、研发费用加计扣除、固定资产加速折旧等税收优惠政策。对符合条件的众创空间等新型孵化机构适用科技企业孵化器税收优惠政策。按照税制改革方向和要求，对包括天使投资在内的投向种子期、初创期等创新活动的投资，统筹研究相关税收支持政策。修订完善高新技术企业认定办法，完善创业投资企业享受70%应纳税所得额税收抵免政策。抓紧推广中关村国家自主创新示范区税收试点政策，将企业转增股本分期缴纳个人所得税试点政策、股权奖励分期缴纳个人所得税试点政策推广至全国范围。落实促进高校毕业生、残疾人、退役军人、登记失业人员等创业就业税收政策。

（七）发挥政府采购支持作用。完善促进中小企业发展的政府采购政策，加强对采购单位的政策指导和监督检查，督促采购单位改进采购计划编制和项目预留管理，增强政策对小微企业发展的支持效果。加大创新产品和服务的采购力度，把政府采购与支持创业发展紧密结合起来。

五、搞活金融市场，实现便捷融资

（八）优化资本市场。支持符合条件的创业企业上市或发行票据融资，并鼓励创业企业通过债券市场筹集资金。积极研究尚未盈利的互联网和高新技术企业到创业板发行上市制度，推动在上海证券交易所建立战略新兴产业板。加快推进全国中小企业股份转让系统向创业板转板试点。研究解决特殊股权结构类创业企业在境内上市的制度性障碍，完善资本市场规则。规范发展服务于中小微企业的区域性股权市场，推动建立工商登记部门与区域性股权市场的股权登记对接机制，支持股权质押融资。支持符合条件的发行主体发行小微企业增信集合债等企业债券创新品种。

（九）创新银行支持方式。鼓励银行提高针对创业创新企业的金融服务专业化水平，不断创新组织架构、管理方式和金融产品。推动银行与其他金融机构加强合作，对创业创新活动给予有针对性的股权和债权融资支持。鼓励银行业金融机构向创业企业提供结算、融资、理财、咨询等一站式系统化的金融服务。

（十）丰富创业融资新模式。支持互联网金融发展，引导和鼓励众筹融资平台规范发展，开展公开、小额股权众筹融资试点，加强风险控制和规范管理。丰富完善创业担保贷款政策。支持保险资金参与创业创新，发展相互保险等新业务。完善知识产权估值、质押和流转体系，依法合规推动知识产权质押融资、专利许可费收益权证券化、专利保险等服务常态化、规模化发展，支持知识产权金融发展。

六、扩大创业投资，支持创业起步成长

（十一）建立和完善创业投资引导机制。不断扩大社会资本参与新兴产业创投计划参股基金规模，做大直接融资平台，引导创业投资更多向创业企业起步成长的前端延伸。不断完善新兴产业创业投资政策体系、制度体系、融资体系、监管和预警体系，加快建立考核评价体系。加快设立国家新兴产业创业投资引导基金和国家中小企业发展基金，逐步建立支持创业创新和新兴产业发展的市场化长效运行机制。发展联合投资等新模式，探索建立风险补偿机制。鼓励各地方政府建立和完善创业投资引导基金。加强创业投资立法，完善促进天使投资的政策法规。促进国家新兴产业创业投资引导基金、科技型中小企业创业投资引导基金、国家科技成果转化引导基金、国家中小企业发展基金等协同联动。推进创业投资行业协会建设，加强行业自律。

（十二）拓宽创业投资资金供给渠道。加快实施新兴产业"双创"三年行动计划，建立一批新兴产业"双创"示范基地，引导社会资金支持大众创业。推动商业银行在依法合规、风险隔离的前提下，与创业投资机构建立市场化长期性合作。进一步降低商业保险资金进入创业投资的门槛。推动发展投贷联动、投保联动、投债联动等新模式，不断加大对创业创新企业的融资支持。

（十三）发展国有资本创业投资。研究制定鼓励国有资本参与创业投资的系统性政策措施，完善国有创业投资机构激励约束机制、监督管理机制。引导和鼓励中央企业和其他国有企业参与新兴产业创业投资基金、设立国有资本创业投资基金等，充分发挥国有资本在创业创新中的作用。研究完善国有创业投资机构国有股转持豁免政策。

（十四）推动创业投资"引进来"与"走出去"。抓紧修订外商投资创业投资企业相关管理规定，按照内外资一致的管理原则，放宽外商投资准入，完善外资创业投资机构管理制度，简化管理流程，鼓励外资开展创业投资业务。放宽对外资创业投资基金投资限制，鼓励中外合资创业投资机构发展。引导和鼓励创业投资机构加大对境外高端研发项目的投资，积极分享境外高端技术成果。按投资领域、用途、募集资金规模，完善创业投资境外投资管理。

七、发展创业服务，构建创业生态

（十五）加快发展创业孵化服务。大力发展创新工场、车库咖啡等新型孵化器，做大做强众创空间，完善创业孵化服务。引导和鼓励各类创业孵化器与天使投资、创业投资相结合，完善投融资模式。引导和推动创业孵化与高校、科研院所等技术成果转移相结合，完善技术支撑服务。引导和鼓励国内资本与境外合作设立新型创业孵化平台，引进境外先进创业孵化模式，提升孵化能力。

（十六）大力发展第三方专业服务。加快发展企业管理、财务咨询、市场营销、人力资源、法律顾问、知识产权、检验检测、现代物流等第三方专业化服务，不断丰富和完善创业服务。

（十七）发展"互联网＋"创业服务。加快发展"互联网＋"创业网络体系，建设一批小微企业创业创新基地，促进创业与创新、创业与就业、线上与线下相结合，降低全社会创业门槛和成本。加强政府数据开放共享，推动大型互联网企业和基础电信企业向创业者开放计算、存储和数据资源。积极推广众包、用户参与设计、云设计等新型研发组织模式和创业创新模式。

（十八）研究探索创业券、创新券等公共服务新模式。有条件的地方继续探索通过创业券、创新券等方式对创业者和创新企业提供社会培训、管理咨询、检验检测、软件开发、研发设计等服务，建立和规范相关管理制度和运行机制，逐步形成可复制、可推广的经验。

八、建设创业创新平台，增强支撑作用

（十九）打造创业创新公共平台。加强创业创新信息资源整合，建立创业政策集中发布平台，完善专业化、网络化服务体系，增强创业创新信息透明度。鼓励开展各类公益讲坛、创业论坛、创业培训等活动，丰富创业平台形式和内容。支持各类创业创新大赛，定期办好中国创新创业大赛、中国农业科技创新创业大赛和创新挑战大赛等赛事。加强和完善中小企业公共服务平台网络建设。充分发挥企业的创新主体作用，鼓励和支持有条件的大型企业发展创业平台、投资并购小微企业等，支持企业内外部创业者创业，增强企业创业创新活力。为创业失败者再创业建立必要的指导和援助机制，不断增强创业信心和创业能力。加快建立创业企业、天使投资、创业投资统计指标体系，规范统计口径和调查方法，加强监测和分析。

（二十）用好创业创新技术平台。建立科技基础设施、大型科研仪器和专利信息资源向全社会开放的长效机制。完善国家重点实验室等国家级科研平台（基地）向社会开放机制，为大众创业、万众创新提供有力支撑。鼓励企业建立一批专业化、市场化的技术转移平台。鼓励依托三维（3D）打印、网络制造等先进技术和发展模式，开展面向创业者的社会化服务。引导和支持有条件的领军企业创建特色服务平台，面向企业内部和外部创业者提供资金、技术和服务支撑。加快建立军民两用技术项目实施、信息交互和标准化协调机制，促进军民创新资源融合。

（二十一）发展创业创新区域平台。支持开展全面创新改革试验的省（区、市）、国家综合配套改革试验区等，依托改革试验平台在创业创新体制机制改革方面积极探索，发挥示范和带动作用，为创业创新制度体系建设提供可复制、可推广的经验。依托自由贸易试验区、国家自主创新示范区、战略性新兴产业集聚区等创业创新资源密集区域，打造若干具有全球影响力的创业创新中心。引导和鼓励创业创新型城市完善环境，推动区域集聚发展。推动实施小微企业创业基地城市示范。鼓励有条件的地方出台各具特色的支持政策，积极盘活闲置的商业用房、工业厂房、企业库房、物流设施和家庭住所、租赁房等资源，为创业者提供低成本办公场所和居住条件。

九、激发创造活力，发展创新型创业

（二十二）支持科研人员创业。加快落实高校、科研院所等专业技术人员离岗创业政策，对经同意离岗的可在 3 年内保留人事关系，建立健全科研人员双向流动机制。进一步完善创新型中小企业上市股权激励和员工持股计划制度规则。鼓励符合条件的企业按照有关规定，通过股权、期权、分红等激励方式，调动科研人员创业积极性。支持鼓励学会、协会、研究会等科技社团为科技人员和创业企业提供咨询服务。

（二十三）支持大学生创业。深入实施大学生创业引领计划，整合发展高校毕业生就业创业基金。引导和鼓励高校统筹资源，抓紧落实大学生创业指导服务机构、人员、场地、经费等。引导和鼓励成功创业者、知名企业家、天使和创业投资人、专家学者等担任兼职创业导师，提供包括创业方案、创业渠道等创业辅导。建立健全弹性学制管理办法，支持大学生保留学籍休学创业。

（二十四）支持境外人才来华创业。发挥留学回国人才特别是领军人才、高端人才的创业引领带动作用。继续推进人力资源市场对外开放，建立和完善境外高端创业创新人才引进机制。进一步放宽外籍高端人才来华创业办理签证、永久居留证等条件，简化开办企业审批流程，探索由事前审批调整为事后备案。引导和鼓励地方对回国创业高端人才和境外高端人才来华创办高科技企业给予一次性创业启动资金，在配偶就业、子女入学、医疗、住房、社会保障等方面完善相关措施。加强海外科技人才离岸创业基地建设，把更多的国外创业创新资源引入国内。

十、拓展城乡创业渠道，实现创业带动就业

（二十五）支持电子商务向基层延伸。引导和鼓励集办公服务、投融资支持、创业辅导、渠道开拓于一体的市场化网商创业平台发展。鼓励龙头企业结合乡村特点建立电子商务交易服务平台、商品集散平台和物流中心，推动农村依托互联网创业。鼓励电子商务第三方交易平台渠道下沉，带动城乡基层创业人员依托其平台和经营网络开展创业。完善有利于中小网商发展的相关措施，在风险可控、商业可持续的前提下支持发展面向中小网商的融资贷款业务。

（二十六）支持返乡创业集聚发展。结合城乡区域特点，建立有市场竞争力的协作创业模式，形成各具特色的返乡人员创业联盟。引导返乡创业人员融入特色专业市场，打造具有区域特点的创业集群和优势产业集群。深入实施农村青年创业富民行动，支持返乡创业人员因地制宜围绕休闲农业、农产品深加工、乡村旅游、农村服务业等开展创业，完善家庭农场等新型农业经营主体发展环境。

（二十七）完善基层创业支撑服务。加强城乡基层创业人员社保、住房、教育、医疗等公共服务体系建设，完善跨区域创业转移接续制度。健全职业技能培训体系，加强远程公益创业培训，提升基层创业人员创业能力。引导和鼓励中小金融机构开展面向基层创业创新的金融产品创新，发挥社区地理和软环境优势，支持社区创业者创业。引导和鼓励行业龙头企业、大型物流企业发挥优势，拓展乡村信息资源、物流仓储等技术和服务网络，为基层创业提供支撑。

十一、加强统筹协调，完善协同机制

（二十八）加强组织领导。建立由发展改革委牵头的推进大众创业万众创新部际联席会议制度，加强顶层设计和统筹协调。各地区、各部门要立足改革创新，坚持需求导向，从根本上解决创业创新中面临的各种体制机制问题，共同推进大众创业、万众创新蓬勃发展。重大事项要及时向国务院报告。

（二十九）加强政策协调联动。建立部门之间、部门与地方之间政策协调联动机制，形成强大合力。各地区、各部门要系统梳理已发布的有关支持创业创新发展的各项政策措施，抓紧推进"立、改、废"工作，将对初创企业的扶持方式从选拔式、分配式向普惠式、引领式转变。建立健全创业创新政策协调审查制度，增强政策普惠性、连贯性和协同性。

（三十）加强政策落实情况督查。加快建立推进大众创业、万众创新有关普惠性政策措施落实情况督查督导机制，建立和完善政策执行评估体系和通报制度，全力打通决策部署的"最先一公里"和政策落实的"最后一公里"，确保各项政策措施落地生根。

各地区、各部门要进一步统一思想认识，高度重视、认真落实本意见的各项要求，结合本地区、本部门实际明确任务分工、落实工作责任，主动作为、敢于担当，积极研究解决新问题，及时总结推广经验做法，加大宣传力度，加强舆论引导，推动本意见确定的各项政策措施落实到位，不断拓展大众创业、万众创新的空间，汇聚经济社会发展新动能，促进我国经济保持中高速增长、迈向中高端水平。

国务院

2015 年 6 月 11 日

附录2　国务院办公厅关于深化高等学校创新创业教育改革的实施意见（国办发〔2015〕36号）

各省、自治区、直辖市人民政府，国务院各部委、各直属机构：

深化高等学校创新创业教育改革，是国家实施创新驱动发展战略、促进经济提质增效升级的迫切需要，是推进高等教育综合改革、促进高校毕业生更高质量创业就业的重要举措。党的十八大对创新创业人才培养作出重要部署，国务院对加强创新创业教育提出明确要求。近年来，高校创新创业教育不断加强，取得了积极进展，对提高高等教育质量、促进学生全面发展、推动毕业生创业就业、服务国家现代化建设发挥了重要作用。但也存在一些不容忽视的突出问题，主要是一些地方和高校重视不够，创新创业教育理念滞后，与专业教育结合不紧，与实践脱节；教师开展创新创业教育的意识和能力欠缺，教学方式方法单一，针对性实效性不强；实践平台短缺，指导帮扶不到位，创新创业教育体系亟待健全。为了进一步推动大众创业、万众创新，经国务院同意，现就深化高校创新创业教育改革提出如下实施意见。

一、总体要求

（一）指导思想。

全面贯彻党的教育方针，落实立德树人根本任务，坚持创新引领创业、创业带动就业，主动适应经济发展新常态，以推进素质教育为主题，以提高人才培养质量为核心，以创新人才培养机制为重点，以完善条件和政策保障为支撑，促进高等教育与科技、经济、社会紧密结合，加快培养规模宏大、富有创新精神、勇于投身实践的创新创业人才队伍，不断提高高等教育对稳增长促改革调结构惠民生的贡献度，为建设创新型国家、实现"两个一百年"奋斗目标和中华民族伟大复兴的中国梦提供强大的人才智力支撑。

（二）基本原则。

坚持育人为本，提高培养质量。把深化高校创新创业教育改革作为推进高等教育综合改革的突破口，树立先进的创新创业教育理念，面向全体、分类施教、结合专业、强化实践，促进学生全面发展，提升人力资本素质，努力造就大众创业、万众创新的生力军。

坚持问题导向，补齐培养短板。把解决高校创新创业教育存在的突出问题作为深化高校创新创业教育改革的着力点，融入人才培养体系，丰富课程、创新教法、强化师资、改进帮扶，推进教学、科研、实践紧密结合，突破人才培养薄弱环节，增强学生的创新精神、创业意识和创新创业能力。

坚持协同推进，汇聚培养合力。把完善高校创新创业教育体制机制作为深化高校创新创业教育改革的支撑点，集聚创新创业教育要素与资源，统一领导、齐抓共管、开放合作、全员参与，形成全社会关心支持创新创业教育和学生创新创业的良好生态环境。

（三）总体目标。

2015 年起全面深化高校创新创业教育改革。2017 年取得重要进展，形成科学先进、广泛认同、具有中国特色的创新创业教育理念，形成一批可复制可推广的制度成果，普及创新创业教育，实现新一轮大学生创业引领计划预期目标。到 2020 年建立健全课堂教学、自主学习、结合实践、指导帮扶、文化引领融为一体的高校创新创业教育体系，人才培养质量显著提升，学生的创新精神、创业意识和创新创业能力明显增强，投身创业实践的学生显著增加。

二、主要任务和措施

（一）完善人才培养质量标准。

制订实施本科专业类教学质量国家标准，修订实施高职高专专业教学标准和博士、硕士学位基本要求，明确本科、高职高专、研究生创新创业教育目标要求，使创新精神、创业意识和创新创业能力成为评价人才培养质量的重要指标。相关部门、科研院所、行业企业要修订专业人才评价标准，细化创新创业素质能力要求。不同层次、类型、区域高校要结合办学定位、服务面向和创新创业教育目标要求，制订专业教学质量标准，修订人才培养方案。

（二）创新人才培养机制。

实施高校毕业生就业和重点产业人才供需年度报告制度，完善学科专业预警、退出管理办法，探索建立需求导向的学科专业结构和创业就业导向的人才培养类型结构调整新机制，促进人才培养与经济社会发展、创业就业需求紧密对接。深入实施系列"卓越计划"、科教结合协同育人行动计划等，多形式举办创新创业教育实验班，探索建立校校、校企、校地、校所以及国际合作的协同育人新机制，积极吸引社会资源和国外优质教育资源投入创新创业人才培养。高校要打通一级学科或专业类下相近学科专业的基础课程，开设跨学科专业的交叉课程，探索建立跨院系、跨学科、跨专业交叉培养创新创业人才的新机制，促进人才培养由学科专业单一型向多学科融合型转变。

（三）健全创新创业教育课程体系。

各高校要根据人才培养定位和创新创业教育目标要求，促进专业教育与创新创业教育有机融合，调整专业课程设置，挖掘和充实各类专业课程的创新创业教育资源，在传授专业知识过程中加强创新创业教育。面向全体学生开发开设研究方法、学科前沿、创业基础、就业创业指导等方面的必修课和选修课，纳入学分管理，建设依次递进、有机衔接、科学合理的创新创业教育专门课程群。各地区、各高校要加快创新创业教育优质课程信息化建设，推出一批资源共享的慕课、视频公开课等在线开放课程。建立在线开放课程学习认证和学分认定制度。组织学科带头人、行业企业优秀人才，联合编写具有科学性、先进性、适用性的创新创业教育重点教材。

（四）改革教学方法和考核方式。

各高校要广泛开展启发式、讨论式、参与式教学，扩大小班化教学覆盖面，推动教师把国际前沿学术发展、最新研究成果和实践经验融入课堂教学，注重培养学生的批判性和创造性思维，激发创新创业灵感。运用大数据技术，掌握不同学生学习需求和规律，为学生自主学习提供更加丰富多样的教育资源。改革考试考核内容和方式，注重考查学生运用知识分析、解决问题的能力，探索非标准答案考试，破除"高分低能"积弊。

（五）强化创新创业实践。

各高校要加强专业实验室、虚拟仿真实验室、创业实验室和训练中心建设，促进实验教学平台共享。各地区、各高校科技创新资源原则上向全体在校学生开放，开放情况纳入各类研究基地、重点实验室、科技园评估标准。鼓励各地区、各高校充分利用各种资源建设大学科技园、大学生创业园、创业孵化基地和小微企业创业基地，作为创业教育实践平台，建好一批大学生校外实践教育基地、创业示范基地、科技创业实习基地和职业院校实训基地。完善国家、地方、高校三级创新创业实训教学体系，深入实施大学生创新创业训练计划，扩大覆盖面，促进项目落地转化。举办全国大学生创新创业大赛，办好全国职业院校技能大赛，支持举办各类科技创新、创意设计、创业计划等专题竞赛。支持高校学生成立创新创业协会、创业俱乐部等社团，举办创新创业讲座论坛，开展创新创业实践。

（六）改革教学和学籍管理制度。

各高校要设置合理的创新创业学分，建立创新创业学分积累与转换制度，探索将学生开展创新实验、发表论文、获得专利和自主创业等情况折算为学分，将学生参与课题研究、项目实验等活动认定为课堂学习。为有意愿有潜质的学生制定创新创业能力培养计划，建立创新创业档案和成绩单，客观记录并量化评价学生开展创新创业活动情况。优先支持参与创新创业的学生转入相关专业学习。实施弹性学制，放宽学生修业年限，允许调整学业进程、保留学籍休学创新创业。设立创新创业奖学金，并在现有相关评优评先项目中拿出一定比例用于表彰优秀创新创业的学生。

（七）加强教师创新创业教育教学能力建设。

各地区、各高校要明确全体教师创新创业教育责任，完善专业技术职务评聘和绩效考核标准，加强创新创业教育的考核评价。配齐配强创新创业教育与创业就业指导专职教师队伍，并建立定期考核、淘汰制度。聘请知名科学家、创业成功者、企业家、风险投资人等各行各业优秀人才，担任专业课、创新创业课授课或指导教师，并制定兼职教师管理规范，形成全国万名优秀创新创业导师人才库。将提高高校教师创新创业教育的意识和能力作为岗前培训、课程轮训、骨干研修的重要内容，建立相关专业教师、创新创业教育专职教师到行业企业挂职锻炼制度。加快完善高校科技成果处置和收益分配机制，支持教师以对外转让、合作转化、作价入股、自主创业等形式将科技成果产业化，并鼓励带领学生创新创业。

（八）改进学生创业指导服务。

各地区、各高校要建立健全学生创业指导服务专门机构，做到"机构、人员、场地、经费"四到位，对自主创业学生实行持续帮扶、全程指导、一站式服务。健全持续化信息服务制度，完善全国大学生创业服务网功能，建立地方、高校两级信息服务平台，为学生实时提供国家政策、市场动向等信息，并做好创业项目对接、知识产权交易等服务。各地区、各有关部门要积极落实高校学生创业培训政策，研发适合学生特点的创业培训课程，建设网络培训平台。鼓励高校自主编制专项培训计划，或与有条件的教育培训机构、行业协会、群团组织、企业联合开发创业培训项目。各地区和具备条件的行业协会要针对区域需求、行业发展，发布创业项目指南，引导高校学生识别创业机会、捕捉创业商机。

（九）完善创新创业资金支持和政策保障体系。

各地区、各有关部门要整合发展财政和社会资金，支持高校学生创新创业活动。各高校要优化经费支出结构，多渠道统筹安排资金，支持创新创业教育教学，资助学生创新创业项目。部委属高校应按规定使用中央高校基本科研业务费，积极支持品学兼优且具有较强科研潜质的在校学生开展创新科研工作。中国教育发展基金会设立大学生创新创业教育奖励基金，用于奖励对创新创业教育作出贡献的单位。鼓励社会组织、公益团体、企事业单位和个人设立大学生创业风险基金，以多种形式向自主创业大学生提供资金支持，提高扶持资金使用效益。深入实施新一轮大学生创业引领计划，落实各项扶持政策和服务措施，重点支持大学生到新兴产业创业。有关部门要加快制定有利于互联网创业的扶持政策。

三、加强组织领导

（一）健全体制机制。

各地区、各高校要把深化高校创新创业教育改革作为"培养什么人，怎样培养人"的重要任务摆在突出位置，加强指导管理与监督评价，统筹推进本地本校创新创业教育工作。各地区要成立创新创业教育专家指导委员会，开展高校创新创业教育的研究、咨询、指导和服务。各高校要落实创新创业教育主体责任，把创新创业教育纳入改革发展重要议事日程，成立由校长任组长、分管校领导任副组长、有关部门负责人参加的创新创业教育工作领导小组，建立教务部门牵头，学生工作、团委等部门齐抓共管的创新创业教育工作机制。

（二）细化实施方案。

各地区、各高校要结合实际制定深化本地本校创新创业教育改革的实施方案，明确责任分工。教育部属高校需将实施方案报教育部备案，其他高校需报学校所在地省级教育部门和主管部门备案，备案后向社会公布。

（三）强化督导落实。

教育部门要把创新创业教育质量作为衡量办学水平、考核领导班子的重要指标，纳入高校教育教学评估指标体系和学科评估指标体系，引入第三方评估。把创新创业教育相关情况列入本科、高职高专、研究生教学质量年度报告和毕业生就业质量年度报告重点内容，接受社会监督。

（四）加强宣传引导。

各地区、各有关部门以及各高校要大力宣传加强高校创新创业教育的必要性、紧迫性、重要性，使创新创业成为管理者办学、教师教学、学生求学的理性认知与行动自觉。及时总结推广各地各高校的好经验好做法，选树学生创新创业成功典型，丰富宣传形式，培育创客文化，努力营造敢为人先、敢冒风险、宽容失败的氛围环境。

国务院办公厅

2015 年 5 月 4 日

附录3　国务院关于加快构建大众创业万众创新支撑平台的指导意见
（国发〔2015〕53号）

各省、自治区、直辖市人民政府，国务院各部委、各直属机构：

当前，全球分享经济快速增长，基于互联网等方式的创业创新蓬勃兴起，众创、众包、众扶、众筹（以下统称四众）等大众创业万众创新支撑平台快速发展，新模式、新业态不断涌现，线上线下加快融合，对生产方式、生活方式、治理方式产生广泛而深刻的影响，动力强劲，潜力巨大。同时，在四众发展过程中也面临行业准入、信用环境、监管机制等方面的问题。为落实党中央、国务院关于大力推进大众创业万众创新和推动实施"互联网＋"行动的有关部署，现就加快构建大众创业万众创新支撑平台、推进四众持续健康发展提出以下意见。

一、把握发展机遇，汇聚经济社会发展新动能

四众有效拓展了创业创新与市场资源、社会需求的对接通道，搭建了多方参与的高效协同机制，丰富了创业创新组织形态，优化了劳动、信息、知识、技术、管理、资本等资源的配置方式，为社会大众广泛平等参与创业创新、共同分享改革红利和发展成果提供了更多元的途径和更广阔的空间。

众创，汇众智搞创新，通过创业创新服务平台聚集全社会各类创新资源，大幅降低创业创新成本，使每一个具有科学思维和创新能力的人都可参与创新，形成大众创造、释放众智的新局面。

众包，汇众力增就业，借助互联网等手段，将传统由特定企业和机构完成的任务向自愿参与的所有企业和个人进行分工，最大限度利用大众力量，以更高的效率、更低的成本满足生产及生活服务需求，促进生产方式变革，开拓集智创新、便捷创业、灵活就业的新途径。

众扶，汇众能助创业，通过政府和公益机构支持、企业帮扶援助、个人互助互扶等多种方式，共助小微企业和创业者成长，构建创业创新发展的良好生态。

众筹，汇众资促发展，通过互联网平台向社会募集资金，更灵活高效满足产品开发、企业成长和个人创业的融资需求，有效增加传统金融体系服务小微企业和创业者的新功能，拓展创业创新投融资新渠道。

当前我国正处于发展动力转换的关键时期，加快发展四众具有极为重要的现实意义和战略意义，有利于激发蕴藏在人民群众之中的无穷智慧和创造力，将我国的人力资源优势迅速转化为人力资本优势，促进科技创新，拓展就业空间，汇聚发展新动能；

有利于加快网络经济和实体经济融合，充分利用国内国际创新资源，提高生产效率，助推"中国制造2025"，加快转型升级，壮大分享经济，培育新的经济增长点；有利于促进政府加快完善与新经济形态相适应的体制机制，创新管理方式，提升服务能力，释放改革红利；有利于实现机会公平、权利公平、人人参与又人人受益的包容性增长，探索一条中国特色的众人创富、劳动致富之路。

二、创新发展理念，着力打造创业创新新格局

全面贯彻党的十八大和十八届二中、三中、四中全会精神，按照党中央、国务院决策部署，加快实施创新驱动发展战略，不断深化改革，顺应"互联网+"时代大融合、大变革趋势，充分发挥我国互联网应用创新的综合优势，充分激发广大人民群众和市场主体的创业创新活力，推动线上与线下相结合、传统与新兴相结合、引导与规范相结合，按照"坚持市场主导、包容创业创新、公平有序发展、优化治理方式、深化开放合作"的基本原则，营造四众发展的良好环境，推动各类要素资源集聚、开放、共享，提高资源配置效率，加快四众广泛应用，在更大范围、更高层次、更深程度上推进大众创业、万众创新，打造新引擎，壮大新经济。

——坚持市场主导。充分发挥市场在资源配置中的决定性作用，强化企业和劳动者的主体地位，尊重市场选择，积极发展有利于提高资源利用效率、激发大众智慧、满足人民群众需求、创造经济增长新动力的新模式、新业态。

——包容创业创新。以更包容的态度、更积极的政策营造四众发展的宽松环境，激发人民群众的创业创新热情，鼓励各类主体充分利用互联网带来的新机遇，积极探索四众的新平台、新形式、新应用，开拓创业创新发展新空间。

——公平有序发展。坚持公平进入、公平竞争、公平监管，破除限制新模式新业态发展的不合理约束和制度瓶颈，营造传统与新兴、线上与线下主体之间公平发展的良好环境，维护各类主体合法权益，引导各方规范有序发展。

——优化治理方式。转变政府职能，进一步简政放权，强化事中事后监管，优化提升公共服务，加强协同，创新手段，发挥四众平台企业内部治理和第三方治理作用，健全政府、行业、企业、社会共同参与的治理机制，推动四众持续健康发展。

——深化开放合作。"引进来"与"走出去"相结合，充分利用四众平台，优化配置国际创新资源，借鉴国际管理经验，积极融入全球创新网络。鼓励采用四众模式搭建对外开放新平台，面向国际市场拓展服务领域，深化创业创新国际合作。

三、全面推进众创，释放创业创新能量

（一）大力发展专业空间众创。鼓励各类科技园、孵化器、创业基地、农民工返乡创业园等加快与互联网融合创新，打造线上线下相结合的大众创业万众创新载体。鼓励各类线上虚拟众创空间发展，为创业创新者提供跨行业、跨学科、跨地域的线上交流和资源链接服务。鼓励创客空间、创业咖啡、创新工场等新型众创空间发展，推动基于"互联网＋"的创业创新活动加速发展。

（二）鼓励推进网络平台众创。鼓励大型互联网企业、行业领军企业通过网络平台向各类创业创新主体开放技术、开发、营销、推广等资源，鼓励各类电子商务平台为小微企业和创业者提供支撑，降低创业门槛，加强创业创新资源共享与合作，促进创新成果及时转化，构建开放式创业创新体系。

（三）培育壮大企业内部众创。通过企业内部资源平台化，积极培育内部创客文化，激发员工创造力；鼓励大中型企业通过投资员工创业开拓新的业务领域、开发创新产品，提升市场适应能力和创新能力；鼓励企业建立健全股权激励机制，突破成长中的管理瓶颈，形成持续的创新动力。

四、积极推广众包，激发创业创新活力

（四）广泛应用研发创意众包。鼓励企业与研发机构等通过网络平台将部分设计、研发任务分发和交付，促进成本降低和提质增效，推动产品技术的跨学科融合创新。鼓励企业通过网络社区等形式广泛征集用户创意，促进产品规划与市场需求无缝对接，实现万众创新与企业发展相互促动。鼓励中国服务外包示范城市、技术先进型服务企业和服务外包重点联系企业积极应用众包模式。

（五）大力实施制造运维众包。支持有能力的大中型制造企业通过互联网众包平台聚集跨区域标准化产能，满足大规模标准化产品订单的制造需求。结合深化国有企业改革，鼓励采用众包模式促进生产方式变革。鼓励中小制造企业通过众包模式构筑产品服务运维体系，提升用户体验，降低运维成本。

（六）加快推广知识内容众包。支持百科、视频等开放式平台积极通过众包实现知识内容的创造、更新和汇集，引导有能力、有条件的个人和企业积极参与，形成大众智慧集聚共享新模式。

（七）鼓励发展生活服务众包。推动交通出行、无车承运物流、快件投递、旅游、医疗、教育等领域生活服务众包，利用互联网技术高效对接供需信息，优化传统生活服务行业的组织运营模式。推动整合利用分散闲置社会资源的分享经济新型服务模式，打造人民群众广泛参与、互助互利的服务生态圈。发展以社区生活服务业为核心的电子商务服务平台，拓展服务性网络消费领域。

五、立体实施众扶，集聚创业创新合力

（八）积极推动社会公共众扶。加快公共科技资源和信息资源开放共享，提高各类公益事业机构、创新平台和基地的服务能力，推动高校和科研院所向小微企业和创业者开放科研设施，降低大众创业、万众创新的成本。鼓励行业协会、产业联盟等行业组织和第三方服务机构加强对小微企业和创业者的支持。

（九）鼓励倡导企业分享众扶。鼓励大中型企业通过生产协作、开放平台、共享资源、开放标准等方式，带动上下游小微企业和创业者发展。鼓励有条件的企业依法合规发起或参与设立公益性创业基金，开展创业培训和指导，履行企业社会责任。鼓励技术领先企业向标准化组织、产业联盟等贡献基础性专利或技术资源，推动产业链协同创新。

（十）大力支持公众互助众扶。支持开源社区、开发者社群、资源共享平台、捐赠平台、创业沙龙等各类互助平台发展。鼓励成功企业家以天使投资、慈善、指导帮扶等方式支持创业者创业。鼓励通过网络平台、线下社区、公益组织等途径扶助大众创业就业，促进互助互扶，营造深入人心、氛围浓厚的众扶文化。

六、稳健发展众筹，拓展创业创新融资

（十一）积极开展实物众筹。鼓励消费电子、智能家居、健康设备、特色农产品等创新产品开展实物众筹，支持艺术、出版、影视等创意项目在加强内容管理的同时，依法开展实物众筹。积极发挥实物众筹的资金筹集、创意展示、价值发现、市场接受度检验等功能，帮助将创新创意付诸实践，提供快速、便捷、普惠化服务。

（十二）稳步推进股权众筹。充分发挥股权众筹作为传统股权融资方式有益补充的作用，增强金融服务小微企业和创业创新者的能力。稳步推进股权众筹融资试点，鼓励小微企业和创业者通过股权众筹融资方式募集早期股本。对投资者实行分类管理，切实保护投资者合法权益，防范金融风险。

（十三）规范发展网络借贷。鼓励互联网企业依法合规设立网络借贷平台，为投融资双方提供借贷信息交互、撮合、资信评估等服务。积极运用互联网技术优势构建风险控制体系，缓解信息不对称，防范风险。

七、推进放管结合，营造宽松发展空间

（十四）完善市场准入制度。积极探索交通出行、无车承运物流、快递、金融、医疗、教育等领域的准入制度创新，通过分类管理、试点示范等方式，依法为众包、众筹等新模式新业态的发展营造政策环境。针对众包资产轻、平台化、受众广、跨地域等特点，放宽市场准入条件，降低行业准入门槛。（交通运输部、邮政局、人民银行、证监会、

银保监会、卫生计生委、教育部等负责）

（十五）建立健全监管制度。适应新业态发展要求，建立健全行业标准规范和规章制度，明确四众平台企业在质量管理、信息内容管理、知识产权、申报纳税、社会保障、网络安全等方面的责任、权利和义务。（质检总局、新闻出版广电总局、知识产权局、税务总局、人力资源社会保障部、网信办、工业和信息化部等负责）因业施策，加快研究制定重点领域促进四众发展的相关意见。（交通运输部、邮政局、人民银行、证监会、银保监会、卫生计生委、教育部等负责）

（十六）创新行业监管方式。建立以信用为核心的新型市场监管机制，加强跨部门、跨地区协同监管。建立健全事中事后监管体系，充分发挥全国统一的信用信息共享交换平台、企业信用信息公示系统等的作用，利用大数据、随机抽查、信用评价等手段加强监督检查和对违法违规行为的处置。（发展改革委、工业和信息化部、工商总局、相关行业主管部门负责）

（十七）优化提升公共服务。加快商事制度改革，支持各地结合实际放宽新注册企业场所登记条件限制，推动"一址多照"、集群注册等住所登记改革，为创业创新提供便利的工商登记服务。简化和完善注销流程，开展个体工商户、未开业企业、无债权债务企业简易注销登记试点。推进全程电子化登记和电子营业执照应用，简化行政审批程序，为企业发展提供便利。加强行业监管、企业登记等相关部门与四众平台企业的信息互联共享，推进公共数据资源开放，加快推行电子签名、电子认证，推动电子签名国际互认，为四众发展提供支撑。进一步清理和取消职业资格许可认定，研究建立国家职业资格目录清单管理制度，加强对新设职业资格的管理。（工商总局、发展改革委、科技部、工业和信息化部、人力资源社会保障部、相关行业主管部门负责）

（十八）促进开放合作发展。有序引导外资参与四众发展，培育一批国际化四众平台企业。鼓励四众平台企业利用全球创新资源，面向国际市场拓展服务。加强国际合作，鼓励小微企业和创业者承接国际业务。（商务部、发展改革委牵头负责）

八、完善市场环境，夯实健康发展基础

（十九）加快信用体系建设。引导四众平台企业建立实名认证制度和信用评价机制，健全相关主体信用记录，鼓励发展第三方信用评价服务。建立四众平台企业的信用评价机制，公开评价结果，保障用户的知情权。建立完善信用标准化体系，制定四众发展信用环境相关的关键信用标准，规范信用信息采集、处理、评价、应用、交换、共享和服务。依法合理利用网络交易行为等在互联网上积累的信用数据，对现有征信体系和评测体系进行补充和完善。推进全国统一的信用信息共享交换平台、企业信用信息公示系统等与四众平台企业信用体系互联互通，实现资源共享。（发展改革委、人民银行、工商总局、质检总局牵头负责）

（二十）深化信用信息应用。鼓励发展信用咨询、信用评估、信用担保和信用保险等信用服务业。建立健全守信激励机制和失信联合惩戒机制，加大对守信行为的表彰和宣传力度，在市场监管和公共服务过程中，对诚实守信者实行优先办理、简化程序等"绿色通道"支持激励政策，对违法失信者依法予以限制或禁入。（发展改革委、人民银行牵头负责）

（二十一）完善知识产权环境。加大网络知识产权执法力度，促进在线创意、研发成果申请知识产权保护，研究制定四众领域的知识产权保护政策。运用技术手段加强在线创意、研发成果的知识产权执法，切实维护创业创新者权益。加强知识产权相关法律法规、典型案例的宣传和培训，增强中小微企业知识产权意识和管理能力。（知识产权局牵头负责）

九、强化内部治理，塑造自律发展机制

（二十二）提升平台治理能力。鼓励四众平台企业结合自身商业模式，积极利用信息化手段加强内部制度建设和管理规范，提高风险防控能力、信息内容管理能力和网络安全水平。引导四众平台企业履行管理责任，建立用户权益保障机制。（网信办、工业和信息化部、工商总局等负责）

（二十三）加强行业自律规范。强化行业自律，规范四众从业机构市场行为，保护行业合法权益。推动行业组织制定各类产品和服务标准，促进企业之间的业务交流和信息共享。完善行业纠纷协调和解决机制，鼓励第三方以及用户参与平台治理。构建在线争议解决、现场接待受理、监管部门受理投诉、第三方调解以及仲裁、诉讼等多元化纠纷解决机制。（相关行业主管部门、行政执法部门负责）

（二十四）保障网络信息安全。四众平台企业应当切实提升技术安全水平，及时发现和有效应对各类网络安全事件，确保网络平台安全稳定运行。妥善保管各类用户资料和交易信息，不得买卖、泄露用户信息，保障信息安全。强化守法、诚信、自律意识，营造诚信规范发展的良好氛围。（网信办、工业和信息化部牵头负责）

十、优化政策扶持，构建持续发展环境

（二十五）落实财政支持政策。创新财政科技专项资金支持方式，支持符合条件的企业通过众创、众包等方式开展相关科技活动。充分发挥国家新兴产业创业投资引导基金、国家中小企业发展基金等政策性基金作用，引导社会资源支持四众加快发展。降低对实体营业场所、固定资产投入等硬性指标要求，将对线下实体众创空间的财政扶持政策惠及网络众创空间。加大中小企业专项资金对小微企业创业基地建设的支持力度。大力推进小微企业公共服务平台和创业基地建设，加大政府购买服务力度，为采用四众模式的小微企业免费提供管理指导、技能培训、市场开拓、标准咨询、检验检测认证等服务。（财政部、发展改革委、工业和信息化部、科技部、商务部、质检总局等负责）

（二十六）实行适用税收政策。加快推广使用电子发票，支持四众平台企业和采用众包模式的中小微企业及个体经营者按规定开具电子发票，并允许将电子发票作为报销凭证。对于业务规模较小、处于初创期的从业机构符合现行小微企业税收优惠政策条件的，可按规定享受税收优惠政策。（财政部、税务总局牵头负责）

（二十七）创新金融服务模式。引导天使投资、创业投资基金等支持四众平台企业发展，支持符合条件的企业在创业板、新三板等上市挂牌。鼓励金融机构在风险可控和商业可持续的前提下，基于四众特点开展金融产品和服务创新，积极发展知识产权质押融资。大力发展政府支持的融资担保机构，加强政府引导和银担合作，综合运用资本投入、代偿补偿等方式，加大财政支持力度，引导和促进融资担保机构和银行业金融机构为符合条件的四众平台企业提供快捷、低成本的融资服务。（人民银行、证监会、银保监会、发展改革委、工业和信息化部、财政部、科技部、商务部、人力资源社会保障部、知识产权局、质检总局等负责）

（二十八）深化科技体制改革。全面落实下放科技成果使用、处置和收益权，鼓励科研人员双向流动等改革部署，激励更多科研人员投身创业创新。加大科研基础设施、大型科研仪器向社会开放的力度，为更多小微企业和创业者提供支撑。（科技部牵头负责）

（二十九）繁荣创业创新文化。设立"全国大众创业万众创新活动周"，加强政策宣传，展示创业成果，促进投资对接和互动交流，为创业创新提供展示平台。继续办好中国创新创业大赛、中国农业科技创新创业大赛等赛事活动。引导各类媒体加大对四众的宣传力度，普及四众知识，发掘典型案例，推广成功经验，培育尊重知识、崇尚创造、追求卓越的创新文化。（发展改革委、科技部、工业和信息化部、中央宣传部、中国科协等负责）

（三十）鼓励地方探索先行。充分尊重和发挥基层首创精神，因地制宜，突出特色。支持各地探索适应新模式新业态发展特点的管理模式，及时总结形成可复制、可推广的经验。支持全面创新改革试验区、自由贸易试验区、国家自主创新示范区、战略性新兴产业集聚区、国家级经济技术开发区、跨境电子商务综合试验区等加大改革力度，强化对创业创新公共服务平台的扶持，充分发挥四众发展的示范带动作用。（发展改

革委、科技部、商务部、相关地方省级人民政府等负责）

　　各地区、各部门应加大对众创、众包、众扶、众筹等创业创新活动的引导和支持力度，加强统筹协调，探索制度创新，完善政府服务，科学组织实施，鼓励先行先试，不断开创大众创业、万众创新的新局面。

国务院

2015 年 9 月 23 日

附录 4　国务院办公厅关于加快众创空间发展服务实体经济转型升级的指导意见（国办发〔2016〕7号）

各省、自治区、直辖市人民政府，国务院各部委、各直属机构：

推进大众创业万众创新是增强发展新动能、促进社会就业、提高发展质量效益的重要途径，是实施创新驱动发展战略的重要支撑，国务院陆续出台了一系列重要支持政策和举措，为经济平稳较快发展发挥了关键作用。当前，全国各地涌现出一批有亮点、有潜力、有特色的众创空间，已经成为大众创业万众创新的重要阵地和创新创业者的聚集地，呈现蓬勃发展的良好势头。为充分发挥各类创新主体的积极性和创造性，发挥科技创新的引领和驱动作用，紧密对接实体经济，有效支撑我国经济结构调整和产业转型升级，需要继续推动众创空间向纵深发展，在制造业、现代服务业等重点产业领域强化企业、科研机构和高校的协同创新，加快建设一批众创空间。经国务院同意，现就加快众创空间发展提出以下意见。

一、总体要求和基本原则

（一）总体要求。

促进众创空间专业化发展，为实施创新驱动发展战略、推进大众创业万众创新提供低成本、全方位、专业化服务，更大释放全社会创新创业活力，加快科技成果向现实生产力转化，增强实体经济发展新动能。通过龙头企业、中小微企业、科研院所、高校、创客等多方协同，打造产学研用紧密结合的众创空间，吸引更多科技人员投身科技型创新创业，促进人才、技术、资本等各类创新要素的高效配置和有效集成，推进产业链创新链深度融合，不断提升服务创新创业的能力和水平。

一是配套支持全程化。通过为创新创业者提供工业设计、检验检测、模型加工、知识产权、专利标准、中试生产、产品推广等研发、制造、销售相关服务，实现产业链资源开放共享和高效配置。

二是创新服务个性化。通过整合专业领域的技术、设备、信息、资本、市场、人力等资源，为创新创业者提供更高端、更具专业特色和定制化的增值服务。

三是创业辅导专业化。通过凝聚一批熟悉产业领域的创业导师和培训机构，开展创业培训，举办各类创业活动，为创新创业者提供更加适合产业特点的创业辅导服务，提高创新创业者的专业素质和能力，培养更多适应经济转型升级的创新人才。

（二）基本原则。

一是坚持发挥市场配置资源的决定性作用。要充分利用互联网等新一代信息技术，向创业者开放创新资源，降低创新创业成本，加强创新链与产业链、资金链的对接，让市场对科技成果作出评价。

二是坚持科技创新的引领作用。要以科技成果转移转化为重点，扩大"双创"的源头供给，推动科技型创新创业，使科技人员成为创新创业的主力军。

三是坚持服务和支撑实体经济发展。要与"互联网＋"行动计划、"中国制造2025"、大数据发展行动等相结合，促进龙头骨干企业在研发、生产、营销、服务、管理等方面改革创新，加快发展"制造＋服务"的智能工厂模式，培育更多富有活力的中小微企业，为经济发展注入新技术、新装备、新模式，培育新业态，催生新产业。

二、重点任务

（三）在重点产业领域发展众创空间。重点在电子信息、生物技术、现代农业、高端装备制造、新能源、新材料、节能环保、医药卫生、文化创意和现代服务业等产业领域先行先试，针对产业需求和行业共性技术难点，在细分领域建设众创空间。

（四）鼓励龙头骨干企业围绕主营业务方向建设众创空间。按照市场机制与其他创业主体协同聚集，优化配置技术、装备、资本、市场等创新资源，实现与中小微企业、高校、科研院所和各类创客群体有机结合，有效发挥引领带动作用，形成以龙头骨干企业为核心、高校院所积极参与、辐射带动中小微企业成长发展的产业创新生态群落。

（五）鼓励科研院所、高校围绕优势专业领域建设众创空间。发挥科研设施、专业团队、技术积累等优势，充分利用大学科技园、工程（技术）研究中心、重点实验室、工程实验室等创新载体，建设以科技人员为核心、以成果转移转化为主要内容的众创空间，通过聚集高端创新资源，增加源头技术创新有效供给，为科技型创新创业提供专业化服务。

（六）建设一批国家级创新平台和双创基地。依托国家自主创新示范区、国家高新技术产业开发区等试点建设一批国家级创新平台，推动各地发展各具特色的双创基地。国家高新技术产业开发区、国家级经济技术开发区、国家现代农业示范区、农业科技园区等要结合国家战略布局和当地产业发展实际，发挥重点区域创新创业要素集聚优势，打造一批具有当地特色的众创空间，与科技企业孵化器、加速器及产业园等共同形成创新创业生态体系。

（七）加强众创空间的国际合作。鼓励龙头骨干企业、高校、科研院所与国外先进创业孵化机构开展对接合作，共同建立高水平的众创空间，鼓励龙头骨干企业与国外创业孵化机构合作建立投资基金。支持众创空间引进国际先进的创业孵化理念，吸纳、整合和利用国外技术、资本和市场等资源，提升众创空间发展的国际化水平。大力吸引和支持港澳台科技人员以及海归人才、外国人才到众创空间创新创业，在居住、工作许可、居留等方面提供便利条件。

三、加大政策支持力度

充分利用现有创新政策工具，挖掘已有政策潜力，加大政策落实力度，形成支持众创空间发展的政策体系。

（八）实行奖励和补助政策。有条件的地方要综合运用无偿资助、业务奖励等方式，对众创空间的办公用房、用水、用能、网络等软硬件设施给予补助。支持国家科技基础条件平台为符合条件的众创空间提供服务。符合条件的众创空间可以申报承担国家科技计划项目。发挥财政资金的杠杆作用，采用市场机制引导社会资金和金融资本进入技术创新领域，支持包括中国创新创业大赛优胜项目在内的创新创业项目和团队，推动众创空间发展。

（九）落实促进创新的税收政策。众创空间的研发仪器设备符合相关规定条件的，可按照税收有关规定适用加速折旧政策；进口科研仪器设备符合规定条件的，适用进口税收优惠政策。众创空间发生的研发费用，企业和高校院所委托众创空间开展研发活动以及小微企业受委托或自身开展研发活动发生的研发费用，符合规定条件的可适用研发费用税前加计扣除政策。研究完善科技企业孵化器税收政策，符合规定条件的众创空间可适用科技企业孵化器税收政策。

（十）引导金融资本支持。引导和鼓励各类天使投资、创业投资等与众创空间相结合，完善投融资模式。鼓励天使投资群体、创业投资基金入驻众创空间和双创基地开展业务。鼓励国家自主创新示范区、国家高新技术产业开发区设立天使投资基金，支持众创空间发展。选择符合条件的银行业金融机构，在试点地区探索为众创空间内企业创新活动提供股权和债权相结合的融资服务，与创业投资、股权投资机构试点投贷联动。支持众创空间内科技创业企业通过资本市场进行融资。

（十一）支持科技人员到众创空间创新创业。高校、科研院所要按照《中华人民共和国促进科技成果转化法》有关规定，落实科技成果使用权、处置权和收益权政策。对本单位科研人员带项目和成果到众创空间创新创业的，经原单位同意，可在3年内保留人事关系，与原单位其他在岗人员同等享有参加职称评聘、岗位等级晋升和社会保障等方面的权利。探索完善众创空间中创新成果收益分配制度。对高校、科研院所的创业项目知识产权申请、转化和运用，按照国家有关政策给予支持。进一步改革科研项目和资金管理使用制度，使之更有利于激发广大科研人员的创造性和转化成果的积极性。

（十二）调动企业参与众创空间建设的积极性。企业建设众创空间的投入符合相关规定条件的，可享受研发费用加计扣除政策。国有企业对众创空间投入较大且符合有关规定的，可以适用有关科技创新考核政策。充分利用淘汰落后产能、处置"僵尸企业"过程中形成的闲置厂房、空余仓库以及生产设施，改造建设众创空间，鼓励企业通过集众智、汇众力等开放式创新，吸纳科技人员创业，创造就业岗位，实现转型发展。

（十三）促进军民技术双向转化。大力推动军民标准通用化，引导民用领域知识产权在国防和军队建设领域运用。军工技术向民用转移中的二次开发费用，符合相关规定条件的可以适用研发费用加计扣除政策。在符合保密规定的前提下，对向众创空间开放共享的专用设备、实验室等军工设施，按照国家统一政策，根据服务绩效探索建立后补助机制，促进军民创新资源融合共享。

四、组织实施

（十四）加强组织领导。各有关部门和各省（区、市）要加强对众创空间建设的宏观指导和工作协调，结合行业和地方发展实际，推进各具特色的众创空间建设和发展。加强对众创空间发展情况的监测、统计和评估。建立统一的政策信息发布平台。各地区各部门对众创空间等平台的扶持情况要上网公示，做到公开透明，避免多头重复支持。

（十五）加强示范引导。鼓励各地、各类主体积极探索支持众创空间发展的新政策、新机制和新模式，不断完善创新创业服务体系，持续提高创新创业服务能力。国家自主创新示范区、国家高新技术产业开发区等创新要素集聚区域的管理部门要率先行动起来，主动做好服务，为众创空间的专业化发展创造条件，开展先行先试，作出引领示范。

（十六）加强分类指导。要根据战略性新兴产业发展和传统产业升级的具体需求，聚焦重点领域和关键环节，采取有针对性的政策措施，实现重点突破，增强示范带动效应。要统筹考虑各地区经济发展、科技资源条件等实际情况，因地制宜推进众创空间在不同区域的建设和发展。

（十七）加强宣传推广。及时总结和交流众创空间建设的做法和经验，对模式新颖、绩效突出的案例进行宣传推广，树立品牌，扩大影响。对众创空间和中国创新创业大赛中涌现出来的优秀创业项目、创业人物加大宣传报道力度，在全社会弘扬创新创业文化，激发创新创业热情。

国务院办公厅

2016 年 2 月 14 日

附录 5　国务院关于印发实施《中华人民共和国促进科技成果转化法》若干规定的通知（国发〔2016〕16 号）

为加快实施创新驱动发展战略，落实《中华人民共和国促进科技成果转化法》，打通科技与经济结合的通道，促进大众创业、万众创新，鼓励研究开发机构、高等院校、企业等创新主体及科技人员转移转化科技成果，推进经济提质增效升级，作出如下规定。

一、促进研究开发机构、高等院校技术转移

（一）国家鼓励研究开发机构、高等院校通过转让、许可或者作价投资等方式，向企业或者其他组织转移科技成果。国家设立的研究开发机构和高等院校应当采取措施，优先向中小微企业转移科技成果，为大众创业、万众创新提供技术供给。

国家设立的研究开发机构、高等院校对其持有的科技成果，可以自主决定转让、许可或者作价投资，除涉及国家秘密、国家安全外，不需审批或者备案。

国家设立的研究开发机构、高等院校有权依法以持有的科技成果作价入股确认股权和出资比例，并通过发起人协议、投资协议或者公司章程等形式对科技成果的权属、作价、折股数量或者出资比例等事项明确约定，明晰产权。

（二）国家设立的研究开发机构、高等院校应当建立健全技术转移工作体系和机制，完善科技成果转移转化的管理制度，明确科技成果转化各项工作的责任主体，建立健全科技成果转化重大事项领导班子集体决策制度，加强专业化科技成果转化队伍建设，优化科技成果转化流程，通过本单位负责技术转移工作的机构或者委托独立的科技成果转化服务机构开展技术转移。鼓励研究开发机构、高等院校在不增加编制的前提下建设专业化技术转移机构。

国家设立的研究开发机构、高等院校转化科技成果所获得的收入全部留归单位，纳入单位预算，不上缴国库，扣除对完成和转化职务科技成果作出重要贡献人员的奖励和报酬后，应当主要用于科学技术研发与成果转化等相关工作，并对技术转移机构的运行和发展给予保障。

（三）国家设立的研究开发机构、高等院校对其持有的科技成果，应当通过协议定价、在技术交易市场挂牌交易、拍卖等市场化方式确定价格。协议定价的，科技成果持有单位应当在本单位公示科技成果名称和拟交易价格，公示时间不少于 15 日。单位应当明确并公开异议处理程序和办法。

（四）国家鼓励以科技成果作价入股方式投资的中小企业充分利用资本市场做大做强，国务院财政、科技行政主管部门要研究制定国家设立的研究开发机构、高等院校以技术入股形成的国有股在企业上市时豁免向全国社会保障基金转持的有关政策。

（五）国家设立的研究开发机构、高等院校应当按照规定格式，于每年 3 月 30 日前向其主管部门报送本单位上一年度科技成果转化情况的年度报告，主管部门审核后于每年 4 月 30 日前将各单位科技成果转化年度报告报送至科技、财政行政主管部门指定的信息管理系统。年度报告内容主要包括：

（1）科技成果转化取得的总体成效和面临的问题；

（2）依法取得科技成果的数量及有关情况；

（3）科技成果转让、许可和作价投资情况；

（4）推进产学研合作情况，包括自建、共建研究开发机构、技术转移机构、科技成果转化服务平台情况，签订技术开发合同、技术咨询合同、技术服务合同情况，人才培养和人员流动情况等；

（5）科技成果转化绩效和奖惩情况，包括科技成果转化取得收入及分配情况，对科技成果转化人员的奖励和报酬等。

二、激励科技人员创新创业

（六）国家设立的研究开发机构、高等院校制定转化科技成果收益分配制度时，要按照规定充分听取本单位科技人员的意见，并在本单位公开相关制度。依法对职务科技成果完成人和为成果转化作出重要贡献的其他人员给予奖励时，按照以下规定执行：

（1）以技术转让或者许可方式转化职务科技成果的，应当从技术转让或者许可所取得的净收入中提取不低于 50% 的比例用于奖励。

（2）以科技成果作价投资实施转化的，应当从作价投资取得的股份或者出资比例中提取不低于 50% 的比例用于奖励。

（3）在研究开发和科技成果转化中作出主要贡献的人员，获得奖励的份额不低于奖励总额的 50%。

（4）对科技人员在科技成果转化工作中开展技术开发、技术咨询、技术服务等活动给予的奖励，可按照促进科技成果转化法和本规定执行。

（七）国家设立的研究开发机构、高等院校科技人员在履行岗位职责、完成本职工作的前提下，经征得单位同意，可以兼职到企业等从事科技成果转化活动，或者离岗创业，在原则上不超过 3 年时间内保留人事关系，从事科技成果转化活动。研究开发机构、高等院校应当建立制度规定或者与科技人员约定兼职、离岗从事科技成果转化活动期间和期满后的权利和义务。离岗创业期间，科技人员所承担的国家科技计划和基金项目原则上不得中止，确需中止的应当按照有关管理办法办理手续。

积极推动逐步取消国家设立的研究开发机构、高等院校及其内设院系所等业务管理岗位的行政级别，建立符合科技创新规律的人事管理制度，促进科技成果转移转化。

（八）对于担任领导职务的科技人员获得科技成果转化奖励，按照分类管理的原则执行：

（1）国务院部门、单位和各地方所属研究开发机构、高等院校等事业单位（不含内设机构）正职领导，以及上述事业单位所属具有独立法人资格单位的正职领导，是科技成果的主要完成人或者对科技成果转化作出重要贡献的，可以按照促进科技成果转化法的规定获得现金奖励，原则上不得获取股权激励。其他担任领导职务的科技人员，是科技成果的主要完成人或者对科技成果转化作出重要贡献的，可以按照促进科技成果转化法的规定获得现金、股份或者出资比例等奖励和报酬。

（2）对担任领导职务的科技人员的科技成果转化收益分配实行公开公示制度，不得利用职权侵占他人科技成果转化收益。

（九）国家鼓励企业建立健全科技成果转化的激励分配机制，充分利用股权出售、股权奖励、股票期权、项目收益分红、岗位分红等方式激励科技人员开展科技成果转化。国务院财政、科技等行政主管部门要研究制定国有科技型企业股权和分红激励政策，结合深化国有企业改革，对科技人员实施激励。

（十）科技成果转化过程中，通过技术交易市场挂牌交易、拍卖等方式确定价格的，或者通过协议定价并在本单位及技术交易市场公示拟交易价格的，单位领导在履行勤勉尽责义务、没有牟取非法利益的前提下，免除其在科技成果定价中因科技成果转化后续价值变化产生的决策责任。

三、营造科技成果转移转化良好环境

（十一）研究开发机构、高等院校的主管部门以及财政、科技等相关部门，在对单位进行绩效考评时应当将科技成果转化的情况作为评价指标之一。

（十二）加大对科技成果转化绩效突出的研究开发机构、高等院校及人员的支持力度。研究开发机构、高等院校的主管部门以及财政、科技等相关部门根据单位科技成果转化年度报告情况等，对单位科技成果转化绩效予以评价，并将评价结果作为对单位予以支持的参考依据之一。

国家设立的研究开发机构、高等院校应当制定激励制度，对业绩突出的专业化技术转移机构给予奖励。

（十三）做好国家自主创新示范区税收试点政策向全国推广工作，落实好现有促进科技成果转化的税收政策。积极研究探索支持单位和个人科技成果转化的税收政策。

（十四）国务院相关部门要按照法律规定和事业单位分类改革的相关规定，研究制定符合所管理行业、领域特点的科技成果转化政策。涉及国家安全、国家秘密的科技成果转化，行业主管部门要完善管理制度，激励与规范相关科技成果转化活动。对涉密科技成果，相关单位应当根据情况及时做好解密、降密工作。

（十五）各地方、各部门要切实加强对科技成果转化工作的组织领导，及时研究新情况、新问题，加强政策协同配合，优化政策环境，开展监测评估，及时总结推广经验做法，加大宣传力度，提升科技成果转化的质量和效率，推动我国经济转型升级、提质增效。

（十六）《国务院办公厅转发科技部等部门关于促进科技成果转化若干规定的通知》（国办发〔1999〕29号）同时废止。此前有关规定与本规定不一致的，按本规定执行。

国务院

2016 年 2 月 26 日

附录6　国务院办公厅关于支持返乡下乡人员创业创新促进农村一二三产业融合发展的意见（国办发〔2016〕84号）

各省、自治区、直辖市人民政府，国务院各部委、各直属机构：

近年来，随着大众创业、万众创新的深入推进，越来越多的农民工、中高等院校毕业生、退役士兵和科技人员等返乡下乡人员到农村创业创新，为推进农业供给侧结构性改革、活跃农村经济发挥了重要作用。返乡下乡人员创业创新，有利于将现代科技、生产方式和经营理念引入农业，提高农业质量效益和竞争力；有利于发展新产业新业态新模式，推动农村一二三产业融合发展；有利于激活各类城乡生产资源要素，促进农民就业增收。在《国务院办公厅关于支持农民工等人员返乡创业的意见》（国办发〔2015〕47号）和《国务院办公厅关于推进农村一二三产业融合发展的指导意见》（国办发〔2015〕93号）的基础上，为进一步细化和完善扶持政策措施，鼓励和支持返乡下乡人员创业创新，经国务院同意，现提出如下意见。

一、重点领域和发展方向

（一）突出重点领域。鼓励和引导返乡下乡人员结合自身优势和特长，根据市场需求和当地资源禀赋，利用新理念、新技术和新渠道，开发农业农村资源，发展优势特色产业，繁荣农村经济。重点发展规模种养业、特色农业、设施农业、林下经济、庭院经济等农业生产经营模式，烘干、贮藏、保鲜、净化、分等分级、包装等农产品加工业，农资配送、耕地修复治理、病虫害防治、农机作业服务、农产品流通、农业废弃物处理、农业信息咨询等生产性服务业，休闲农业和乡村旅游、民族风情旅游、传统手工艺、文化创意、养生养老、中央厨房、农村绿化美化、农村物业管理等生活性服务业，以及其他新产业新业态新模式。

（二）丰富创业创新方式。鼓励和引导返乡下乡人员按照法律法规和政策规定，通过承包、租赁、入股、合作等多种形式，创办领办家庭农场林场、农民合作社、农业企业、农业社会化服务组织等新型农业经营主体。通过聘用管理技术人才组建创业团队，与其他经营主体合作组建现代企业、企业集团或产业联盟，共同开辟创业空间。通过发展农村电商平台，利用互联网思维和技术，实施"互联网＋"现代农业行动，开展网上创业。通过发展合作制、股份合作制、股份制等形式，培育产权清晰、利益共享、机制灵活的创业创新共同体。

（三）推进农村产业融合。鼓励和引导返乡下乡人员按照全产业链、全价值链的现代产业组织方式开展创业创新，建立合理稳定的利益联结机制，推进农村一二三产业融合发展，让农民分享二三产业增值收益。以农牧（农林、农渔）结合、循环发展为导向，发展优质高效绿色农业。实行产加销一体化运作，延长农业产业链条。推进农业与旅游、教育、文化、健康养老等产业深度融合，提升农业价值链。引导返乡下乡人员创业创新向特色小城镇和产业园区等集中，培育产业集群和产业融合先导区。

二、政策措施

（四）简化市场准入。落实简政放权、放管结合、优化服务一系列措施，深化行政审批制度改革，持续推进商事制度改革，提高便利化水平。落实注册资本认缴登记和"先照后证"改革，在现有"三证合一"登记制度改革成效的基础上大力推进"五证合一、一照一码"登记制度改革。推动住所登记制度改革，积极支持各地放宽住所（经营场所）登记条件。县级人民政府要设立"绿色通道"，为返乡下乡人员创业创新提供便利服务，对进入创业园区的，提供有针对性的创业辅导、政策咨询、集中办理证照等服务。对返乡下乡人员创业创新免收登记类、证照类等行政事业性收费。（工商总局等负责）

（五）改善金融服务。采取财政贴息、融资担保、扩大抵押物范围等综合措施，努力解决返乡下乡人员创业创新融资难问题。稳妥有序推进农村承包土地的经营权抵押贷款试点，有效盘活农村资源、资金和资产。鼓励银行业金融机构开发符合返乡下乡人员创业创新需求的信贷产品和服务模式，探索权属清晰的包括农业设施、农机具在内的动产和不动产抵押贷款业务，提升返乡下乡人员金融服务可获得性。推进农村普惠金融发展，加强对纳入信用评价体系返乡下乡人员的金融服务。加大对农业保险产品的开发和推广力度，鼓励有条件的地方探索开展价格指数保险、收入保险、信贷保证保险、农产品质量安全保证保险、畜禽水产活体保险等创新试点，更好地满足返乡下乡人员的风险保障需求。（人民银行、银保监会、农业部、国家林业局等负责）

（六）加大财政支持力度。加快将现有财政政策措施向返乡下乡人员创业创新拓展，将符合条件的返乡下乡人员创业创新项目纳入强农惠农富农政策范围。新型职业农民培育、农村一二三产业融合发展、农业生产全程社会化服务、农产品加工、农村信息化建设等各类财政支农项目和产业基金，要将符合条件的返乡下乡人员纳入扶持范围，采取以奖代补、先建后补、政府购买服务等方式予以积极支持。大学生、留学回国人员、科技人员、青年、妇女等人员创业的财政支持政策，要向返乡下乡人员创业创新延伸覆盖。把返乡下乡人员开展农业适度规模经营所需贷款纳入全国农业信贷担保体系。切实落实好定向减税和普遍性降费政策。（财政部、税务总局、教育部、科技部、工业和信息化部、人力资源社会保障部、农业部、国家林业局、共青团中央、全国妇

联等负责）

（七）落实用地用电支持措施。在符合土地利用总体规划的前提下，通过调整存量土地资源，缓解返乡下乡人员创业创新用地难问题。支持返乡下乡人员按照相关用地政策，开展设施农业建设和经营。落实大众创业万众创新、现代农业、农产品加工业、休闲农业和乡村旅游等用地政策。鼓励返乡下乡人员依法以入股、合作、租赁等形式使用农村集体土地发展农业产业，依法使用农村集体建设用地开展创业创新。各省（自治区、直辖市）可以根据本地实际，制定管理办法，支持返乡下乡人员依托自有和闲置农房院落发展农家乐。在符合农村宅基地管理规定和相关规划的前提下，允许返乡下乡人员和当地农民合作改建自住房。县级人民政府可在年度建设用地指标中单列一定比例专门用于返乡下乡人员建设农业配套辅助设施。城乡建设用地增减挂钩政策腾退出的建设用地指标，以及通过农村闲置宅基地整理新增的耕地和建设用地，重点支持返乡下乡人员创业创新。支持返乡下乡人员与农村集体经济组织共建农业物流仓储等设施。鼓励利用"四荒地"（荒山、荒沟、荒丘、荒滩）和厂矿废弃地、砖瓦窑废弃地、道路改线废弃地、闲置校舍、村庄空闲地等用于返乡下乡人员创业创新。农林牧渔业产品初加工项目在确定土地出让底价时可按不低于所在地土地等别相对应全国工业用地出让最低价标准的70%执行。返乡下乡人员发展农业、林木培育和种植、畜牧业、渔业生产、农业排灌用电以及农业服务业中的农产品初加工用电，包括对各种农产品进行脱水、凝固、去籽、净化、分类、晒干、剥皮、初烤、沤软或大批包装以供应初级市场的用电，均执行农业生产电价。（国土资源部、国家发展改革委、住房城乡建设部、农业部、国家林业局、国家旅游局、国家电网公司等负责）

（八）开展创业培训。实施农民工等人员返乡创业培训五年行动计划和新型职业农民培育工程、农村青年创业致富"领头雁"计划、贫困村创业致富带头人培训工程，开展农村妇女创业创新培训，让有创业和培训意愿的返乡下乡人员都能接受培训。建立返乡下乡人员信息库，有针对性地确定培训项目，实施精准培训，提升其创业能力。地方各级人民政府要将返乡下乡人员创业创新培训经费纳入财政预算。鼓励各类培训资源参与返乡下乡人员培训，支持各类园区、星创天地、农民合作社、中高等院校、农业企业等建立创业创新实训基地。采取线上学习与线下培训、自主学习与教师传授相结合的方式，开辟培训新渠道。加强创业创新导师队伍建设，从企业家、投资者、专业人才、科技特派员和返乡下乡创业创新带头人中遴选一批导师。建立各类专家对口联系制度，对返乡下乡人员及时开展技术指导和跟踪服务。（人力资源社会保障部、农业部、教育部、科技部、民政部、国家林业局、国务院扶贫办、共青团中央、全国

妇联等负责）

（九）完善社会保障政策。返乡下乡人员可在创业地按相关规定参加各项社会保险，有条件的地方要将其纳入住房公积金缴存范围，按规定将其子女纳入城镇（城乡）居民基本医疗保险参保范围。对返乡下乡创业创新的就业困难人员、离校未就业高校毕业生以灵活就业方式参加社会保险的，可按规定给予一定社会保险补贴。对返乡下乡人员初始创业失败后生活困难的，可按规定享受社会救助。持有居住证的返乡下乡人员的子女可在创业地接受义务教育，依地方相关规定接受普惠性学前教育。（人力资源社会保障部、财政部、民政部、住房城乡建设部、教育部等负责）

（十）强化信息技术支撑。支持返乡下乡人员投资入股参与信息进村入户工程建设和运营，可聘用其作为村级信息员或区域中心管理员。鼓励各类电信运营商、电商等企业面向返乡下乡人员开发信息应用软件，开展农业生产技术培训，提供农资配送、农机作业等农业社会化服务，推介优质农产品，组织开展网络营销。面向返乡下乡人员开展信息技术技能培训。通过财政补贴、政府购买服务、落实税收优惠等政策，支持返乡下乡人员利用大数据、物联网、云计算、移动互联网等新一代信息技术开展创业创新。（农业部、国家发展改革委、工业和信息化部、财政部、商务部、税务总局、国家林业局等负责）

（十一）创建创业园区（基地）。按照政府搭建平台、平台聚集资源、资源服务创业的思路，依托现有开发区、农业产业园等各类园区以及专业市场、农民合作社、农业规模种养基地等，整合创建一批具有区域特色的返乡下乡人员创业创新园区（基地），建立开放式服务窗口，形成合力。现代农业示范区要发挥辐射带动和示范作用，成为返乡下乡人员创业创新的重要载体。支持中高等院校、大型企业采取众创空间、创新工厂等模式，创建一批重点面向初创期"种子培育"的孵化园（基地），有条件的地方可对返乡下乡人员到孵化园（基地）创业给予租金补贴。（农业部、国家发展改革委、科技部、工业和信息化部、财政部、人力资源社会保障部、商务部、文化部、国家林业局等负责）

三、组织领导

（十二）健全组织领导机制。各地区、各有关部门要充分认识返乡下乡人员创业创新的重要意义，作为经济社会发展的重点任务予以统筹安排。农业部要发挥牵头作用，明确推进机构，加强工作指导，建立部门间协调机制，督促返乡下乡人员创业创新政策落实，加强经验交流和推广。地方人民政府要建立协调机制，明确任务分工，落实部门责任，形成工作合力；加强调查研究，结合本地实际，研究制定和落实支持返乡下乡人员创业创新的政策措施。探索建立领导干部定点联系返乡下乡人员创业创新制度，深入了解情况，帮助解决实际问题。（农业部、省级人民政府等负责）

（十三）提升公共服务能力。积极开展面向返乡下乡人员的政策咨询、市场信息等公共服务。推进农村社区综合服务设施和信息平台建设，依托现有的各类公益性农产品市场和园区（基地），为返乡下乡人员创业创新提供高效便捷服务。做好返乡下乡人员创业创新的土地流转、项目选择、科技推广等方面专业服务。利用农村调查系统和农村固定观察点，加强对返乡下乡人员创业创新的动态监测和调查分析。（农业部、国家发展改革委、民政部、人力资源社会保障部、商务部、国家统计局、国家林业局等负责）

（十四）加强宣传引导。采取编制手册、制定明白卡、编发短信微信微博等方式，宣传解读政策措施。大力弘扬创业创新精神，树立返乡下乡人员先进典型，宣传推介优秀带头人，发挥其示范带动作用。充分调动社会各界支持返乡下乡人员创业创新的积极性，广泛开展创业大赛、创业大讲堂等活动，营造良好氛围。（农业部等负责）

国务院办公厅

2016 年 11 月 18 日